Kunst-Reiseführer in der Reihe DuMont Dokumente

Zur schnellen Orientierung – die wichtigsten Orte der Schweiz auf einen Blick:

(Auszug aus dem ausführlichen Ortsregister S. 323ff.)

In der Umschlagklappe: Karte der Schweiz

Schloß Spiez am Südufer des Thuner Sees

Gerhard Eckert

Die Schweiz

Zwischen Basel und Bodensee
Französische Schweiz · Das Tessin
Graubünden · Die großen Städte
Vierwaldstätter See · Berner Land

DuMont Buchverlag Köln

Auf der Umschlagvorderseite: *Schloß Chillon mit Dents du Midi* (Foto: Zefa, W. L. Berssenbrugge)
Auf der Innenklappe: *Vierwaldstätter See vom Pilatus Kulm aus* (Foto: Zefa, R. Everts)
Auf der Umschlagrückseite: *Das Dorf Vättis (Vättnertal) bei Bad Ragaz* (Foto: W. Stuhler)

6. Auflage 1985

Satz, Druck und buchbinderische Verarbeitung: Boss-Druck, Kleve

Printed in Germany ISBN 3-7701-0928-7

Inhalt

Wegweiser zur Kunst in der Schweiz

»Die Reise gleicht einem Spiele: es ist immer Gewinn und Verlust dabei und meist von der unerwarteten Seite.«

Johann Wolfgang von Goethe

Nach Griechenland oder Italien, nach Frankreich oder selbst nach Spanien fahren viele Touristen der Kunst wegen. Kirchen und Schlösser, Ausgrabungen der Antike, Museen und Sammlungen von Bildern und Skulpturen können eine Reise zum unvergeßlichen Erlebnis machen. Daß darüber hinaus auch die dabei berührten Landschaften ihre Reize haben, wird in diesen Fällen als angenehme Zugabe aufgefaßt.

Bei der Schweiz steht das anders. Sie ist von den Anfängen ihres Fremdenverkehrs an überwiegend das Ziel für Bergwanderer und Bewunderer der Landschaft gewesen, seit einem Jahrhundert auch für eine steigende Zahl von schneefrohen Wintersportlern. Das gewissermaßen perfekte Touristenland lebt und zehrt vom Ruhm seiner Berge und Seen, verbunden mit einer den Aufenthalt genüßlich begleitenden Hotellerie und Gastronomie. Es gäbe kaum etwas, das sich zur Lobpreisung und Erläuterung der Schweizer Natur noch hinzufügen ließe. Alles ist aufgeschrieben.

Zwar wird der aufmerksame Tourist bei seinen Fahrten durch die Schweiz auch die eine oder andere Kirche, manche stolze Burg, immer wieder auch malerische Bauern- und Bürgerhäuser erblicken und beiläufig zur Kenntnis nehmen. Aber daß die Schweiz, ebenbürtig ihren landschaftlichen Reizen, auch ein kulturelles, künstlerisches Erbe beherbergt, das kaum weniger Aufmerksamkeit verdient als die Kunst anderer Reiseländer, wird nur wenigen recht bewußt. So kann eine besonders eindrucksstarke Natur auch eine nachteilige Entwicklung verursachen: daß die Kultur ihr gegenüber zurücktritt und zu wenig ins Blickfeld rückt.

Dabei dürfen wir keinesfalls vergessen, daß lange vor den heute festliegenden Landesgrenzen die Fluktuationen zwischen der Kunst der Schweiz und ihren Nachbarländern selbstverständlich waren. Deutsche oder italienische Meister wie Konrad Witz, der jüngere Holbein oder Borromini haben in der Schweiz gewirkt, Künstler aus der Schweiz waren in vielen Ländern Europas tätig. Wie Gottfried Keller oder Conrad Ferdinand Meyer (heutigen Tages Frisch oder Dürrenmatt) als Schweizer auch Repräsentanten der deutschsprachigen Literatur sind, wie Jean-Jacques Rousseau, der Genfer, seinen Platz im französischen Kulturgefüge einnimmt, so wird der Reisende die Schweiz bald als Brennspiegel europäischer Kunstgesinnung empfinden. Weniger auf Nationalität im engeren Sinne kommt es dabei an als auf Werktreue. Nennen wir nun Namen wie Böcklin oder Klee, die der Schweiz und Deutschland gleichermaßen zugerechnet werden, denken wir an St. Gallen oder Basel, das ja erst seit dem frühen 16. Jahrhundert zur Eidgenossenschaft stieß, dann erkennen wir, daß uns Schweizer Kunst viel näher steht, als die Gleichgültigkeit vieler Touristen vermuten ließe. Gerade das geographisch dicht beieinander liegende Auftauchen verschiedener nationaler Stilrichtungen – ob die Campanili des Tessin oder die Schlösser der welschen, sprich: französischen Schweiz – in *einem* Lande hilft uns, europäische Kunst als Summe ihrer Teilgebiete zu empfinden.

Es ist die Absicht dieses Buches, die bisher in erster Linie für Fachleute geschilderte und umschriebene Eigenart, Vielfalt und Bedeutung der Kunst in der Schweiz als hilfreiche Reiseanleitung dem Touristen deutlich zu machen. Dabei wurde Vollständigkeit weder beabsichtigt, noch wäre sie auch nur annähernd zu erreichen. Die Schweizer Kunstlandschaft ist nämlich nicht minder ergiebig und umfassend als die Natur.

Der Leser und Benützer dieses Kunst-Reiseführers sollte jedoch neben Bergen, Tälern, Seen und allen sonstigen Vorzügen der Landschaft auch den Meisterwerken der Schweizer Kunst aus beinahe zwei Jahrtausenden aufgeschlossen und erlebnisbereit begegnen und nicht länger mehr oder minder achtlos an ihren Höhepunkten vorüberfahren. Zumal da die Kunstwerke der Schweiz bei ihrer Einbeziehung in die Kunstgeschichten ihrer Nachbarländer, insbesondere der deutschen, erfahrungsgemäß immer zu kurz kommen und daher allzu leicht in ihrer Bedeutung verkannt werden. Darüber hinaus sind der Entdeckerfreude des auf den Geschmack gekommenen Kunstfreundes in der Schweiz keine Schranken gesetzt. Wer sich nur richtig umschaut, wird weit mehr aufspüren, als hier geschildert werden konnte.

Auch wer die Schweiz bereits zu kennen glaubt, wird bald feststellen, daß bei etwas liebevollerer Beschäftigung mit ihrer Kunst eine der Natur ebenbürtige Seite aufgeschlagen wird. Wer sie bisher nicht kannte, sollte von Anfang an beide Vorzüge dieses ungewöhnlichen Reiselandes erfassen und schätzen: gleichermaßen schöne Landschaften und ausdrucksstarke Kunst zu besitzen.

Die erstaunliche Entdeckung der Schweiz

»Die Schweiz ist unerschöpflich. Es ist doch noch niemand von dort zu mir gekommen, der mir nicht etwas ganz Neues davon erzählt hätte ...«

Jean Paul

Eigentlich sprach alles gegen die Schweiz. Woher man sich ihr auch näherte: stets stellten sich sofort oder doch schon recht bald die Berge als Hindernis in den Weg. Wer heute auf hochschwingenden Paßstraßen oder zügigen Autobahnen die Schweiz durchquert, sollte sich einmal vergegenwärtigen – und es ist hier und da in zeitgenössischen Bildern oder Stichen festgehalten –, wie wild und unzugänglich, wie abweisend und unheimlich noch vor weniger als zwei Jahrhunderten diese Bergwelt dem Fremden erschien, ja erscheinen mußte.

Zwei frühe Reisende des 16. Jahrhunderts haben durch ihre Äußerungen bezeugt, wie zwiespältig ihr Eindruck von der Schweiz und ihren Menschen war – Wahrheit und Phantasie in bunter Mischung. »Wenn der Schnee«, so behauptete 1541 *François Rabelais,* »auf den Bergen liegt, ... sind alle Teufel in den Tälern. Willst du die Probe

Eiger, Mönch und Jungfrau

Der Zermatt-Gletscher

Steinhütte auf einer Moräne des Unteraargletschers. Sie diente Agassiz und seinen Begleitern als Unterkunft bei ihren Forschungsarbeiten

aufs Exempel? Dann geh' ins Schweizer Land.« Und ebenso verwundert wie befremdet glaubte *Michel de Montaigne* Anno 1580 zu wissen: »Sie schließen selbst in der Nacht kaum je die Fenster.« Dabei waren solche mehr oder minder zufälligen Feststellungen nur die eine Seite der Sache.

Denn auch die Schweizer selbst, an ihr Land und seine Natur gebunden, mußten zuerst das Vorurteil gegen die erschreckende Gewalt ihrer Gebirge überwinden. Bevor die Fremden die Schweiz aufspüren und erleben konnten, mußten die Schweizer selbst begreifen, worin Eigenart und Besonderheit ihres Landes eigentlich lagen. Bildende und schreibende Künstler haben sich darum bemüht. Von ihnen ist der Berner Mediziner *Albrecht von Haller* Mitte des 18. Jahrhunderts derjenige gewesen, der Landsleuten und Fremden die Augen öffnete für das mächtige Gebirge, das die Schweiz beherrscht und bestimmt. Sein beschreibendes Gedicht ›Die Alpen‹ wurde der Natur seines Landes dank der lebendigen Wahrheit der Schilderung gerecht; darüber hinaus sah Goethe darin den Beginn einer nationalen schweizerischen Literatur, die dann tatsächlich im 19. Jh. mit den drei Namen *Jeremias Gotthelf* (1797–1854), *Gottfried Keller* (1819–1890) und *Conrad Ferdinand Meyer* (1825–1898) ihren ersten Höhepunkt erreichte.

Es muß nicht unbedingt ein belangloser Zufall sein, daß *Jean-Jacques Rousseau* (1712–1778) mit seiner Forderung der Rückkehr zur Natur aus der Schweiz, vom

Genfer See, gekommen war, obwohl er seine weite Wirkung auf Europas Geistesleben von Paris ausübte. Natur in ihrer eindringlichsten Gestalt hatte er von Kindesbeinen an ständig vor Augen gehabt. Sie konnte in der Schweiz überzeugender zu ihm sprechen als in den Mauern von Paris.

Daß *Goethe* mit seiner Reise nach Italien den Lebens- und Bildungstraum seiner Zeit und seiner eigenen Persönlichkeit verwirklichte, ist jedermann bekannt. Aber auch in die Schweiz reiste er dreimal. Zuerst 1775 in der vom ›Werther‹ bestimmten Kleidung (blauem Rock, gelber Weste und Hosen sowie rundem grauen Hut) mit den Brüdern Stolberg. Bis zum Gotthard kommt er damals, ehe ihn die Sehnsucht nach Lili Schönemann zurücktreibt. Es mag ein wenig enttäuschen, daß Goethes erste Eindrücke von der Schweiz – so nachzulesen in ›Dichtung und Wahrheit‹, 18. Buch – nicht eben nachhaltig erscheinen. »Das einzige, was ich mir zwischen da und Zürich noch deutlicher erinnere, ist der Rheinfall bei Schaffhausen ... Der Anblick des Züricher Sees ... ist mir auch noch gegenwärtig ...« Enthusiastisch klingt das nicht.

Die zweite Reise führte ihn gemeinsam mit Herzog Karl August vier Jahre später über Basel, Bieler See zum Thuner See, von wo das Berner Oberland, aber auch das Gebiet des Mont Blanc und am Genfer See, ihr weiteres Ziel sind. Vergeblich bemüht er sich, im Spätherbst 1779 den verschneiten Furka-Paß zu bewältigen, man erreicht zwar den Sattel, muß jedoch des hohen Schnees wegen den Weitermarsch abbrechen. »Ich muß sagen«, so Goethes Bericht, »daß ich für meine Person so glücklich gewesen bin, den Weg ohne große Mühseligkeit zu überstehen, ob ich gleich nicht sagen will,

Zürich und Thun (S. 13) nach Stichen aus der Goethe-Zeit

daß es ein Spaziergang sei.« Auch bei dieser Reise ist der Gipfel des Gotthard der Punkt, von dem aus die Reisenden sich »wieder nach dem Vaterlande zuwenden«.

Goethes Reiseeindrücke von der Schweiz hat Eike Pies in seinem Buch ›Goethe auf Reisen‹ so zusammengefaßt: »Unromantisch, mit dem scharfen Blick des realistischen Staatsmannes, urteilt Goethe im Gegensatz zu seiner ersten Schweizer Reise über Land und Leute. Die Städtchen erscheinen ihm schwarz und schmutzig. Erhaben ist für ihn nur die Landschaft: die Gletscher, das Mont-Blanc-Massiv, die verschneiten Joche und Pässe. Er fügt seinen Aufzeichnungen verblüffend genaue topographische Übersichten bei.« Trösten wir uns: auch Goethe gehört zu den Reisenden, die vor der Landschaft die ihm sonst so rasch zugängliche Sprache der Kunst nicht vernehmen.

Entscheidende andere Eindrücke für ihn ergeben sich auch bei der dritten Schweiz-Reise nicht, die er 1797 – beinahe fünfzig Jahre alt, ›Wilhelm Meisters Lehrjahre‹ und ›Hermann und Dorothea‹ sind beendet – unternimmt. Eigentlich soll sie wieder nach Italien führen, aber über die Schweiz kommt er nicht hinaus. In dem Gedicht ›Euphrosyne‹, als Erinnerung an eine jung verstorbene Schauspielerin auf dieser Reise entstanden, hat die Schweizer Landschaft ihre Spiegelung erfahren:

»Auch von des höchsten Gebirgs beeisten, zackigen Gipfeln
Schwindet Purpur und Glanz scheidender Sonne hinweg.
Lange verhüllt schon Nacht das Tal und die Pfade des Wandrers,
Der, am tosenden Strom, auf zu der Hütte sich sehnt,
Zu dem Ziele des Tags, der stillen hirtlichen Wohnung ...«

Wenige Jahre nach Goethe, nämlich 1802, ist es *Johann Gottfried Seume,* der auf seinem berühmt und sprichwörtlich gewordenen ›Spaziergang nach Syrakus‹ die Schweiz durchwandert, allerdings erst auf dem Rückweg. »Es müßte«, erkannte er bereits nach der Ersteigung des Gotthard von Italien her, »das größte Vergnügen sein, einige Jahre nacheinander Alpenwanderungen machen zu können. Welche Verschiedenheit der Gemälde hat nicht allein der Gotthard? Kornfelder wogen um seine Füße, Herden weiden um seine Kniee, Wälder umgürten seine Lenden, wo das Wild durch die Schluchten stürzt; Ungewitter donnern um seine Schultern, von denen die Flüsse nach allen Meeren heranstürmen, und das Haupt der Adula schwimmt in Sonnenstrahlen.« Auch die Städte scheinen ihm – anders als Goethe – zuzusagen, obwohl er doch mit den frischen Eindrücken aus Italien kommt: »In Zürich möchte ich wohl leben, das Örtliche hat mir selten anderwärts so wohl gefallen.« Allerdings – viel mehr als ein paar landschaftliche Impressionen bedeutet auch für Seume die Schweiz nicht, der »bloß die Eifersucht gegen Österreich Existenz und Dauer gab«, wie er meinte.

Recht kritisch über Goethes Verhältnis zur Schweiz äußerte sich 1831 in einem Brief *Felix Mendelssohn-Bartholdy* als junger Mann, obwohl er Goethe, dem er als Knabe vorgespielt hatte, durchaus verehrte. Er begriff nicht, daß Goethe »aus der Schweiz nichts Anderes zu schreiben gewußt hat, als ein paar schwache Gedichte und die noch schwächeren Briefe«. Demgegenüber war der Komponist von der Schweiz begeistert und ergrimmt nur gegenüber den damaligen ersten Touristen: »Wenn ich aber die Leute sehe, wie sie durch die Schweiz laufen und daran ebensowenig Besonderes finden wie in allen anderen außer an sich; wie sie sogar den Bergen gegenüber kalt und philiströs bleiben – ich möchte sie manchmal prügeln. ... Ein anderer würde seinem Gott danken, daß er das alles sehen kann. Und so will ich denn der andere sein ...«

Zwar fehlte es schon zu Seumes Zeiten durchaus nicht an Büchern, die sich mit der Schweiz beschäftigen. Sie gehen bis aufs 16. Jahrhundert zurück, als der Schweizer Gelehrte *Conrad Geßner* (1516–1565) seine Erlebnisse in den Alpen und im Jura schilderte – freilich, oder selbstverständlich, in lateinischer Sprache. 1558 zeichnete *Ägidius Tschudi* die erste Landkarte der Schweiz. Die Zahl der seither über die Schweiz informierenden Bücher bis hin zu dem ersten ›richtigen‹ Reiseführer des *Karl Baedeker* in der Mitte des 19. Jahrhunderts (1897 war bereits die 27. Auflage im Umfang von annähernd 500 Seiten erschienen) ist kaum überschaubar. Dennoch ist es durchaus zutreffend, was *Hans Eberhard Friedrich* drastisch so ausgedrückt hat:

»Man kann sich vom Wesen und vom Eindruck der Alpen bis etwa zum Jahre 1800 kaum noch eine Vorstellung machen. Dieses heute so vollständig erschlossene Hochgebirge, über dessen einst unzugänglichen Gipfeln heute die Flugzeuge kreisen, zu dessen schönsten Aussichtspunkten Drahtseilbahnen und Lifts führen, über dessen einst schwer ersteigbare Höhenzüge gigantische Autostraßen hinwegführen und an dessen Kletterwänden jetzt oft die Seilschaften in solch ameisenhafter Menge hinaufkraxeln, daß man nach Verkehrsampeln und Ordnungspolizei Ausschau halten möchte, war bis

Grindelwald mit Wetterhorn

ins 19. Jahrhundert hinein ein Gegenstand distanzierter Bewunderung und erhebenden Staunens, wenn man es von einem angenehmen Talpunkt aus gefahrlos betrachten konnte, im übrigen aber eine immer wieder Schrecken erregende, unzugängliche, gefährliche Barriere, die zu überqueren durchaus nicht als Vergnügen galt.«

Wer immer die Schweiz in früherer Zeit aufsuchte – ob schon 1518 der Herzog Ulrich von Württemberg, der den Pilatus im Jahr der Erstbesteigung gleichfalls erklomm, oder Goethe und seine Zeitgenossen –, mußte sich den Weg dorthin und das Unterwegs-Sein im Lande mit bescheidenen Verkehrsmitteln erobern: zu Fuß wie Seume, in der Reisekutsche wie Goethe und sein Herzog, zu Pferde oder Esel, mit deren Hilfe allein manche entlegene Sehenswürdigkeit zu erreichen war. Kein Wunder, daß die Schweiz unter solchen Umständen bis ins 19. Jahrhundert die ›terra incognita‹ blieb, über die jeder der wenigen Besucher – wie *Jean Paul* feststellte – etwas Neues auszusagen hatte.

Die ›Entdeckung‹ der Schweiz und ihr steiler Aufstieg zum Touristenland Nr. 1 ist untrennbar verbunden mit der Erfindung und Einführung der Eisenbahn. Sie be-

Limmatbrücke bei Zürich: Eröffnung der Zürich-Bodensee-Eisenbahn im Jahr 1856

wirkte es, daß nicht nur begünstigte einzelne, sondern eine breite Skala von Reiselustigen aus allen Ländern Europas die bis dahin nur gelesenen Berichte über die Schweiz durch eigene Anschauung ergänzen konnte. Das danach insbesondere in unserem Jahrhundert nachfolgende Auto hat diese Entwicklung nur noch verstärkt und beschleunigt: der Anstoß kam von der Eisenbahn. Entscheidend dabei war, daß – neben den üblichen Bahnlinien, wie sie in Europa seit 140 Jahren angelegt werden – die Schweiz bereits seit 1838 den Plan zu einer Durchquerung der Alpen auf dem Schienenwege entwickelte. Zunächst mußte dabei entschieden werden, welche Paßstrecke sich dafür bevorzugt anbot. Sechs standen in der Wahl, bis 1860 die Gründung des Gotthardbahnkomitees und 1873 der Baubeginn erfolgten. Technische Probleme (die Entscheidung zwischen Spitzkehren und Kehrtunnels zur Bewältigung der Anstiege) und finanzielle Schwierigkeiten hielten bis zur Eröffnung des durchgehenden Betriebs auf den 226 km von Luzern nach Chiasso am 1. Juni 1882 die Eidgenossen in Atem. Die Zahl der Reisenden begann mit jährlich 1 Million und hatte sich bis zur Jahrhundertwende auf über 2,6 Millionen erhöht. Die Reisegeschwindigkeit wuchs von 31,6 Stundenkilometern im Eröffnungsjahr auf heutzutage 68,5 Stundenkilometer.

Die Schweiz war in den ersten Jahrzehnten ihrer touristischen Entwicklung ein reines Sommerland. Die Idee, auch im Winter in die unter dem Schnee begrabenen Berge zu fahren, kam (beinahe) niemandem, so daß es schon verständlich war, daß *Johannes Badrutt,* Besitzer des Hotels ›Kulm‹ von St. Moritz, vier englischen Gästen eine Wette anbot. Als sie im Herbst St. Moritz auf der Flucht vor dem Winter verließen, schlug er ihnen vor, sie sollten Weihnachten erneut kommen und bis Ostern bleiben – von ihm gratis aufgenommen. Falls ihnen der Winteraufenthalt nicht zusagte und der Sonnenschein nicht ausreichte, würde er ihnen sogar die Reisespesen zwischen London und St. Moritz vergüten. Nun, er gewann seine Wette im Winter 1865/66, und statt der vier kamen im nächsten Winter bereits zwei Dutzend Briten – als zahlende Wintergäste. Es war der Anfang der Schweizer Wintersaison. Wie sie sich seitdem entwickelt hat, kann niemandem entgangen sein.

Kein Zweifel: größere Nähe und mehr Vertrautheit mit der Schweiz haben dazu geführt, daß sie mit anderen Augen angesehen wird. Die Bewältigung des Gebirges durch Bahn und Straßen macht es zum Objekt der Bewunderung und läßt es – trotz Bergkatastrophen oder Lawinen – nicht länger unheimlich dräuend erscheinen. Mit der Romantik wurde auch der Blick für die Patrizier- und Bürgerkultur, insbesondere Architektur, der Schweiz geschärft. Kriegszerstörungen in umliegenden Ländern lassen das unbeeinträchtigte Gesicht mancher vom Mittelalter her organisch gewachsenen Schweizer Stadt modellhaft typisch erscheinen. Die Umbauung der traditionellen Ortsbilder durch moderne Siedlungen hat in der Schweiz nicht annähernd das Ausmaß erreicht, das die Bundesrepublik Deutschland kennzeichnet. Die zunehmende Verstädterung insbesondere Mitteleuropas steigerte den Wert urtümlich gebliebener oder wirkender dörflicher Siedlungen der Schweiz mit charakteristischen Haustypen, wie sie sich in verschiedenartiger Ausprägung im Tessin und in Graubünden, im Simmental oder Emmental entwickelt und in erstaunlicher Vielfalt erhalten haben. Dabei vereinigt die Schweiz durch ihre geographische Lage typische Merkmale des nord- und südeuropäischen Hausbaues.

Mit der Entdeckung der Schweiz durch einen ständig anwachsenden Strom von Besuchern beinahe parallel lief ihre malerische Erschließung. Es sind durchaus nicht immer die Schweizer selbst, von denen etwa *Böcklin* (1827–1901) mit Vorliebe das Meer, *Ferdinand Hodler* (1853–1918) symbolische Themen, einschließlich seines Tell-Bildes, darstellte. Die Landschaft der Schweiz hat wie kaum ein anderer der Brite *William Turner* (1775–1851) in seinen Aquarellen wiedergegeben. »Kein anderer Künstler vor und nach Turner hat die Schweizer Landschaft umfassender begriffen und glühender verehrt.« Zugleich nährten seine in der ersten Hälfte des 19. Jahrhunderts gemalten Bilder die frühe Sehnsucht der Briten nach der Schweiz, viele Jahrzehnte bevorzugtes, beinahe einziges ausländisches Reiseziel der englischen society, das selbst in der Sprache Spuren hinterließ: *the alpenstock, the edelweiss.*

Ein anderer der malerischen Entdecker der Alpen kam aus Italien: *Giovanni Segantini* (1858–1899), der mit seiner Familie 1886 übers Bergell nach Savognin gelangte und hier wie später in Maloja das Licht des Engadins in seinen Bildern festzuhalten suchte. »Die Werke Segantinis fanden bald in Wien, München, Berlin, Paris, London und selbst in Amerika Beifall, sein Name wurde in der ganzen Welt bekannt und durch seine Malerei auch die Schönheit des Hochgebirges.« Von den deutschen Malern, die später – die Schweiz war bereits ›entdeckt‹ – dieser Landschaft ihr Werk widmeten, sollte *Ernst Ludwig Kirchner* (1880–1938), einer der Gründer der ›Brücke‹, genannt werden, der seit 1917 bis zu seinem Freitod 1938 in Davos lebte.

Der Schweiz-Reisende von heute sollte jedoch nicht nur an Maler, sondern auch an Dichter denken, denen die Schweiz kürzer oder länger zur zweiten Heimat wurde. Wenig bekannt ist, daß Heinrich von Kleist 1802/03 auf einer Insel im Ausfluß der Aare aus dem Thuner See, heute als ›Kleist-Inseli‹ liebevoll benannt, über ein halbes Jahr lebte und den ›Zerbrochenen Krug‹ begann. Später waren es (im Ersten Weltkrieg) Otto Flake, oder Leonhard Frank, danach Stefan George, Hermann Hesse, Thomas Mann, Carl Zuckmayer, um nur einige der Namen zu nennen, die mehr oder minder lange Wahl-Schweizer waren und gewiß nichts mit den aus ganz anderen Motiven das Tessin Bevorzugenden zu tun haben.

Das Bild vom unaufhaltsamen Aufstieg der Schweiz zu touristischem Glanz wäre nicht vollständig ohne den Hinweis auf ihre gesundheitlichen Vorzüge. Davos nannte ich eben. Auch wenn es heute vielbesuchter Erholungs- und Wintersport-Mittelpunkt ist, erhielt es seinen Namen in den letzten Jahrzehnten des vorigen Jahrhunderts als Kurort für Lungenkranke: *Thomas Mann* (›Der Zauberberg‹) und *Erich Maria Remarque* (›Der Himmel kennt keine Günstlinge‹) haben das literarisch festgehalten. Die Wurzel liegt in der vor rund hundert Jahren von dem französischen Physiologen *Paul Bert* (und seinen Schülern und Nachfolgern, so dem Basler Physiologen *Miescher*) gemachten Entdeckung, daß die Zahl der roten Blutkörperchen und der Gehalt an Hämoglobin beim Aufenthalt im Hochgebirge zunehmen, womit der Wert einer Reise in die Schweiz für die Gesundheit wissenschaftlich erhärtet war. Der Schweizer Reise- und Kur-Almanach (dessen 15. Auflage von 1908 mir vorliegt) bezeichnete daraufhin die Schweiz kurzerhand als »Welt-Sanatorium«. Denn zu den klimatischen Vorzügen treten die bei speziellen Erkrankungen geeigneten zahlreichen Mineralquellen der Schweiz. *Albrecht von Haller,* diesmal nicht der ›Dichter‹, sondern der Arzt und Naturforscher, hat die Vielfalt der natürlichen Vorzüge der Schweiz mit den Worten charakterisiert: »Helvetien bietet fast alle Regionen Europas, vom äußersten Lappland und selbst von Spitzbergen bis nach Spanien.« Woraus sich für den bereits erwähnten ›Schweizer Reise- und Kur- Almanach‹ die Folgerung ergibt: »Den anschaulichsten Ausdruck für diesen Formenreichtum des Bodens und diese Mannigfaltigkeit der klimatischen Verhältnisse bietet uns die Pflanzenwelt mit ihrem verschwenderischem Reichtum an Arten und der überraschenden Menge der in ihr sich berührenden Florengebiete, welche geradezu einzig und unerreicht dasteht und ohne Frage zu den interessantesten und merkwürdigsten Floren des ganzen europäischen Kontinents gehört.« So 1908 niedergeschrieben und auch heute noch gültig.

Der Höheweg in Interlaken in den siebziger Jahren des vorigen Jahrhunderts. Die Promenade gewährt einen herrlichen Blick auf die Jungfrau

Der praktische Sinn der Schweizer hat verhältnismäßig früh, also noch rechtzeitig im vorigen Jahrhundert, dazu geführt, daß die Nutzung der landschaftlich-klimatischen Vorzüge durch geeignete Unterkünfte und den damit verbundenen ›Service‹ erleichtert wurde. Bereits um die Jahrhundertwende verfügte die Schweiz über annähernd 2000 Hotelbetriebe, die zu mehr als der Hälfte ganzjährig geöffnet waren und insgesamt 135 000 Betten aufwiesen. Die sich daraus ergebende Durchschnittsgröße der Schweizer Hotels zu jener Zeit mit je ca. 67 Betten zeigt die Großzügigkeit der Planung, die sich noch an manchem bis heute erhaltenen Hotelbau – auch wenn er längst modernisiert und erweitert wurde – ablesen läßt. Kein Wunder, daß der erste ›Hotelkönig‹ der Jahrhundertwende, *César Ritz*, ein Schweizer aus dem Wallis war, der den Franzosen und Engländern vorexerzierte, wie ein perfektes Hotel aussehen und laufen mußte. Als in anderen Alpenregionen noch das Häuschen mit dem Herzen landesüblich war, konnte die Schweiz vielerorts bereits ihre Kanalisation und die damit ermöglichten ›Spülklosetts‹ anbieten.

Einer der Reisenden, der bereits vor 100 Jahren die Schweiz besuchte und noch dazu von Übersee kam, hat seine Erlebnisse und Erfahrungen in der Weise niedergeschrieben, die seinen Rang als Schriftsteller ausmachte. Sein Name war *Mark Twain*, und sein ›Bummel durch Europa‹ gehört – nicht nur in bezug auf die Schweiz – zu den ergötzlichsten Zeugnissen aus der Frühzeit des Tourismus.

»Die Hälfte der Meute, die im Sommer die Schweiz bevölkert«, erfahren wir von Mark Twain, »besteht aus Engländern, die andere Hälfte setzt sich aus vielen Nationalitäten zusammen, wobei die Deutschen vorangehen und die Amerikaner als nächste folgen.« Und später: »Welch eine Veränderung ist im Laufe dieses Jahrhunderts über die Schweiz, und tatsächlich ganz Europa, gekommen! Vor siebzig oder achtzig Jahren war Napoleon der einzige Mensch in Europa, den man wirklich einen Reisenden nennen konnte; er war der einzige Mensch, der dem Reisen Aufmerksamkeit widmete und starkes Interesse daran nahm, aber jetzt fährt jedermann überallhin; und die Schweiz und viele andere Gegenden, die vor hundert Jahren unbesuchte, unbekannte Fernen darstellten, sind in unseren Tagen allsommerlich ein summender Bienenstock von rastlosen Fremden.« Was in den Jahren seit der Schweizreise Mark Twains im Jahre 1878 geschehen ist, läßt es begreiflich erscheinen, daß es den Schweizern in unseren Tagen zu gehen beginnt wie dem Zauberlehrling: die Geister, die man rief (und die der Volkswirtschaft des Landes wertvolle Einkünfte bescheren), kann man nicht los werden: die Kapazität der Schweiz beginnt allmählich, nicht mehr auszureichen. Die touristischen Investitionen – für Hotels, Bergbahnen, Infrastruktur usw. – erscheinen angesichts einer zeitlich begrenzten Nutzung nicht mehr rentabel zu sein. Die Landschaft rings um zahlreiche Fremdenverkehrsorte ist verplant – wenn die Bodenvergeudung sich fortsetzt, wird das Land in weiteren hundert Jahren überbaut sein. Allein der Bodenbedarf für die von Jahr zu Jahr beliebteren Zweit- und Ferienhäuser bzw. -wohnungen wird bis zum Jahr 2000 auf rund 150 qkm geschätzt ...

Angesichts von Autostraßen und Bergbahnen, Flug- und Hubschrauberlandeplätzen, die den Zugang zur Schweiz und ihren Schönheiten für jeden bequem gemacht haben, ist es schwer, sich vorzustellen, daß Mark Twains Schilderung eines Bergaufstieges erst hundert Jahre zurückliegt:

»Der Weg wand sich in Korkzieherkurven an der Stirnwand des ungeheuren Steilhanges hinab – ein enger Pfad, auf dem man an dem einen Ellbogen stets die massive Felswand und an dem anderen das senkrechte Nichts hatte. Wir begegneten einer unaufhörlichen Prozession von Bergführern, Trägern, Maultieren, Sänften und Touristen, welche diesen steilen und schlammigen Pfad hinaufstiegen, und wenn man an einem einigermaßen fetten Maultier vorüber mußte, war kein Platz mehr übrig. Ich nahm stets die Innenseite ein, wenn ich ein Maultier kommen hörte oder sah, und drückte mich gegen die Wand. Ich zog die Innenseite natürlich vor, aber ich hätte sie ohnehin einnehmen müssen, denn das Maultier zieht die Außenseite vor. Die Vorliebe eines Maultiers – an einem Abgrund – muß man wirklich respektieren.

Nun, es wählt immer die Außenseite. Sein Leben ist hauptsächlich der Aufgabe gewidmet, umfangreiche Körbe und Ballen zu tragen, die ihm seitlich am Leib herabhängen – deshalb ist es daran gewöhnt, den Außenrand der Bergpfade einzunehmen, damit seine Bündel auf der anderen Seite nicht an Felsen und Steinbänken entlangstreifen. Wenn es sich auf den Fahrgastbetrieb verlegt, hält es albernerweise an seiner alten Gewohnheit fest und läßt ein Bein seines Fahrgastes immerzu über den großen

Probefahrt des Bodensee-Trajektschiffes zwischen Friedrichshafen und Romanshorn im Jahr 1869

Tiefen der unteren Welt baumeln, während das Herz dieses Fahrgastes sozusagen im Hochland weilt. Mehr als einmal habe ich den Hinterhuf eines Maultieres über den äußeren Rand hinauskratzen sehen, wobei er Erde und Schutt in den bodenlosen Abgrund schickte; und ich habe bemerkt, daß bei diesen Gelegenheiten der Reiter, ob Mann oder Frau, recht unwohl aussah.«

Gewiß mag mancher angesichts alter Bilder und Stiche von einer Schweiz träumen, die noch nicht – oder erst eben – ›entdeckt‹ und zugänglich geworden war, von einer Schweiz ohne Autokolonnen und überfüllte Parkplätze, ohne Kurtaxe und Trinkgelder, ohne Warten an Liften und Bergbahnen, ohne Skischulen und Gruppenwanderungen, ohne Massenabfütterung und Night-Clubs. Von dem, was für unsere Großeltern und Urgroßeltern den Zauber und Reiz der Schweiz ausmachte, ist manches wohl für immer verloren gegangen. Aber wir haben den Touristen auf schwankenden Maultieren und in schlingernden Sänften doch auch manches voraus, das es nicht bedauerlich macht, daß die Schweiz jedem auf bequemste Weise zugänglich geworden ist. Denn Landschaft und Kunst der Schweiz sind in ihrem Kern bewahrt worden. Und – wer weiß – vielleicht wird man in weiteren hundert Jahren, in der gleichen Zeit, die uns heute von Mark Twain trennt, die Schweiz von heute als Inbegriff touristischer Romantik empfinden und – der Gegenwart, die wir erleben und genießen, nachtrauern.

Bis zu Wilhelm Tell und – danach

»Wir wollen sein ein einzig Volk von Brüdern,
in keiner Not uns trennen noch Gefahr.«

Friedrich Schiller, ›Wilhelm Tell‹

Es bleibt eine merkwürdige Tatsache: die Geschichte der Schweiz ist in Deutschland so gut wie unbekannt. Trotz oder vermutlich sogar wegen Wilhelm Tell. Und was ihn betrifft, so wissen wir heute, daß er stärker der Sage als der historischen Wirklichkeit angehört und daß die Dinge Ende des 13. Jahrhunderts doch ein wenig anders verliefen, als es uns durch Schiller vermittelt worden ist. Immerhin: einen wichtigen Einschnitt bedeutet jener Anfang August 1291 für die Geschichte der Schweiz, die sicher nicht zufällig auch heute noch am 1. August ihren Nationalfeiertag begeht.

Aber wir müssen viel weiter zurückblättern, wenn wir den Anfängen der Kultur auf Schweizer Boden auf die Spur kommen wollen. Schon in der älteren Steinzeit (früher als 5000 v. Chr.) jagten Nomaden auf dem heutigen Schweizer Boden: Funde in Höhlen beweisen das. Die frühesten Siedlungen vermutet man mit Recht in der jüngeren Steinzeit an den Seen außerhalb der Gebirge, wobei diese Bewohner von nördlich des Rheins hierher kamen. Pfahlbausiedlungen am Zürcher und am Neuenburger See (Lac de Neuchâtel) sind nachgewiesen. Das war der Beginn.

Kelten waren im ersten Jahrtausend v. Chr. die ersten Bewohner der nördlichen Schweiz, während der Süden unbesiedelt gewesen zu sein scheint. Diese Kelten kamen vom Stamm der Helvetier – der Bogen zur Schweiz von heute wird damit geschlagen: CH heißt das Kennzeichen der Schweiz, was bedeutet: Confoederatio helvetica. Aber bald waren die *Römer* zur Stelle: Caesar unterwarf im Jahr 58 v. Chr. die Helvetier. Außer ihnen gab es im Osten der Schweiz noch den Stamm der *Räter,* die von den Römern unter Augustus erst mehr als vierzig Jahre später überwunden wurden. In der Pax Romana, dem Frieden unter Roms Herrschaft, lebte die Schweiz in den folgenden Jahrhunderten. Die Römer richteten sich in ihrer Kolonie häuslich ein, bauten Städte und Lager, Straßen und Häuser und machten sich die Heilquellen nutzbar. In rund zwei Dutzend Ortschaften kann man noch heute den Spuren aus der Römerzeit nachgehen, obwohl wirklich spektakuläre Bauten nicht erhalten sind. Immerhin spricht es für die Kontinuität der Geschichte, daß die Stadt Zürich auf ein Castrum Turicense bzw. Turicum der Römer zurückgeht.

Die römische Herrschaft geriet etwa vom 4. Jahrhundert n. Chr. an in Gefahr durch die ersten Einfälle des germanischen Stammes der *Alemannen,* die sich fortsetzten, so daß die Römer zu Beginn des 5. Jahrhunderts endgültig vom Schweizer Gebiet diesseits der Alpen zurückgedrängt wurden. Der Nordosten der Schweiz wurde alemannisch. Im Südwesten ließen sich *Burgunder* nieder, die das von den Römern verbreitete Christentum übernahmen, während die Alemannen erst in späteren Jahrhunderten durch Wandermönche aus dem angelsächsischen Raum (Gallus – St. Gallen) bekehrt wurden. Alemannische Tradition ist noch heute in Ortsnamen und in der Anlage von Bauernhäusern (sog. Dreisässenhaus mit Wohnung und Ställen an den Außenseiten und der Scheune in der Mitte) erhalten. Grabfreilegungen haben ein ziemlich zuverlässiges Bild von Leben und Wohlstand der Alemannen vermittelt.

Alemannen wie Burgunder gerieten jedoch zu Beginn des 6. Jahrhunderts in den Machtbereich der *Franken* und wurden zu einem Teil des Reiches von Karl dem Großen, das alle Westgermanen zusammenschloß. Die Teilung des karolingischen Reiches mit dem Vertrag von Verdun des Jahres 843 brachte den Osten des Schweizer Gebiets zum Ostfränkischen Reich, das als Wurzel des Deutschen Reichs anzusehen ist, während der Westen an Kaiser Lothar (Lotharingien) und danach an das Königreich Burgund fiel. Als im Jahr 1032 das Königreich Burgund zum Heiligen Römischen Reich Deutscher Nation kam, gehörte auch die Schweiz als geschlossenes Gebiet diesem Reich an.

Zuständig für die Schweiz wurden die *Herzöge von Zähringen,* die vom Kaiser zu ›Rektoren‹, also Statthaltern, bestimmt wurden. Mit Geschick und dank Erbfolge von den Grafen von Kyburg und Lenzburg gewannen sie an Territorium, Einfluß und Macht. Sie gründeten die Städte Bern (1191), Freiburg (1178) und Murten. Aber 1218 starben mit Berthold V. die Zähringer aus, und die Stunde der *Habsburger* kam. Rudolf von Habsburg nützte die Schwäche der kaiserlichen Hegemonie und erweiterte von seiner Stammburg in der mittleren Schweiz aus seinen Einfluß. Dabei gingen die Habsburger dazu über, einzelne Landesteile durch Vögte, die nicht in den Gebieten ansässig gewesen waren, verwalten zu lassen, die sich bald unbeliebt, ja verhaßt machten.

Entsprechend der Schlüsselstellung, die der Gotthard-Paß als Nord-Süd-Verbindung besaß, verfolgte Kaiser Friedrich II. eine Politik, die die wachsende Macht der Habsburger in diesem Gebiet schmälern sollte: zwischen 1230 und 1240 verlieh er den Kantonen Uri und Schwyz – durch sie führte der Zugang zum Gotthard – die Reichsunmittelbarkeit als Schutz vor Übergriffen der Habsburger. Da diese jedoch nicht ohne weiteres nachgaben, schlossen die beiden Kantone gemeinsam mit Nidwalden (Unterwalden) ein Bündnis zum gegenseitigen Schutz und Beistand.

Dann aber kam das Jahr 1273, in dem mit Rudolf I. ein Habsburger den Thron des Kaisers bestieg. Nun war alle Macht in einer Hand, und Urner und Schwyzer waren auf sich selbst gestellt. Selbstverständlich ließen die Habsburger die Schweizer Bauern ihre Vorrechte unbarmherzig spüren. Zwar starb Rudolf I. im Jahre 1291, aber als Nachfolger war abermals mit einem Habsburger zu rechnen.

Das war der Augenblick, in dem die Schweizer handelten. Anfang August 1291 erneuerten sie ihr früheres (nicht erhaltenes) Bündnis zu einem »Ewigen Bund«, in dem

Das Wilhelm-Tell-Denkmal in Altdorf, zeitgenössische Darstellung, heute nicht mehr vorhanden

ihre Rechte und Freiheiten »ob der Arglist der Zeit« in lateinischer Sprache festgelegt wurden. *Schwyz, Uri* und *Unterwalden* waren die ersten ›Eidgenossen‹, zu denen *Obwalden* trat, so daß vier Waldstädte sich vereinigt hatten. Es ist die Geburtsstunde der Eidgenossenschaft auf dem Rütli.

Damit wäre also *Wilhelm Tell* auf dem Plan. Allerdings wurde die Sage erst 180 Jahre später, nämlich um 1470 niedergeschrieben. Später wurde sie, insbesondere von Gilg Tschudi im 16. Jahrhundert, abermals abgewandelt und ausgeschmückt, und Schiller tat dann aufgrund solcher ›Quellen‹ das seine. Weder Wilhelm Tell noch der Landvogt Geßler sind historisch bezeugt. Aus dem 15. Jahrhundert stammt auch ein altes ›Tellenlied‹, das in kerniger Sprache die Sache der Eidgenossen darstellt:

»Ein edel land, guot recht als der kern,
das lit beschlossen zwüschen berg
vyl fester danne mit muren.
Da huob sich der pund zuom ersten an,
sy hand den sachen wislich getan
in einem land, heißt Ure.«

Da nach dem ›Ewigen Bund‹ Anspruch gegen Anspruch stand, war der Beginn einer kriegerischen Auseinandersetzung abzusehen. Wenn auch Kaiser Heinrich VII. 1309 die Reichsunmittelbarkeit von Uri, Schwyz und Unterwalden erneut bestätigte, so dachten die Habsburger nicht daran, sich dem zu unterwerfen. Sie schickten ihr Ritterheer gegen die aufsässigen Bauern, und 1315 kam es am Morgarten zum Kampf. Dank guter Geländekenntnisse gelang es dem Heer der Bauern, die Ritter vernichtend zu schlagen. Aufgrund dieses Sieges schlossen sich in den nächsten Jahrzehnten auch *Luzern* (1332), *Zürich* (1351), *Glarus* und *Zug* (1352) und *Bern* (1353) den ursprünglichen Eidgenossen an.

»Das Wachstum der Eidgenossenschaft«, so faßt es Richard Zürcher zusammen, »vollzog sich im Kampf gegen die Habsburger, die einen straff verwalteten Fürstenstaat im schweizerischen Mittelland sowie in den Alpen zum Ziel hatten. Erleichtert wurde dieser Kampf der Eidgenossen durch die Verlagerung der Macht der Habsburger nach Österreich und Böhmen, so daß sie den Verlust ihrer schweizerischen Gebiete eher verschmerzen konnten.«

Der Augenblick ist gekommen, in dem zum ersten Mal der Name Schweiz auf die acht Mitglieder der Eidgenossenschaft angewendet wird. Er ist – natürlich – von dem Kanton Schwyz her zu erklären, da dieser Kanton von Anfang an eine maßgebende Funktion bei dem Zusammenschluß hatte. »Die Männer von Schwyz haben, voraus vor den Städten und Ländern des nach ihnen genannten Volks, ein eigenthümliches Feuer für ihre uralte Freiheit und ihre Rechte; in allen Sachen, wo nicht ein Parteihaupt sie irre macht, einen geraden mannhaften Biedersinn.« So Johannes von Müller 1786 in ›Geschichten Schweizerischer Eidgenossenschaft‹.

Ohne weiteres gaben die Habsburger allerdings nicht klein bei. Abermals marschierten ihre Ritter auf, wurden jedoch sowohl 1386 bei Sempach wie 1388 bei Näfels geschlagen, so daß sie notgedrungen 1389 die Unabhängigkeit der acht Eidgenossen bestätigten; allerdings erfolgte der endgültige Friedensschluß erst 1474. Die Schlacht von Sempach ist zugleich berühmt geworden durch einen anderen Schweizer Nationalhelden, der allerdings historisch bezeugt ist: *Arnold von Winkelried,* der inzwischen sprichwörtlich gewordene Unterwaldener, warf sich in die Speere der Ritter und bahnte damit durch seinen Tod seinen Mitstreitern die entscheidende Öffnung: der Freiheit eine Gasse!

Aber die Kriege enden nicht. Die Eidgenossen entreißen den Habsburgern 1415 den *Aargau* und 1460 den *Thurgau* und erweitern damit ihr Gebiet, wobei allerdings die vollen Rechte den neuen Mitgliedern nicht zustehen. Aber auch *St. Gallen,* die Bünde in *Rätien* (siehe S. 27) und das *Oberwallis* fühlen sich von der Eidgenossenschaft angezogen, ohne in ihr aufzugehen. Zugleich strebt die neue Schweiz die Eingliederung des *Tessin* an, die sich über hundert Jahre und nicht ohne kriegerische Mittel hinzieht.

Daß es innerhalb der Eidgenossenschaft nicht immer friedlich zuging, beweist der alte Zürichkrieg zwischen 1436 und 1450. Während Schwyz um Ausdehnung bemüht ist, fühlt sich Zürich dadurch bedroht und verhängt eine Art Lebensmittel-Blockade. Die Zürcher verbünden sich mit Österreich, und es kommt zum Kampf, bei dem beide Parteien gewinnen und verlieren. Durch einen Schiedsspruch wird Zürich ins Unrecht gesetzt. Weitere Zwistigkeiten innerhalb des Bundes, insbesondere zwischen Landgemeinden und Städten, führten beinahe zu einem Bruch. Im ›Stanser Vorkommnis‹ von 1481 gelang es *Niklaus von der Flüe* (1417–1487), dem Einsiedler Bruder Klaus,

Mystiker und zugleich Nationalheiliger, den Streit zu schlichten. Nun schlossen sich auch *Freiburg* (Fribourg) und *Solothurn* dem Bund an. Es war die Konsequenz daraus, daß die Eidgenossen 1476/77 gemeinsam mit den Fribourgern und Solothurnern den Burgunderkönig Karl den Kühnen in drei Schlachten besiegt hatten.

Ein neuer Krieg stand den Schweizern, die in diesen Jahrzehnten eine militärische Großmacht Europas waren, bereits ins Haus. Kaiser Maximilians I. Pläne für eine Reform des Reiches mißfielen den Eidgenossen. Sie setzten sich zur Wehr und erreichten es im Schwabenkrieg, daß mit dem Frieden von Basel die Schweiz aus dem Heiligen Römischen Reich Deutscher Nation ausschied. Allerdings dauerte es bis zum Westfälischen Frieden von 1648, bis diese Entscheidung endgültig ihre völkerrechtliche Bestätigung fand. Nun schließen sich *Basel, Schaffhausen* und 1513 *Appenzell* gleichfalls dem Bund an.

Die nächste wichtige Entscheidung steht schon vor der Tür. Als die Schweizer ihr Bündnis mit Frankreich nicht erneuern, wollen sie selbst aktiv in die Geschichte eingreifen. Sie greifen nach Mailand, um es den Franzosen streitig zu machen. 1515 erleiden sie bei Marignano eine entscheidende Niederlage. Am 29. November 1516 wird der sog. Ewige Friede geschlossen, der die Bünde zur Wahrung der Neutralität verpflichtet. Übrigens: wer sehen will, wie Hodler den Rückzug der geschlagenen Schweizer darstellte, kann die Bilder an den Wänden des Waffensaals des schweizerischen Landesmuseums in Zürich betrachten.

Die Reformation bedeutete für die Schweiz eine erneute kritische Zerreißprobe. Im Januar 1519 begann *Huldrych Zwingli* im Zürcher Großmünster, die neue Lehre zu predigen, was schon bald zu kriegerischen Auseinandersetzungen zwischen den Anhängern des alten und des neuen Glaubens führte. Auf dem Schlachtfeld von Kappel am Albis, in dem die alte Lehre die Oberhand behielt, fiel er 1531. Aber schon kam es in Genf durch *Johann Calvin* (ursprünglich Jean Caulvin) 1536 zu neuer Aktivität zugunsten der Reformierten Kirche, die noch nüchterner und realitätsnäher als Luther vorging. Die Kantone verhielten sich unterschiedlich. Katholisch blieben Luzern, Uri, Schwyz, Unterwalden, Zug, Fribourg und Solothurn, während die anderen zum reformierten Glauben übertraten. Die kriegerischen Auseinandersetzungen hielten nicht nur beinahe das ganze 16. Jahrhundert an, sondern gingen am Rande des Dreißigjährigen Krieges auch im 17. Jahrhundert noch weiter. Allerdings bedeutet das Ende des Dreißigjährigen Krieges, daß im Westfälischen Frieden von 1648 die Schweiz als selbständiger Staat anerkannt wird. Innerhalb der Schweiz erlangten die protestantischen Kantone Bern und Zürich die Vormacht vor den katholischen. Insgesamt bestand die Schweiz im 17. Jahrhundert aus dreizehn Kantonen, zu denen zehn »zugewandte Orte« und von einigen Kantonen beherrschte Untertanenländer traten. Die Unruhe im Land hielt das 17. und einige Zeit des 18. Jahrhunderts an. Neben den religiösen traten auch soziale Fragen allmählich stärker in den Vordergrund. Die Bauernkriege von 1653 und die Villmerger Kriege von 1656 und 1712 führten zuletzt zum Übergewicht der auch zahlenmäßig überlegenen Reformierten.

Die Epoche der Aufklärung im 18. Jahrhundert ließ allmählich die Glaubensstreitigkeiten abklingen. Bauern und Bürgertum fanden nun die Muße, ihre Siedlungen auszubauen. Künstler und Gelehrte der Schweiz machten von sich reden. Die Namen von Johann Jakob Bodmer, Salomon Gessner und Heinrich Pestalozzi wirkten tief ins deutsche Kulturleben hinein. *Bodmer* und *Breitinger* bekannten sich zu dem Grundsatz, daß die Poesie die Natur nachahmen müsse, während der Leipziger Johann Christoph Gottsched zwar zuerst mit den Schweizern gegen den literarischen Schwulst des Barock kämpfte, dann aber in Gegensatz zu ihnen geriet. *Geßner* – Landschaftsmaler, Kupferstecher und Buchhändler zugleich – ahmte in seinen Idyllen auf anmutige Weise die Natur nach (s. Fig. S. 86). *Albrecht von Haller*, zeitweise als Professor in Göttingen tätig, wirkte als Wissenschaftler von Rang gleichermaßen wie als Dichter – nicht nur der am berühmtesten gewordenen ›Alpen‹. Der Zürcher Pädagoge *Pestalozzi* ist bis heute in vielen Punkten maßgebend geblieben, auch wenn manche seiner idealen Vorstellungen heute überholt erscheinen. Schließlich gehört auch *Johann Kaspar Lavater* zu den Schweizern jenes Jahrhunderts, die das europäische Geistesleben maßgebend befruchteten. Seine ›Physiognomischen Fragmente‹ führten ihn nicht zuletzt mit dem jungen Goethe zusammen, der ihn in Zürich besuchte.

Es ist nicht verwunderlich, daß auch in der Schweiz die Französische Revolution von 1789 tiefe Auswirkungen hat. Die Franzosen besetzen das Waadtland und Bern, und die von ihnen 1798 ausgerufene Helvetische Republik bedeutete, daß aus der föderalistischen Eidgenossenschaft ein zentralistischer Staat wurde oder wenigstens werden sollte. Denn bereits 1803 wandelte Napoleons Mediationsakte die aufgezwungene Verfassung um: die Schweiz wurde zu einem Staatenbund aus neunzehn gleichberechtigten Kantonen. Napoleon (oder wer ihn beriet) schuf kurzerhand einige neue Kantone. Es handelte sich um *Aargau*, *Graubünden*, *St. Gallen*, *Tessin*, *Thurgau* und *Waadt*. Der Wiener Kongreß Anno 1814/15, der aus Napoleons Konkursmasse eine neue Ordnung zimmern mußte, ging noch einen Schritt weiter: er machte auch noch *Genf*, *Neuenburg* und *Wallis* zu Kantonen – bisher waren sie ›zugewandt‹, sozusagen sympathisierend, gewesen. Damit war die Zahl der Kantone auf zweiundzwanzig angewachsen: die heute noch bestehende Gliederung war perfekt. Zugleich sprachen die in Wien versammelten europäischen Mächte eine Garantie für die immerwährende Neutralität der Schweiz aus. Auch damit wurde festgelegt, was bis heute Bestand hatte.

Dennoch gab es auch damit noch keine ›Ruhe‹. Liberal gesinnte ›Zentralisten‹ und konservativ orientierte ›Föderalisten‹ stritten sich so erbittert, daß es zum kurzen ›Sonderbundskrieg‹ von 1847 kam, der den Zentralisten den Sieg brachte. Die 1848 angenommene Verfassung legte fest, daß die Schweiz nunmehr ein Bundesstaat wurde, in dem Bundesrecht über Kantonsrecht ging und dessen Rechte und Pflichten in allen politischen Belangen genau festgelegt wurden. Natürlich brachte auch das noch kein volles Einvernehmen. Die Praxis führte zu einer Revision der Verfassung, die 1874 erfolgte und die Volksabstimmung für die Gesetzgebung festlegte: ein Schritt zu einer beinahe perfekten Demokratisierung.

Es war zugleich die Grundlage für einen bedeutenden wirtschaftlichen und kulturellen Aufschwung des Landes. Ein dichtmaschiges Eisenbahnnetz (s. S. 86) konnte entstehen und das Land für Einheimische und Besucher erschließen. Eine zweite Blütezeit der Kultur brach an: Maler wie *Arnold Böcklin* und *Ferdinand Hodler*, Dichter wie *Gottfried Keller* und *Conrad Ferdinand Meyer*, der Kulturhistoriker *Jacob Burckhardt* und als Wahlschweizer der Architekt *Gottfried Semper* repräsentierten die Schweiz auf europäischer Ebene mit dem Schwergewicht nach Deutschland hin. Gegenüber den im übrigen Europa sich abzeichnenden sozialen Folgen der raschen Industrialisierung konnte sich die Schweiz zunächst den inneren Frieden und eine auf handwerklicher und bäuerlicher Tüchtigkeit beruhende solide Existenz bewahren.

Der erste Weltkrieg 1914–1918 brachte inmitten eines brennenden Europa der Schweiz eine vollständige Bewahrung ihrer Neutralität. Sie wurde zugleich zur Zuflucht für jene, die aus Gewissensgründen den Kriegsdienst verweigerten. Eine Bestätigung fand die schweizerische Neutralität, indem als Ergebnis des Krieges der vom amerikanischen Präsidenten Wilson angeregte Völkerbund seinen Sitz in Genf nahm. Auch im Zweiten Weltkrieg blieb die Neutralität der Schweiz unangefochten. Allerdings fühlten die Schweizer sich durch Hitlers Aggressionslust gefährdet, und auch in der Schweiz fanden Rassenvorurteile hier und da bescheidene Resonanz. Gegenüber den Einwanderungsbegehren zahlreicher politisch gefährdeter oder rassisch verfolgter deutscher Bürger erwiesen sich die Schweizer Behörden freilich nicht selten als unzugänglich – bekannt geworden ist das traurige Schicksal, das der Sänger Josef Schmidt in der Schweiz erleiden mußte. Weniger Prominente hofften oft vergeblich auf das Schweizer Asyl, was Kurt Tucholsky seinerzeit zu der bösen Charakterisierung der Schweizer als ›Emmentaler Faschisten‹ veranlaßte.

Die Nachkriegsentwicklung zeigt die Schweiz sowohl als Teil eines sich integrierenden Europa (Mitgliedschaft im Europäischen Wirtschaftsrat OEEC, Beitritt zum Zoll- und Handelsabkommen GATT) wie in ihrer neutralen Selbständigkeit, die sie seit jeher zum Sitz internationaler Organisationen – Internationales Komitee vom Roten Kreuz, europäische Zentrale der UNO – prädestiniert. Ihr Anteil am europäischen Kulturleben wird durch Namen wie *Le Corbusier, Paul Klee, Max Frisch, Friedrich Dürrenmatt* charakterisiert.

Allerdings wachsen auch in der Schweiz in den letzten Jahrzehnten soziale Spannungen, wobei Humanität und Profitdenken – beides typische Schweizer Eigenschaften – in Widerstreit geraten. Kennzeichnend dafür die Auseinandersetzung um das Problem der ›Fremdarbeiter‹, wobei die einen zusätzliche Arbeitskräfte begrüßen, während andere in ihrer zu großen Zahl die Gefahr einer Überfremdung des typisch Schweizerischen befürchten. Ebenso heikel die Entwicklungen im weiten Bereich des Fremdenverkehrs. »In allem äußert sich«, so Zürcher, »ein Schwinden der für die Schweiz bisher so wichtigen Kontinuität und damit des gesunden Ausgleichs einerseits zwischen fortschrittlichen Pionierleistungen, wie sie die Schweiz nicht nur in der Technik, sondern auch in den Wissenschaften ... geleistet hat – und andererseits einer lebendig zu erhaltenen Vergangenheit. ... Das großräumige Denken der Moderne hat die für die Schweiz so wesentliche Selbständigkeit des kleinen Raumes in die Abwehr gedrängt.« Daß dennoch das staatliche Gefüge der Schweiz flexibel genug bleibt, um die von der jeweiligen Mehrheit der Bevölkerung gewünschten Reformen zu verwirklichen, hat in den letzten Jahren die Bildung eines neuen Kantons – Jura – erwiesen. Gleichsam über Nacht erhielten über 67 000 bisherige Bewohner des Kantons Bern ihre neue politische Heimat im Kanton Jura, dem 23. Kanton der Schweiz. (Man stelle sich ähnliche einschneidende Verwaltungsverschiebungen in der Bundesrepublik vor!)

Der Besucher, der die Probleme allenfalls von der Oberfläche her zu Gesicht bekommt, wird noch immer in der Schweiz den Eindruck gewinnen, daß nur wenige Länder Europas in ähnlicher Weise eine gesunde Verbindung mit ihrer Vergangenheit, ihren geschichtlich gewachsenen Traditionen besitzen; daß Geschichte hier in der Kultur und in den Menschen lebendiger ist als anderswo und daß die wache Selbstkritik führender Schweizer selbst die beste Gewähr dafür bietet, daß Wohlstand nicht zu Selbstzufriedenheit, Sicherheit nicht zu Spießbürgertum ausartet.

Landschaft oder Kunst – ist das eine Frage?

»Außer Zweifel steht das Bedürfnis nach Heimat, und obschon ich nicht ohne weiteres definieren kann, was ich als Heimat empfinde, so darf ich ohne Zögern sagen: ich habe eine Heimat, ich bin nicht heimatlos, ich bin froh, Heimat zu haben – aber kann ich sagen, es sei die Schweiz?«

Max Frisch, 1974

Wenn Sie an den Rhein fahren, dann suchen Sie gleichermaßen den Kölner Dom und den Lorelei-Felsen, die Weinberge und die Benediktiner-Abtei von Maria-Laach, den Blick vom Rolandseck und die Burg Rheinfels. Landschaft und Kunst stehen gleichberechtigt nebeneinander. Beides gibt der Reise, dem Aufenthalt einen Sinn. Wie es – eigentlich – selbstverständlich ist.

Bei der Schweiz freilich ist das anders. Wer dorthin nicht nur an einen Ort – zum Erholen, zum Skilaufen – fährt, der hat fast immer nur eines im Sinn: die landschaftlichen Schönheiten zu erleben. Gipfel und Paßübergänge, Seen und Wasserfälle, Schluchten und Höhlen, Bergbahnen und Täler bestimmen die Planung einer Schweizer Reise. Wer läßt sich schon von einer Burg, einer Kirche, einem Museum oder einem altertümlichen Stadtbild allein in die Schweiz locken? Die landschaftliche Kulisse der Schweiz ist so dominierend, daß vor ihr alle anderen Reisemotive verblassen. Man könnte geradezu vermuten, daß die Schweiz ein Niemandsland von Kultur und Baukunst, von Kirchen- und Hausbau, von Museen und Sammlungen wäre.

Aber wer so etwas ernstlich behaupten wollte, müßte sich bald eines besseren belehren lassen. Denn tatsächlich verfügt die – im Vergleich mit der Bundesrepublik – kleine Schweiz über einige tausend Kunstdenkmäler. Von den Zeugnissen aus der Römerzeit bis hin zu großartigen Museen: Bauten aus romanischer, gotischer Zeit, von Renaissance und Barock, nicht zu vergessen die Städte- und Ortsbilder mit Patrizier-, Bürger- und Bauernhäusern, die ein Spiegelbild ihrer Zeit sind. Wer die Schweiz – über ihre landschaftlichen Vorzüge hinaus – kennenlernen will, der muß die Kleinigkeit von rund tausend Kunstdenkmälern aufsuchen. Mehr, als in einem einmaligen Urlaub zu bewältigen ist. Allerdings: wenn man sich auf eine Region – das Tessin vielleicht oder das Wallis – beschränkt, wächst auch schon das Angebot. Denn nun sollte man ja auch die Feinheiten verfolgen.

Zahlen mögen es verdeutlichen. Wer Burgen mit ihren Ruinen und Schlösser sucht, muß mit annähernd zweihundert rechnen – von Aarau bis Zizers. Kunst in Sammlungen präsentiert sich in zwanzig Orten. In Zürich natürlich, aber auch in Aarau, und dabei ist eine so bedeutende Sammlung wie das Segantini-Museum von St. Moritz nicht einmal dabei. Zwischen sechzig und siebzig Bauten, Skulpturen, Glasmalereien

Gletscher und Moränen des Monte Rosa

im gotischen Stil befinden sich in der Schweiz. Mindestens ebenso umfangreich ist das Barock vertreten. Wer typische Schweizer Orte kennenlernen will, der muß schon rund hundert in allen Landesteilen aufsuchen, damit sein Eindruck einigermaßen vollständig ist. Und wie wäre es, wenn Sie Ihre Reise in die Schweiz mit dem Besuch von mehr als hundert Museen verbinden würden?

Kurzum: Sie finden in der Schweiz viel, viel mehr an Kunst und Kulturzeugnissen, als Sie sich vorgestellt haben. Man könnte mit geschlossenen Augen ohne Sinn und Organ für die Landschaft durch die Schweiz fahren und im Erlebnis ihrer Kunst immer noch das Gefühl haben, daß die Reise sich gelohnt hat. Wobei wir nicht vergessen wollen, daß die meisten Schweiz-Reisenden genau das Gegenteil tun: sich blind stellen für das, was das kulturelle Erbe der Schweiz ist, und sich von Gletschern und Berggipfeln, von Aussichten und dem Erlebnis der Natur berauschen lassen. Weder das eine noch das andere ist empfehlenswert.

Die Schweiz – wenn man denn schon aus der Vielzahl ihrer Kantone mit ihrer sehr verschieden gewachsenen künstlerischen Substanz den gemeinsamen Nenner zu ziehen sucht – erhält ihr Gesicht nur dann, wenn man gleichermaßen berücksichtigt, was die Natur und was Menschen in dieser Natur schufen. Landschaft *und* Kunst – das ist die Antwort, die wir hier zu geben suchen, wobei die Kunst nur darum eindeutig im Vordergrund steht, weil sich bei der Schweiz die Landschaft eben von selbst versteht und in zahllosen Bildern und Veröffentlichungen ihr Lob gepriesen wird.

Dabei ergibt sich die durchaus sympathische und für den Reisenden bequeme Situation, daß jede Fahrt durch die Schweiz zwangsläufig auch an Orte, durch Orte mit anschauenswerten Kunstwerken führt und daß andere nur einen Katzensprung vom Wege liegen. Das setzt freilich voraus, daß man weiß, wo man abzweigen und wo man halt machen muß. Berggipfel und Gletscher präsentieren sich gewöhnlich so augenfällig, daß man sie nicht übersehen kann. Bei der Kunst, in welcher Form sie auch auftritt, ist das häufig anders. Vor allem dominieren landschaftliche Eindrücke oft so stark, daß sie den Gedanken an die Suche nach dem künstlerischen Pendant verdrängen. Dessen muß man sich bewußt sein, wenn man das Prinzip, daß Landschaft und Kunst auch in der Schweiz gleichrangig und gleichberechtigt nebeneinander stehen, verfolgt. Anders herum ausgedrückt: es erfordert eben mehr Aufmerksamkeit und Mühe, der Kunst gewahr zu werden, selbst wenn sie tatsächlich am oder nahe dem Wege liegt.

Eine erfreuliche Ausnahme bilden dabei jene Kunststätten, die glücklicherweise identisch mit den im Sommer aufgesuchten Luftkurorten oder den im Winter bevorzugten Wintersportzentren sind. Das bezeugt freilich auch nicht unbedingt, daß die mit Wandern, Ausflügen, Sonnen, Skilaufen oder anderen Aktivitäten beschäftigten Urlauber sich tatsächlich die Muße nähmen, die Kunstwerke der örtlichen Kirche, das von ihnen täglich passierte Museum näher zu besichtigen.

Wenn wir von einer Zahl von rund 345 offiziell verzeichneten Schweizer Ferienorten ausgehen oder von 175 Winterkurorten – die sich natürlich manchmal überschneiden, so daß die Gesamtzahl nicht über 400 liegt –, dann stoßen wir in immerhin 20% dieser Orte außer den touristischen Einrichtungen und den Reizen der Natur zugleich auch auf ein Kunstwerk (oder mehrere), das nicht nur lokale Bedeutung hat. Darüber hinaus – und unabhängig davon – findet der Reisende in mehr als 40 typischen Ferienorten nicht nur ein bescheidenes Heimatmuseum, sondern eine kunst- oder kulturhistorische Sammlung, die einen Besuch gewiß wert ist. Die ausgesprochenen Städte – wie Bern oder Zürich, Genf oder Lausanne und einige andere – sind dabei außer acht gelassen. Ihnen ›traut‹ man nicht nur das Vorhandensein von interessanten Kunstwerken und Museen zu, sondern sie werden ja von den Ferienorten aus aufgesucht, stellen jedoch keine Plätze dar, an denen man seinen Urlaub verbringt.

Wenn ich in der Aufstellung (S. 54ff.) eine Übersicht über solche Urlaubsorte gebe, die auch für den Kunstfreund etwas Interessantes zu bieten haben, dann kann das nicht mehr als eine Anregung sein. Erstens läßt sich in manchen Fällen gewiß darüber streiten, ob diese oder jene lokale Sehenswürdigkeit dabei gebührend berücksichtigt – oder zu Unrecht weggelassen – wurde. Zweitens wird zwar mancher Schweizreisende seinen Urlaub unter dem Gesichtspunkt planen, an einen bestimmten See, in den Bannkreis einer bestimmten Berglandschaft zu fahren, jedoch wohl kaum nach Locarno wegen der Madonna del Sasso oder von San Francesco reisen. Und drittens kann man ja auch in einem durch keinerlei Kulturstätte herausgehobenen Ort seinen Urlaub verbringen, ihn aber so wählen, daß die Kunstwerke in naher Umgebung liegen.

1 Die Schweiz der Berge: Blick vom Säntis, 2502 m

2 Zürcher Riegelhaus, Doppelhaus Egli in Lützelsee

3 Engadin-Haus in Guarda

4 Appenzeller Gehöft in der Nähe von Trogen

5 Aargauer Strohdachhaus in Muhen, Mitte 17. Jh., nach Brand 1963/64 erneuert

6 Walliser Bergdorf

7 Tessiner Bergdorf mit Steinhäusern

8 Ebnat-Kappel Museum für Wohnkultur des Toggenburg

9 Wildhaus Zwinglis Geburtshaus, 15. Jh.

10 Appenzell Häuser in der Hauptgasse ▷

MERKUR
ABORN
WUNDEN

◁ 11 ST. GALLEN
Stiftskirche,
1755–1768
entstanden

12 ST. GALLEN
Fassade mit Erker
in der Altstadt

13 ST. GALLEN Die 1766 beendete Stiftsbibliothek

14 TROGEN ›Gasthaus zur Krone‹, mit Rokokomotiven dreifarbig bemalt

15 Rorschach Das Kornhaus, 1746–1749 von Bagnato errichtet

16 Landschlacht St. Leonhardskapelle mit frühgotischen Wandbildern

17 Gottlieben Das schöne Riegelhaus der ›Drachenburg‹ von 1617, heute Restaurant

18 STECKBORN Rathaus von 1667

19 DIESSENHOFEN Zeitglockenturm von 1545

20 RHEINAU Die Klosterkirche

21 SCHAFFHAUSEN Das Münster, Innenraum

AS
SAPIENTIA
Soli Deo Gloria

22 Stein am Rhein
Gasthaus zum
›Roten Ochsen‹,
16. Jh., Erker
und Fassaden-
bemalung
um 1615

Schachenmanns
Weinkellereien

24 Hallwil Wasserschloß, 11.–13. Jh.

◁ 23 Schaffhausen Brunnen des 16. Jh. am Fronwaagplatz

25 Rheinfelden Die Altstadt

26 AUGST Teil des Gladiatoren-Mosaiks im Hof des Museums

27 AUGST Das römische Amphitheater

Es liegt mir auch fern, das Matterhorn gegen Brigs Stockalperpalast, den Vierwaldstätter See gegen Luzerns Rathaus und Kirchen, das Engadin gegen das Kloster Müstair auszuspielen. Wir wollen froh und dankbar sein, daß es dies alles nebeneinander in der Schweiz gibt. Nur hat man allzu lange über der Natur die Kunst vergessen und sie zum Privileg einer allzu kleinen Schicht von Kunstwissenschaftlern oder engagierten Kunstfreunden werden lassen, obwohl sie doch geschaffen wurde, um zu allen zu sprechen: wie es bei der Landschaft niemand bezweifeln wird. Diese künstlerische Qualität des Landes stärker als bisher in den Blickpunkt zu rücken, tut den Landschaften gewiß keinen Abbruch. Oft hat ein Künstler sein Werk ja sogar bewußt in den Blickpunkt dieser Landschaft gestellt, wenn wir beispielsweise an St. Martin von Zillis oder die Kirche von Mon und an zahlreiche Bauten des Tessin denken. Von den Malern ganz zu schweigen, deren Werke als Spiegelbilder der Landschaft über das ganze Land verteilt in Museen, Kunstsammlungen und Galerien zu finden sind – nicht nur die ganz großen Namen, sondern auch viele, die in der Schweiz hohes Ansehen genießen, aber außerhalb des Landes nur den Fachleuten bekannt sind. Landschaft dabei nicht nur als naturalistisches Abbild begriffen, sondern auch als Deutung und Überhöhung. In diesem Sinne sagt Paul Klees Bild vom Niesen, so wenig es der ›Wirklichkeit‹ entspricht, mehr über das Wesen des Bergs aus als jede noch so naturgetreue Darstellung. Im übrigen hat gerade die Schweiz, vielleicht weil ihre Natur so ausdrucksstark ist, die Künstler gereizt oder gezwungen, zu einer aufs Symbol gerichteten Wiedergabe zu gelangen, wie es der ›schweizerischste‹ von allen – Hodler – im Abbild von Mensch und Landschaft erweist. Daß daneben auch als alltägliche Jedermannskost das verkitschte Alpenglühen und die verniedlichte Folklore-Wiedergabe nicht fehlen, versteht sich von selbst. Ebenso hat ja neben Keller und Meyer auch Johanna Spyri mit ihrer Heidi ihren Raum.

Vergessen wir – auch wenn es nicht unbedingt in den Rahmen dieses Schweizer Kunstführers gehört – auch zweierlei nicht: die Tatsache, daß Schweizer Künstler immer wieder auch außerhalb ihres Landes gewirkt und Anerkennung gefunden haben. Nicht nur die Dichter und Schriftsteller, die das Medium der Sprache mit Deutschland, Frankreich oder Italien dermaßen verband, daß ihre Vertreter – wie *Rousseau, Madame de Staël, C.-F. Ramuz* oder ein Nobelpreisträger wie *Carl Spitteler* – schon beinahe nicht mehr als Schweizer, sondern als Angehörige des größeren benachbarten Sprachraums angesehen werden. Böcklin oder Klee, Semper oder Le Corbusier gehören zu den Schweizern, deren Wirkungsraum weit über ihr Vaterland hinausreichte, so daß mancher sie kaum noch als Schweizer empfindet. Ebenso wie das Wirken von Hans Holbein oder Konrad Witz in der Schweiz die damals ohnehin kaum ausgeprägten nationalen Grenzen zwischen Deutschland und der Schweiz verwischte. »Bis in das frühe 19. Jahrhundert hinein war die Kunst der Schweiz keine nationale Kunst, sondern ein Teil der Kunst der jeweils angrenzenden großen Kunstlandschaften, also vor allem Deutschlands, Frankreichs und Italiens. Als

In der Grand' Rue in Genf wurde Jean-Jacques Rousseau geboren

sich aber im 19. Jahrhundert ein Nationalstaatsgefühl entwickelte, kam es auch zu einer nationalen Kunst« (Wilhelm Voß-Gerling).

Dennoch soll nicht vergessen werden und sollte gerade der deutsche Besucher der Schweiz dankbar anerkennen, daß jene Kunst, die im Verlauf der Nazi-Herrschaft als ›entartet‹ nicht nur abgewertet, sondern sogar verfolgt oder ausgetilgt wurde, in jenen Jahren in der Schweiz Heimstatt und Refugium fand. Gewiß nicht immer aus humanitärem Edelmut allein, sondern auch aus durchaus handfesten merkantilen Erwägungen heraus. Aber mancher Künstler oder Schriftsteller unseres Jahrhunderts verdankt der Schweiz sein Überleben – materiell oder geistig. Bis in die ersten Nachkriegsjahre hinein, wobei auch die Theater die Rolle gespielt haben, weltweite deutsche Kultur zu bewahren, die in Deutschland dem getrübten Blick engstirniger Dogmatiker zum Opfer fiel. Ob es sich um Albert Bassermann, Franz Werfel oder Carl Zuckmayer handelte, wobei letzterer freilich auch die bürokratischen Schattenseiten nicht verschwiegen hat: Er erinnert in seinen Memoiren daran, daß Friedrich Engels schon 1848/49 berichtet hatte, daß die Schweiz den Emigranten ihre »rauhe Seite« zeige. »Neunzig Jahre später«, so Zuckmayer, »anno 1938/39 war diese Seite nicht zarter geworden. Ich werde nicht vergessen, wie ich in Zürich bei meiner ersten Anmeldung als politischer Flüchtling, dem die Schweiz ja traditionsgemäß Asylrecht gewährt, von der Fremdenpolizei in biederer Mundart angeschnauzt und behandelt wurde, als sei ich ein potentieller Betrüger, Schwindler, Scheckfälscher oder womöglich gar ein Kommunist ... Nun, das war eine gewisse Beamtenschaft; auch in Bern haben wir später bei der Paßbehörde unverhohlene Ausbrüche von Antisemitismus und Sympathie für die Nazis erlebt ...« Die trübe Kehrseite einer lieblich funkelnden Vorderseite der Medaille ...!

Sicher ist: für die Deutschen der Jahre 1933 bis nahe 1950 war die Schweiz nicht das Land der grandiosen Berglandschaften, sondern der Freiheit von Kunst und Meinung, was gewiß nicht zu trennen ist. Damals fuhr mancher der Kunst wegen in die Schweiz – ›seiner‹ Kunst.

Aber das ist nur eine temporäre Randerscheinung gewesen, auch wenn sie für das Verhältnis der beiden Nachbarländer sicher von tiefgreifender Bedeutung war und noch heute nachwirkt – in den Schweizern und in ihren deutschen Besuchern. Denn am Züricher Schauspielhaus »fragte man nicht, ob einer rechts oder links, Katholik oder Kommunist, Christ oder Jude, nur ob er ein guter Künstler sei, und das Schweizer Publikum bewies, durch seine Liebe und Anhänglichkeit zu diesem Ensemble, daß seine Intelligenz und gewiß auch seine Mehrheit auf der richtigen Seite standen«, wie gleichfalls Zuckmayer registrierte.

Lassen Sie uns aber noch einmal zurückblicken in die Jahrhunderte, in denen Schweizer Kunst wuchs und blühte. Römischen Bauten, deren Spuren wir an mehr als zwanzig Punkten des Landes begegnen können (Abb. 26, 27, 45), folgten Klöster und erste Kirchen des frühen Mittelalters. Als älteste Baudenkmäler christlicher Zeit in der Schweiz finden wir in Tessins Riva San Vitale ein Baptisterium und die karolingischen

Kirchen von Mistail und Müstair, beide in Graubünden (Abb. 100, 102, 103). Klöster entstanden in St. Gallen, Reichenau, Muri oder St. Urban, aber auch in den Alpen mit Disentis, Einsiedeln, Engelberg und Müstair (Farbt. 8; Abb. 11, 96, 121, 122, 123). Malerei manifestierte sich gleichermaßen in der Illustrierung von Büchern (für die St. Gallen weltbekannt ist) und in den Wand- und Deckenmalereien früher Kirchen, von denen Müstair und Zillis die bekanntesten sind (Farbt. 28–32; Abb. 98).

Romanische Kirchenbauten begegnen uns in allen Teilen der Schweiz. Um ein paar typische Beispiele herauszugreifen: Schaffhausens Münster Allerheiligen, Sions Notre-Dame de Valère, Churs Dom, Basels Münster, Teile der Kathedralen von Genf und Lausanne, San Vittore von Locarno-Muralto und natürlich – nicht zu vergessen – die größte romanische Kirche der Schweiz: Zürichs Großmünster (Abb. 110). Überdies lohnt es sich sehr, den überall vertretenen, meist aus Holz entstandenen, romanischen Plastiken nachzuspüren.

Mit der Gotik erhält die Kunst einen ganz neuen Impuls. Einmal beginnt in dieser Zeit der Bau vieler Burgen, die wir – meist in Ruinen – auf vielen Bergen und Höhen heute noch erblicken. Das Rhônetal und Graubündens Tal Domleschg (von Thusis bis Reichenau) sind besonders burgenfreudig. Zum anderen treten mit einer neuen Baugesinnung und neuem Bauinhalt die Bürger auf den Plan. In den Städten werden Rathäuser, Zeughäuser, Kornhäuser und im späteren Verlauf der gotischen Zeit auch Zunfthäuser errichtet – viele von ihnen bis heute erhalten und gut restauriert. Selbstverständlich werden häufig auch Kirchen erbaut, wobei die frühe Gotik unmittelbar aus der Romanik wächst, wie es typisch Lausannes Kathedrale zeigt. Aber da sind auch die Kathedralen von Genf und Fribourg und das Münster von Bern, die Kirche von Winterthur und die Kirchen von Kappel und Königsfelden, in denen auch die Glasmalerei zu überzeugenden Werken gelangt (Farbt. 20). Gotischen Kirchen begegnen wir zwar in allen Teilen der Schweiz, aber ein gewisser Schwerpunkt liegt nördlich der Alpen. Typisch sind in den ländlichen Kirchen die Netz- und Sterngewölbe.

Für die bildende Kunst der späten Gotik sprechen überall geschnitzte Altäre, bei denen an Goldtönen und Farbe nicht gespart wurde. Die Malerei erlebt eine intensive Blüte in der späteren Gotik. In Basel und Genf war dabei der aus Süddeutschland gekommene *Konrad Witz* tätig: in Basels Kunstmuseum ist er umfangreich vertreten. Es gab die Meister, die ihre Bilder mit einer Nelke signierten. Aber auch die Buchillustration wurde fortgesetzt: meisterhafte Miniaturmalerei zeigt die Liedersammlung, die als ›Manessische Handschrift‹ bekannt ist.

Mit der Renaissance erhält in den zwei Jahrhunderten ihrer Wirksamkeit die Schweizer Kunst abermals neue Impulse. Einmal von außen: mit *Holbein*, der seit 1515 in Basel tätig war und wenige Jahre darauf Bürger der Stadt wurde. Zum anderen nach außen: denn insbesondere aus dem Tessin kamen die Künstler, die mit dem Beinamen der ›ticinesi‹ (Tessiner) in Italien und in geringerem Umfang auch im südlichen Deutschland vor allem als Baumeister tätig waren, aber auch Maler und Bildhauer gehörten zu ihnen. *Giovanni Solari* war nicht nur Stadtbaumeister von Mailand, sondern später am Bau von Moskaus Kreml beteiligt. Der mit ihn verwandte *Pietro Solari* baute in Venedig. *Domenico Fontana* errichtete zahlreiche Bauten im Bereich des Vatikan, ebenso wurde *Carlo Maderno* zum Nachfolger Michelangelos. In späterer Zeit war es *Enrico Zuccali*, der 1724 in München starb, nachdem er u. a. die Theatinerkirche der bayerischen Metropole errichtet hatte. Darüber hinaus waren die Schweizer Handwerker als Stuckgestalter außerhalb ihrer Grenzen mit bedeutendem Erfolg tätig.

In der Schweiz selbst entstand als Renaissancebau die Fassade des Doms von Lugano. Die Reihe der Rathäuser und Zunfthäuser aus der Spätgotik setzte sich auch mit neuen Stilmitteln fort: Genfs Rathaus, das Rathaus von Luzern, Schaffhausens Zeughaus (neben dem gleichfalls jetzt errichteten Munot!), viele Bauten von Stein am Rhein und die Maison des Halles von Neuchâtel gehören zu den hervorragendsten Bauten jener Zeit. Als Maler und Zeichner wirkte vor allem der Solothurner *Urs Graf*, der – wie auch *Niklaus Manuel* (genannt: *Deutsch*) – mit Vorliebe das Landknechtsleben des beginnenden 16. Jahrhunderts darstellte. Adel und Bürgertum standen sich trotz der Probleme, die die Glaubensstreitigkeiten der Reformation schufen, wenig nach in ihren künstlerischen Anstößen. Viele der Brunnen, Brücken, Türme der heute so gern besuchten Altstädte, aber auch deren Wohnbauten selbst, entstanden ebenso wie stolze Schlösser – typisch die von Spiez und Neuchâtel. An der Schwelle von der Renaissance zum Barock ein Bau, der auf bürgerliche Initiative mit den Ansprüchen des Adels zwischen 1658 und 1678 entstand: das Stockalperpalais von Brig im Wallis (Abb. 75, 76).

Wenn Sie auf den Kirchen statt der Spitzen der Türme Kuppelhelme erblicken, entstand der Bau zur Zeit des Barock. Dieser Stil wurde von der katholischen Kirche in die Schweiz gebracht und zwar ebenso aus Italien wie aus Vorarlberg und Süddeutschland. Als Gegengewicht gegen die schlichte Nüchternheit der reformierten Kirchen erhielten im 18. Jahrhundert Kirchen und Klöster ihre prächtigen und anspruchsvollen Gesichter. Typisch dafür die von der Vorarlberger Schule bestimmten Klöster von Einsiedeln, St. Gallen und Muri (Farbt. 8; Abb. 11, 121, 122), während die Tessiner und Graubündener Kirchen auf Grund ihrer Lage die Stilmerkmale des italienischen Barock verkörpern wie etwa Poschiavos Santa Maria Assunta, Mendrisios San Giovanni Battista oder die Klosterkirche von Disentis, 1712 geweiht und sicher einer der eindrucksvollsten Barockbauten der Schweiz (Abb. 96). Demgegenüber nahmen die evangelischen Kirchen ihre Anregungen häufig aus Frankreich ...

Für die Baukunst der Städte unter dem Zeichen des Barock wird man vor allem an die Altstadt von Bern mit ihren Patrizierhäusern denken. Aber auch Fribourg, Genf, Lausanne, Neuchâtel erhielten jetzt das Gesicht, das sie bekannt und liebenswert macht. Bekanntester Maler der Barockzeit ist zweifellos *Anton Graff* aus Winterthur. Der aus Genf stammende *Etienne Liotard* wirkte überwiegend außerhalb der Schweizer Grenzen.

Das 19. Jahrhundert brachte – wie überall – einen Rückgang an baulicher Ursprünglichkeit und ein Vorrücken der Bedeutung der Malerei. Schon zu Beginn des Jahrhunderts wurde die Landschaft der Schweiz als Thema der Kunst entdeckt, was von der Romantik – so von *Salomon Geßner* mit seinen Idyllen und *J. H. Füßli* mit seiner malerischen Verklärung von Dichtwerken – vorbereitet worden war. Aber in dramatischer Naturalistik bildeten *François Diday* und *Alexandre Calame* die Alpenlandschaft ab. »Ihre Gemälde bedeuteten geradezu die Entdeckung eines neuen Kontinents für die Malerei und fanden ungeheuren Widerhall.« (Peter Meyer) Sie waren die Vorläufer für die bereits erwähnten *Giovanni Segantini* und *Ferdinand Hodler,* während *William Turner* der Romantik näher stand. Demgegenüber bildete die Natur für den Basler *Arnold Böcklin* nur das äußerliche Motiv für Gestalten von Sagen und Fabeln, die sich in ihr tummelten. Für die Bildhauerei gewann in der Schweiz das Werk eines Ausländers größte Bedeutung: *Thorvaldsen,* der in Rom lebende Däne, schuf den Entwurf zum Löwen von Luzern, ein Erinnerungsstück Schweizer Geschichte, dessen Ausführung der Konstanzer Bildhauer Ahorn übernahm.

Vergessen wir nicht, daß der Kunstbestand der Schweiz zu uns spricht, ohne daß Krieg – wie in Deutschland, Frankreich, Italien und anderen Ländern – die Kontinuität geschmälert hätte. Hier mußte – über die unvermeidlichen Alterungserscheinungen hinweg – nichts künstlich restauriert oder neu zum Leben erweckt werden. Schweizer Städte und Dörfer zeigen sich auch heute so, wie sie natürlich gewachsen sind. Altstädte blieben unversehrt erhalten. Kaum irgendwo anders sind damit auch die Schöpfungen der Kunst so selbstverständlich in das Alltagsleben eingebettet geblieben: die Kirchen nicht weniger als Rat- oder Zunfthäuser und die Wohngebäude der verschiedenen Schichten und Stände.

Die Kunst der Schweiz, um dieses Kapitel mit einer Binsenwahrheit zu beschließen, auf die der Tourist jedoch hingewiesen werden muß, entstand in einem Schnittpunkt verschiedener europäischer Kulturbereiche. Deutschland, Frankreich und Italien wirkten je nach geographischer Lage und Sprachregion auf die in der Schweiz geschaffene Kunst ein. Das hat jedoch nicht zu einer Verengung oder Einseitigkeit geführt. Im Gegenteil: diese Einflüsse haben weithin eine unter dem Himmel der Schweiz geprägte neue Form erhalten, ein – wie Peter Meyer es ausgedrückt hat – »im Vergleich zur Größe des Landes geradezu erstaunlicher Formenreichtum«. Ihn zu erleben und für sich zu gewinnen, sollte der Besucher der Schweiz auch angesichts der Eindringlichkeit der weithin alpinen Landschaft nicht versäumen.

Ferienorte mit Kunstwerken

Aarau – Stadtkirche, Torturm
Airolo – Campanile
Andeer – Bündnerhaus Pedrun (Abb. 105)
Ascona – Kollegiatkirche, Casa Serodine (Abb. 87)
Baden – Pfarrkirche, Rathaussaal, Stadttor, Landvogteischloß
Bellinzona – Drei Festungen (Abb. 82), mehrere Kirchen
Bergün – Kirche St. Peter und Florin

Biasca – Stiftskirche
Biel – Zunfthaus (Abb. 37), Burg
Brig – Jesuitenkirche, Stockalperpalast (Abb. 75, 76)
Brigels – Wallfahrtskapelle
Brione-Verzasca – Pfarrkirche
Brissago – Kirche Madonna del Ponte
Brunnen – Kapelle
Carona – Pfarrkirche, Wallfahrtskirche
Celerina – Kirche S. Gian (Abb. 104)
Disentis – Klosterkirche der Benediktinerabtei (Abb. 96), Pfarrkirche
Einsiedeln – Benediktiner-Klosterkirche (Abb. 121, 122)
Engelberg – Benediktiner-Abteikirche
Grandson – Kirche (Abb. 49–52), Schloß
Herisau – Kirche, Rathaus
Interlaken – Schloßkirche, Klosterhof mit Kreuzgang
Kappel – Klosterkirche
Lenz – Alte Pfarrkirche
Locarno – Kirchen (Abb. 84), Schloß
Lugano – Kathedrale
Luzern – Kapellbrücke (Abb. 115), Hofkirche (Abb. 118), Jesuitenkirche (Abb. 117), Rathaus (Abb. 116)
Mendrisio – Kirche
Müstair – Benediktinerkloster St. Johannes Baptist (Abb. 103)
Neuchâtel – Schloß, Maison des Halles, Stiftskirche
Pontresina – Kirche S. Maria
Poschiavo – Kirchen
Porrentruy – Kirche, Schloß, Rathaus, Spital
Rheinfelden – Stadtkirche
Rorschach – Kornhaus (Abb. 15), Rathaus, Kloster Mariaberg
Saanen – Kirche mit Fresken (Abb. 130)
Sachseln – Wallfahrtskirche mit Grab Niklaus' von Flüe
St-Ursanne – Brücke, Stiftskirche
Santa Maria – Pfarrkirche
Sarnen – Rathaus, Beinhaus, Pfarrkirche
Schaffhausen – Munot, Kloster Allerheiligen, Bürgerhäuser (Farbt. 9; Abb. 21, 23)
Schwyz – Pfarrkirche (Abb. 120), Patrizierhäuser, Rathaus
Solothurn – Kathedrale, Jesuitenkirche, Rathaus
Spiez – Schloß und Schloßkirche (Farbt. 2)
Stans – Pfarrkirche
Stein a. Rhein – Kloster, Bürgerhäuser, Rathaus (Farbt. 10; Abb. 22)
Thun – Burg, Rathaus, Hauptgasse (Farbt. 3)
Vico Morcote – Pfarrkirche (Farbt. 26)
Visp – Kirche, Patrizierhäuser
Wimmis – Kirche, Schloß
Zernez – Kirche
Zillis – Kirche St. Martin (Farbt. 28–32; Abb. 97, 98)
Zuoz – Plantahäuser
Zweisimmen – Kirche (Abb. 129)

Ferienorte mit Museen und Sammlungen

Aarau – Kantonsbibliothek, Heimatmuseum im Schlößli, Kunst- und Gewerbemuseum
Altdorf – Historisches Museum des Kantons Uri
Appenzell – Altertumssammlungen im Schloß, Kollegium St. Anton mit Stickereien- und Spitzensammlung
Arbon – Historisches Museum (Römerhof)

Arosa – Heimatmuseum
Ascona – Museum Marianne Werefkin (Gruppe ›Blauer Reiter‹)
Baden – Historisches Museum
Bellinzona – Museen in den Castelli
Biel – Museum Schwab (Ur- und Frühgeschichte)
Brig – Dokumentensammlung im Stockalperpalast
Brissago – Afrika-Museum auf Brissago-Inseln
Bulle – Kulturgeschichtliche Sammlung des Greyerzerlandes im Schloß
Burgdorf – Historisches Museum im Schloß
Château d'Oex – Museum für Lokalgeschichte und Folklore
La Chaux-de-Fonds – Kunstmuseum, Uhrenmuseum
Davos – Heimatmuseum, Wohnhaus Ernst Ludwig Kirchners
Disentis – Klostermuseum (Voranmeldung nötig)
Ebnat-Kappel – Museum für Wohnkultur des Toggenburg (Abb. 8)
Grandson – Burgen- und Automobil-Museum im Schloß
Gruyères (Greyerz) – Museumsdorf mit Schloß (um 1500) und – unterhalb – Schaukäserei
Herisau – Museum im Rathaus (Appenzeller Hirtenkultur und Bauernmalerei)
Hilterfingen – Museum für Wohnkultur des Historizismus und Jugendstils, im Schloß
Klosters – Heimatmuseum des Prätigaus
Langnau – Ortsmuseum
Lenzburg – in der Höhenburg Sammlung zur aargauischen Geschichte, Wohnkultur und Kunst
Lugano – Villa Ciani mit Gemälden, Naturgeschichtliches Museum mit Mineralien
Luzern – Kunstmuseum
Morges – Militärmuseum
Moudon – Museum des Künstlers Eugène Burnand, heimatgeschichtliche Sammlung im Château de Rochefort
Müstair – Klostermuseum
Neuchâtel – Musée d'Art et d'Histoire mit Uhren- und Automatensammlung, Musée d'Ethnographie (Ethnographisches Museum)
Nyon – Historisches Museum im Schloß
Rapperswil – Museum des Schweizerischen Burgenvereins im Schloß
Rheinfelden – Fricktaler Museum (heimatgeschichtlich)
St. Moritz – Museum engiadinais (Engadiner Museum), Segantini-Museum
Sarnen – Heimatmuseum
Schaffhausen – Museum in der ehemaligen Benediktinerabtei mit archäologischen Funden und Kunstsammlung
Scuol – Museum d'Engiadina bassa (Museum des Unterengadin) im ehemaligen Kloster
Sierre – Sammlungen im Manoir de Villa, u. a. über den Weinbau im Wallis und Rainer Maria Rilke
Sils-Maria – Nietzsche-Haus
Sion – Musée cantonal des Beaux-Arts (Sammlung von Werken Walliser Künstler und Werken mit Walliser Themen), Musée cantonal de Valère mit früher und religiöser Kunst, Waffen, Folklore
Solothurn – Domschatz, Kunstmuseum, Museum der Stadt, Zeughaus mit Waffen und Uniformen
Stans – Historisches Museum für Nidwalden
Stein a. Rhein – Klostermuseum St. Georgen
Tarasp – Schloß mit Sammlungen
Thun – Historisches Museum im Schloß
Vevey – Kunst- und naturgeschichtliche Sammlung im Musée Jenisch, Musée du Vieux-Vevey – heimatgeschichtliches Museum
Yverdon – Ortsmuseum mit Pestalozzi-Erinnerungssaal
Zermatt – Alpines Museum der Walliser Alpen, auch Folklore

Was Bürger und Bauern schufen

»Unsere Schweizer Kunst ist vor allem eine Kunst von Handwerkern, die meist unbekannt, oft aber sehr große Künstler sind.«

Gonzague de Reynold

Für viele Besucher der Schweiz gibt es keinen Zweifel: das typische Wohnhaus des Landes ist das Chalet. Auch für den Schweizer der Gegenwart ist auf dem Lande und am Stadtrand der Chaletstil ein erstrebenswertes Ideal. Es ist, auf die kürzeste Formel gebracht, ein Haus, das aus Holz oder doch unter dominierender Verwendung von Holz in Blockbauweise errichtet wurde.

So einfach liegen die Dinge freilich nicht. Erstens einmal unterschieden sich die Wohnhäuser der Schweiz vor der heute auf Grund geschrumpfter Entfernungen entstandenen Nivellierung sehr erheblich, je nach dem, wo sie gebaut wurden. Außerdem gibt es verschiedenartige Wechselwirkungen zwischen dem städtischen und dem ländlichen Haus. Schließlich besteht ein in ganz Europa durchgehendes Gefälle zwischen dem (überwiegenden) Holz- und dem (überwiegenden) Steinbau.

Auf die einfachste Formel gebracht: »Holz ist im Norden Europas und Stein im Süden für die bäuerliche Bauweise charakteristisch. Dazwischen liegen Gebiete, in denen diese beiden wichtigsten naturgegebenen Baustoffe miteinander und nebeneinander angewendet werden.« (Richard Weiss). Die Schweiz steht durch ihre Lage in der Mitte zwischen Nord- und Süd-Europa. In ihrem Tessiner Süden und am Ufer des Genfersees herrschen Steinbauten im süd- und westeuropäischen Charakter vor. Der für den Norden Europas (etwa Norwegen) dominierende Holzbau, der auch im Alpenbereich verbreitet war (wegen seiner Wärme und Behaglichkeit angesichts der rauhen Natur außerhalb der Wände), geht aus mehreren Gründen – moderne Baustoffe, Holzmangel – ständig zurück. An seine Stelle ist eine gemischte Bauweise getreten, wie sie sich in ganz Mitteleuropa zeigt: der von den Fachleuten als Ständerbau bezeichnete Fachwerkstil.

Die Begegnung zwischen dem südlichen Stein- und nördlichen Holzhaus im Bereich des Alpenkamms hat dort einen Typ des Hausbaus verursacht, bei dem sich die aus Stein gemauerte Küche mit einer in Holzbauweise gestalteten Wohnstube verbanden. Ein maßgebender Schweizer Hausbauforscher, H. Brockmann, hat dafür die Bezeichnung ›Gotthardhaus‹ geprägt, weil der Gotthard tatsächlich diesen Übergang zwischen Süd nach Nord nicht nur geographisch, sondern eben auch volkskundlich kennzeichnet. Tatsächlich findet sich dieses ›Gotthardhaus‹ quer durch die ganzen Alpen von Frankreich im Westen bis Österreich im Osten mit der Schweiz im Mittelpunkt.

Beim typischen Steinhaus des Tessin, wie man es auch heute in vielen Tälern noch ursprünglich vorfindet und wo es häufig als Zweit- oder Wochenendhaus angeboten und benützt wird, findet Holz nur für die Dachstützen und Fenster Verwendung. Wird das Haus, wie es nicht selten der Fall ist, verlassen, fault das Dachholz: das Dach stürzt zwar zusammen, aber die Hauswände bleiben als ›unvergängliche‹ Ruinen wie die alten Burgen stehen. Der Vorzug dieser Steinhäuser in klimatisch sonnenbegünstigten Gebieten (wie eben Tessin und Genfer See) besteht darin, daß sie auch bei sommerlicher Hitze kühl und damit wohnlich bleiben. Für Süd- und Westschweiz führt man die Vorherrschaft der Steinbauweise sogar bis auf römische Einflüsse zurück.

In den Städten hat die Entscheidung zwischen der Holz- und Steinbauweise noch einen anderen Aspekt als den des Klimas erhalten: in den Städten neigte man schon seit dem 13. Jahrhundert dazu, den Holzbau wegen der mit ihm verbundenen Feuersgefahr – die beim einzeln stehenden Bauernhaus sich nicht ringsherum auswirken konnte – zurücktreten zu lassen. Diese Praxis der Städte hat unter dem Einfluß des Prestigedenkens auch Auswirkungen auf die Dörfer gehabt. Typisch für diese Entwicklung sind die nach den Kriegszerstörungen des Jahres 1622 errichteten ›Engadinerhäuser‹: sie wurden zwar in alter Tradition im Blockstil des Gotthardhauses angelegt, dann jedoch – als Schutz und soziales Element gleichermaßen – mit einem Steinmantel umgeben, so daß sie auf den ersten Blick wie Steinhäuser wirken. Wer im Engadinertal nach *Zuoz* fährt, kann dort noch alte Blockbauten aus Holz sehen und daneben wie in den folgenden Orten die mauerummantelten Häuser, die nach dem 17. Jahrhundert entstanden sind.

Auch wenn die Übergänge fließend sind und sich innerhalb der Gebiete die Tendenzen ändern (z. B. im Jura der früher verbreitete Holzbau zugunsten der Steinbauten ganz zurückgetreten ist), so läßt sich doch die schweizerische Bautradition auf folgende Formeln bringen: Steinbau im Tessin, im Jura, in der Westschweiz und (scheinbar) in Teilen Graubündens. Reiner Holzbau am Nordabhang der Alpen. Teilung von Holz- und Steinbau im ›Gotthardhaus‹ im Wallis über den Gotthard bis zur Ostgrenze Graubündens. Vermischung von Holz und Stein im Fachwerkbau (mit Füllungen zwischen den Ständern aus Reisig, Stroh, Lehm oder Mauerwerk) im ganzen Schweizer Mittelland.

Dieser Fachwerkbau ist für das Gesicht vieler Schweizer Städte und ihre optische Behaglichkeit ebenso entscheidend, wie er das in vielen deutschen Städten, etwa im Maingebiet oder in Franken, ist bzw. war. Schweizer Zimmerleute haben hier handwerkliche Meisterleistungen bis an die Grenze zur Kunst geschaffen. Die städtischen Bauten blieben dabei nicht ohne Einfluß auf die Dörfer. Waren die Bauernhäuser der Schweiz, wie man aus alten Abbildungen entnehmen kann, bis ins 16. Jahrhundert relativ einfache Ständerbauten, so entstanden vom 17. Jahrhundert an die kunstvollen Häuser des bäuerlichen Fachwerks im Barock, die uns heute begeistern. Dabei hat jede Region ihre eigene Ausprägung erhalten: ein erstaunlicher Reichtum an Formen und

Typen. Peter Meyer hat auf die Tatsache hingewiesen, daß durch diese Vielfalt »die Schweiz ihren Bewohnern wie auch ihren Besuchern weit größer erscheint, als sie ihrer Fläche nach ist«. Demgemäß erscheint auch der Anteil von Orten, die durch ihr Dorf- oder Stadtbild als ›schön‹ und anheimelnd erscheinen, überdurchschnittlich hoch. Immer wieder wird der Reisende auf solche durch ihre Bauten überraschend geprägten Siedlungen stoßen. Ihre Zahl läßt sich ohne Schwierigkeiten selbst bei strengem Maßstab – die üblichen individuell-subjektiven Meinungsverschiedenheiten berücksichtigt – auf über hundert ansetzen – ohne die ausgesprochenen größeren Städte von Aarau bis Zürich.

Zuerst zu den Städten! Wer Bern oder Fribourg, Basel oder Luzern, St. Gallen oder Solothurn nicht kennt, dem fehlt ein wichtiges Stück europäischer Kultur. In der Schweiz haben diese und viele andere Städte noch ihr persönliches Gesicht, das sie unverwechselbar macht. Schon Goethe kam vor eben 200 Jahren (1779) zu der Auffassung, daß *Bern* die schönste Stadt sei, die er gesehen habe. Und er stammte doch aus dem zu seiner Zeit gewiß nicht reizlosen Frankfurt. Und Lichtwark, ein reichliches Jahrhundert später, räumte *Zürich* (im Vergleich zu Hamburg) den Vorzug ein, man habe bei der Schweizer Stadt »das Gefühl, eine Großstadt im Sinne von Kulturstadt zu betreten«. Dieser Eindruck, Städte mit gewachsener Kultur zu erleben, wird einen nicht nur in Zürich, sondern vielerorts in der Schweiz begleiten. Das gilt vor allem für die Altstadtteile, die nicht verkommen oder abgewirtschaftet, sondern lebendige Bestandteile der Städte geblieben sind. Das spricht für den gesunden Sinn der Vergangenheit, denn heute ist man ohnehin überall bemüht, diese ›Seele‹ der Städte zu erhalten und zu regenerieren.

Denken wir an das, was wir über die Baumaterialien Schweizer Häuser gesagt haben, so waren die Städte der ›deutschen‹ Schweiz, aber nicht nur sie, sondern auch – beispielsweise – Bern, Fribourg und Genf, ursprünglich Städte aus Holzhäusern. Wie man auch heute mit Subventionen private Initiative belebt, so setzten manche Städte vom 16. Jahrhundert ab Zuschüsse aus, wenn ein neues Haus nicht mehr aus dem feuergefährlichen Holz, sondern aus Stein erbaut wurde. Während heute Hochhäuser in den Städten steil emporragen, weil der teuere Baugrund diese Bauweise nahelegt, so waren es im Mittelalter die Mauern, die die Städte umschlossen und die Sicherheit ihrer Bewohner gewährleisteten: nahm die Bevölkerung zu, so daß Neubauten erforderlich waren, mußte man bei schmalem Untergrund in die Höhe gehen, auch wenn dazumal Hochhäuser noch nicht auf dem Programm standen. Aber *Genf* ist ein Beispiel dafür: hier strömten im 17. Jahrhundert wegen ihres Glaubens verfolgte Franzosen herzu, die man nur innerhalb der von den alten Mauern bestimmten Stadt unterbringen konnte, wenn man aufstockte. Denn wer im Mittelalter vor den Mauern baute, mußte riskieren, daß sein Haus entweder von den anrückenden Feinden oder zur besseren Verteidigung der Mauern von den eigenen Mitbürgern kurzerhand beseitigt wurde ...

Es ist ein Teil der besonderen Note der Schweizer Städte, daß sie ihr Gesicht nicht allein von den öffentlichen Bauten – Kirchen, Rathäuser, Amtsgebäude usw. – erhalten, sondern daß die Bürger miteinander wetteiferten, ihre Häuser ansehnlich und anschauenswert zu gestalten. Sicher steckt darin ein Teil bürgerlicher Eitelkeit, wobei die Bürger nicht selten darauf abzielten, mit Patriziern und Adel zu konkurrieren. Typisch dafür der von der Stockalp gekommene Bauernsohn Kaspar Jodok ›Stockalper‹ (1609–1691), der den Handelsverkehr über den Simplonpaß belebte und mit dem so erworbenen Reichtum einen Palast erbaute, der einem Schloß gleichkam (Abb. 75, 76). Kein Emporkömmling freilich, denn er hatte Jura studiert und war auch als Diplomat zwischen den Mächten Habsburg, Papst und Frankreich erfolgreich. Kunstsinn und Repräsentationslust gegenüber seinen patrizischen Mitbürgern (die ihn denn auch prompt des Hochverrats anklagten und zeitweise ins Exil trieben) ließen ihn dieses stolzeste barocke Bauwerk der Schweiz errichten – ein zwar protziges, aber zugleich doch kunstvolles Gegenstück zu den in vielen Städten in Straßen und an Plätzen eingefügten Bauten reicher Bürger und Patrizier. Man erzählt sich, daß ausländische Reisende im 16. und 17. Jahrhundert für das solide Bau- und Wohnniveau der Schweizer, das ungleich besser als in vergleichbaren Ländern Europas war, die Formel fanden: bei den Eidgenossen wohne der Bauer wie anderswo der Bürger und der Bürger wie außerhalb der Schweiz der Edelmann. Anders gesagt: zwar waren die Reichen der Schweiz vielleicht nicht so reich wie die Potentaten anderer Länder, aber vor allem waren die Ärmeren nicht so arm wie ihre Standesgenossen ringsum. Die Stände waren in diesem nicht von einer monarchischen Oberschicht beherrschten Land näher beieinander als im sonstigen Europa. Der Adel, im frühen Mittelalter noch vertreten, verlor Funktion, Rang, Bedeutung. Das kam der Kultur zugute.

Aber die demokratisch regierten Gemeinwesen der Schweiz wußten auch in ihrem Bereich Akzente zu setzen. Daß die Schweiz ein Land der *Brunnen* ist, weiß jeder, der hier reiste. Es gibt sie in der Stadt und auf dem Land, und oft bilden sie den geselligsozialen Mittelpunkt des Ortes. Sie gehen bis aufs späte 15., frühe 16. Jahrhundert zurück, und sie haben in den Städten, als diese noch überwiegend aus Holzhäusern bestanden, den steinernen Kontrapunkt gebildet. Gefällig und gesellig wirken diese Brunnnen noch heute, auch wenn sie oft hinter einem Wall von parkenden Autos halb versteckt sind. Wer die Brunnen einer Stadt kennt, weiß schon eine ganze Menge über ihr Wesen.

Aber selbstverständlich legten die Eidgenossen auch Wert auf ihre öffentlichen Gebäude. Von den Großstädten wie Bern, Basel oder Zürich bis zu den Landstädten und Dörfern maß man den Rat- oder Gemeindehäusern großen Wert bei. Sie bildeten nicht nur den Mittelpunkt der Verwaltung, sondern auch den Sitz der bürgerlichen Gemeinschaft, mit der sich jeder identifizieren konnte. Man muß sie innen besichtigen und nicht nur von außen betrachten, denn die Ausstattung im Inneren wurde wichtiger genommen als die Fassade. Dynastien müssen mit ihren Schlössern repräsentieren. Eine Demokratie will von der Sache her etwas darstellen. Man spürt heute noch die Gewissenhaftigkeit und zugleich wohl auch den Stolz der kunstgewerblichen Handwerker, die die Räume vertäfelten, ausschmückten, die ihre besten Leistungen der

Öffentlichkeit und nicht dem privaten Auftraggeber zukommen ließen. Das gilt mit einigen Abstrichen auch für die Zeughäuser und Kornhäuser, die ja Zweckbauten waren, aber ihre Aufgabe mit Würde erfüllen konnten.

Diese Handwerker selbst schufen sich ihren eigenen Rahmen in den Zunfthäusern, die für einige Jahrhunderte zwischen Mittelalter und Neuzeit Mittelpunkte der Gesellschaft, der bürgerlichen wohlverstanden, waren. Wer durch Schweizer Museen wandelt, wird fast überall Gegenstände feinster Handwerkskunst entdecken, die ursprünglich in Zunfthäusern untergebracht waren. Insbesondere die Goldschmiede fanden hier ein reiches Betätigungsfeld. Auch wenn allerlei Schwulst darunter ist – an der Qualität der Arbeit gibt es nichts zu mäkeln. Und das gilt natürlich auch für die Räumlichkeiten selbst, wo sie erhalten sind: etwa das Zunfthaus zu Waldleuten (1559/61) an *Biels* Ring, *Schaffhausens* prächtige Zunfthäuser oder *Zürichs* im Rokokostil gehaltenes Zunfthaus zur Meise (Abb. 113). Man kann noch heute den Stolz der Bürger verstehen, in deren Mauern solche Häuser von ihresgleichen errichtet und ausgestaltet wurden.

Wenn weithin in Europa die Kirchen die bedeutendsten und künstlerisch hervorragendsten Bauten darstellten, so hat die Schweiz seit dem Mittelalter ihren Kirchen ein gewichtiges bürgerliches oder bäuerliches Gegenstück zur Seite gestellt. Es wäre ein Irrtum, wollte man den Rang der bedeutendsten Schweizer Kirchen seit karolingischen Tagen leugnen. Aber sie stehen nicht allein. Fast nirgendwo. Man ginge auch zu weit, wollte man in den Bauten der Bürger der Renaissancezeit oder des Barock eine Art Herausforderung an die Kirche sehen, deren Bau meist älteren Datums war. Aber man darf sie doch als Zeugnis des Selbstbewußtseins deuten: der Kirche als dem Ort Gottes stellte man eine würdige Stätte der weltlichen Gemeinschaft zur Seite. Nicht entgegen. Beides hat in einem ordentlichen eidgenössischen Gemeinwesen seine Berechtigung. Dieses Nebeneinander macht viele Schweizer Städte, große und kleinere, für den Betrachter so reich und anregend.

Dabei darf gewiß vorausgesetzt werden, daß der Reisende sich über die städtebaulichen Vorzüge von Bern oder Luzern, Schaffhausen oder Stein am Rhein, Thun oder Lausanne im klaren ist. Viel weniger bekannt ist der Kreis jener kleinen und mittleren Städte, die im Zeitalter eines oft übermäßigen und lästigen Verkehrs in den großen Städten oft stärker zum Herzen sprechen. *Chur* in Graubünden, *Appenzell* oder *Maienfeld* in der Ostschweiz, *Elgg* im Kanton Zürich, *Lenzburg* im Nordwesten, *Burgdorf* im Berner Land, *Biel* im Jura, *Murten* im Kanton Fribourg, *Saillon* im Wallis oder *Mendrisio* im Tessin sind solche für den Nicht-Schweizer manchmal verborgene oder gar unbekannte Kostbarkeiten, die – wie zahlreiche andere – einen Besuch nahelegen. Fast jede Stadt der Schweiz hat – auch heute noch – ihren eigenen Reiz, ihre individuelle Physiognomie.

Dennoch sind sich die Kenner des Landes einig: der vermutlich eigenständigste Beitrag der Schweiz im Rahmen der europäischen Architektur liegt nicht in erster Linie dort, wo romanische oder gotische Kirchen, Renaissance-Rathäuser oder barocke Patrizierbauten entstanden, die ihren Stil der Anregung, dem Vorbild, der Befruchtung aus einer gesamteuropäischen Kunstentwicklung verdanken. Er liegt vielmehr in der *Bauernhausarchitektur.* »In ihr gelangt das kulturelle Selbstbewußtsein eines Standes zum Ausdruck, der in anderen Ländern oft zu Unrecht geringgeschätzt oder abgesunken war.« (Hans Haller).

In der Tat: wo wir auch in Europa reisen – im Osten oder Westen, fast überall sind Bauernhäuser mehr oder minder uniforme Zweckbauten, manchmal ärmlich, manchmal verwahrlost, kaum je vom Atem kultureller Gesinnung angehaucht. Wenigen Ausnahmen – wie dem stattlichen Haubarg Nordfrieslands oder den Bauten von Norwegens Gudbrandsdal –, die freilich auch nur bedingten Anspruch auf phantasievolle Eigenständigkeit haben, steht in der Schweiz ein breites, auf einen Blick kaum überschaubares Vielerlei von Formen ein Einfällen gegenüber.

»Die Riegelhäuser im östlichen und nördlichen Teil des Landes spiegeln die liebliche, saubere Landschaft der deutschen Schweiz wider, die Zwischendächer am spitzgiebeligen Innerschweizer Haus mahnen an das härtere voralpine Klima (Abb. 2). Das großräumige, fast patrizische Bauernhaus im romanischen Engadin zeugt von einer wohl aus Italien mitgebrachten Wohnkultur (Abb. 3), während die eng zusammengescharten, von der Sonne versengten Walliser Häuser auf einem Moränenkegel den steten Kampf mit den Urgewalten der Natur in Erinnerung rufen (Abb. 6). Über dem fröhlichen Tessiner Haus mit den farbigen Dächern (Abb. 7) winkt der Campanile, die Wohnstätte des welschen Rebbauern steht im weiten Hellraum des Léman und läßt den tiefen Keller erahnen, der behäbige Bernerhof zeugt von Wohlstand, und die breit ausladenden Jura-Häuser fügen sich nahtlos in die weite, wehmütige Weidelandschaft ein.« So hat es Werner Kämpfen, der die schweizerische Verkehrszentrale leitet, sinnfällig und übersichtlich zusammengefaßt. Dabei ist damit nur die Grundlinie angedeutet.

Denn da gibt es vielerlei Gesichtspunkte, die dem Bauernhausforscher geläufig sind und die neue Typen erkennen lassen. Etwa die im Hochgebirge, vom Gotthard-Haus ausgehende Trennung von bäuerlichen Zweck- und Wohngebäuden. Wenn der Stall vom Wohnhaus getrennt ist, kann der Wohntrakt erheblich ausgeweitet und gesteigert werden. Wer das Reding-Haus in *Schwyz,* 1609 erbaut und 1663 durch Erker, Dachgiebel und Firsttürmchen ausgestaltet, betrachtet, der erkennt, daß der Bauer hier ein ›Herr‹ war. Die Grenze zum Patrizierhaus ist hier wahrhaftig fließend. Die Häuser des Berner Oberlands liegen breit und behäbig in der Landschaft, seitlich mit Lauben erweitert. Am Giebel fehlen selten ein Wappen oder sinnfällige Sprüche. Demgegenüber ziehen sich im Mittelland mächtige Walmdächer von Stroh oder Schindeln über den ganzen Hofkomplex einschließlich der Ställe, die dem Bauernhaus monumentale Wucht vermitteln. Berühmt sind die Bauernhäuser von *Erlenbach* im Simmental, Holzbauten auf steinernem Erdgeschoß und von einer vorkragenden Dachrundung zu lächelnder Anmut gesteigert. Holzhäuser auch im *Appenzell,* wobei die Fassaden durch Fensterreihen aufgelockert werden (Abb. 4). Als markanten Gegensatz die Engadinerhäuser Graubündens, die wie kleine Festungen wirken und den Bewohner vor den Unbilden des Wetters ebenso wie vor der Arglist der Menschen zu schützen scheinen. Ein Typus für sich, ganz anders wiederum, das Haus des Weinbauern, überwiegend in Stein gebaut und oft städtischem Vorbild angenähert, mit weißgetünchten Mauern. Sie finden es am Genfer See und – wieder etwas anders – in den Weinbaugebieten des Mittellandes. »Der wichtigste Unterschied des Weinbauernhauses gegenüber dem Ackerbauernhaus des Mittellandes ist also die Trennung von Haus und Stall.«

Es liegt nahe, daß die in ihren Bauten so ausgeprägte bäuerliche und bürgerliche Kultur auch eine bedeutsame und fortwirkende Volkskunst geschaffen hat. Wo der Bauer – wie in den entlegenen Tälern der Alpengebiete – auf sich selbst gestellt war, entstanden Möbel und Geräte vielerlei Art in urwüchsigen Formen und ursprünglicher Ornamentik, oft an der Tradition längst vergangener Jahrhunderte, die sich in der Familie überliefert hatten, orientiert. Inzwischen ins Souvenirangebot abgeglitten sind die einst so originellen Gestaltungen aus den Höhepunkten der Almwirtschaft: der Zug der Kühe von der Alp. Ursprünglich einmal auf Holz gemalt, heute längst im Druck vervielfältigt. Manches, was einst Volkskunst war – Weberei, Stickerei, Keramik – ist inzwischen zu industrieller oder wenigstens gewerblicher Fertigung gekommen. Dennoch lohnt es sich, in den Heimatmuseen den Spuren dieser folkloristischen Kunstausübung nachzugehen und sich an der spontanen Naivität, aber auch der Bemühung um gelungene Formung zu erfreuen. Wer das Ursprüngliche im modernen Gewand sucht, wird beim ›Schweizer Heimatwerk‹ manches Kaufenswerte finden.

Zwar fehlte es in der Schweiz an den Fürstenhöfen, die durch ihre Aufträge den Künstlern Brot gaben und ohne die in anderen Ländern – wie Deutschland – viele künstlerische Höhepunkte gar nicht denkbar sind. Aber es verdient Respekt und Bewunderung, was Bürger und Bauern aus eigenem Antrieb aus sich heraus geschaffen haben. »Kultur ist in der Schweiz im wesentlichen Gemeindeangelegenheit, deshalb ist der Schweizer naturgemäß Lokalkünstler, der, in Ermangelung eines Zentrums, das den größeren Wettbewerb und den größeren Lorbeer anzubieten hätte, nach lokalen Ehren zu streben gezwungen ist.« So drückt es – vielleicht allzu bescheiden und nicht ganz ohne Komplexe – Paul Nizon aus. Jedenfalls hat diese Kunst auf Gemeindeebene in ihrem Endergebnis dem Land die unvergleichliche Ursprünglichkeit der bäuerlich-bürgerlichen Bauten geschenkt, die uns eine Fahrt durch die Schweiz zu einem kaum auszuschöpfenden Erlebnis machen.

Zwischen Basel und Bodensee – nicht weit zum deutschen Nachbarn

»So liegst du an der Pforte der Schweiz, nicht furchtbar durch Größe, nicht beneidenswerth um Reichthum, ohne Vortheil für Belagerungen, aber zufrieden, gerecht, frey, eidgenoss, durch Klugheit, Muth und Freunde stark, und sicher durch Gottes Hand, welche Pyramiden stürzt und Strohhütten erhält.«

Johannes von Müller, 1786, über den Kanton Schaffhausen

Sieben der insgesamt fünfundzwanzig schweizerischen Kantone sind es, die ein mehr oder minder großes Stück ihrer Grenze zur Bundesrepublik Deutschland, früher zum Deutschen Reich, haben. Von West nach Ost demnach Basel (die Halbkantone Basel-Stadt und Basel-Land), Aargau, Zürich, Schaffhausen, Thurgau, St. Gallen und (innerhalb St. Gallens) Appenzell. Wobei die drei letzteren im wesentlichen nur über die Wasserbrücke des Bodensees Deutschland verbunden sind, während Schaffhausen über den sonst als Grenze genommenen Rhein, als eine Art »Brückenkopf« (Allemann) weit und mit ebenso unübersichtlichen wie für beide Länder unvernünftigen Grenzen in deutsches Gebiet hineinragt.

Mit Ausnahme der Jahre zwischen 1933 und 1945, in denen den Schweizern angesichts dieser großgermanisch orientierten Nachbarschaft auch das Schlimmste nicht unmöglich schien, haben sich Deutsche und Schweizer in diesen Grenzbereichen zwar gut verstanden, aber keiner ist dem anderen zu nahe getreten. Mancherlei Historie, von der vor allem die Schaffhausener betroffen waren, ist längst vergessen.

Wie selbstverständlich führt am Bodensee der Weg vom deutschen Ufer (168 km), das bei Föhn einen unvergleichlich schönen Blick auf die Schweizer Berge der Säntis-Gruppe erlaubt, zu dem nur 69 km langen Schweizer Ufer. Fähre (Friedrichshafen–Romanshorn) und Bodenseeschiffahrt erlauben die bequeme Fahrt übers Wasser, während zwischen Konstanz (deutsch) und **Kreuzlingen** (schweizerisch) der Grenzübergang mitten im Stadtgebiet der nahtlos ineinander übergehenden Siedlungen erfolgt. Die *Klosterkirche Heilig Kreuz,* heute Katholische Pfarrkirche, hat ein bewegtes Schicksal gehabt: 1125 gegründet, wurde sie mehrfach zerstört und 1650–53 als Barockbau neu errichtet, der freilich 1963 abermals abbrannte, aber sofort wiederhergestellt wurde. Am schönsten ist das Innere mit der holzgeschnitzten sogenannten ›Kreuzlinger Passion‹ eines Tiroler Meisters und dem Chorgitter von 1737.

Von Kreuzlingen führt die schweizerische Bundesstraße 13 in Seenähe nach Südosten und Westen. In östlicher Richtung begegnet uns schon bald in **Münsterlingen** mit der

28 Basel Das 1504 begonnene Rathaus

29 BASEL Blick vom Münster (1190–1200) auf das Rheinknie

30 BASEL Detail der Galluspforte des Münsters, eines der ältesten Figurenportale des deutschsprachigen Raums (nach 1185)

◁ 31 BASEL Kaiser Heinrich II. am Hauptportal des Münsters

32 BASEL Der Hl. Martin an der Westfassade des Münsters

33, 34 BASEL Romanische Kapitelle im Münster

35 Basel Aposteltafel im Münster, romanisch, 101 cm hoch

37 Biel Bannerträgerbrunnen mit Zunfthaus zu Waldleuten

36 Dornach Das Goetheanum

38 SOLOTHURN Fischbrunnen und Zeitglockenturm

39 MURTEN Hauptstraße mit Zeitglockenturm im Mauerring

40 AVENCHES Treppenturm des Schlosses

41 PAYERNE Abteikirche, Inneres, 11. Jh.

42
PAYERNE
Chorabschluß, Nebenapsiden und südliches Querschiff der Abteikirche

43
PAYERNE
Relief der Dreifaltigkeit am südlichen Querschiffarm der Abteikirche

45 Boscéaz bei Orbe Römisches Mosaik

◁ 44 Payerne Kapitell der Abteikirche: die Evangelisten auf den Schultern der Propheten. Hier wie bei Bild 43 Anklänge an Cluny

46 YVERDON Schloß der Herzöge von Savoyen

47 YVERDON Pestalozzi-Denkmal

48 ESTAVAYER-LE-LAC Schloß Chenaux

49 GRANDSON Kirche St-Jean Baptiste, Innenraum

50, 51 GRANDSON Romanische Kapitelle

52 GRANDSON Der Hl. Michael, romanisches Kapitell

53 ROMAINMÔTIER Inneres der ehem. Benediktiner-Klosterkirche, 11. Jh.

ehemaligen Klosterkirche – 1125 für Augustinerinnen begründet, 1549 von Benediktinerinnen übernommen und seit 1848 Krankenanstalt – ein 1709–1727 erfolgter Neubau durch Franz Beer als gelungenes Beispiel der Vorarlberger Barockarchitektur.

Nehmen Sie sich Zeit für einen kleinen Abstecher zur *Leonhardskapelle* von **Landschlacht,** gleich hinter Münsterlingen. Eine ganz nüchtern wirkende Kapelle aus dem 10./12. Jahrhundert mit dem 1430 angebauten Chor und einem Dachreiter. Innen sind die Wände mit Passionsbildern und – im Chor – Leonhardsmotiven ausgemalt. Der Bilderreichtum unter der schlichten, aber fein gegliederten Holzdecke befriedigt die Schaufreude (Abb. 16).

Romanshorn, der wichtige Fährhafen von Friedrichshafen aus, besitzt eine botanische Kostbarkeit: die nördlichste Mittelmeerzypresse. Aber das in südöstlicher Richtung bald folgende **Arbon** läßt schon durch seinen Namen römische Vergangenheit ahnen. ›Arbor felix‹, glücklicher Baum, hieß das hier gelegene (jetzt im Burggebiet ausgegrabene) römische Kastell, dem 745 ein fränkischer Königshof folgte. Der heute noch sichtbare *Schloßturm* ist in verschiedenen Abschnitten entstanden: Beginn im 10. Jahrhundert, oberer Abschluß um 1500. Das *Schloß* geht aufs 13. Jahrhundert zurück. Wenn Sie hier sind, verdient auch die *Kirche St. Martin* einen Besuch: spätgotischer Chor von 1490, Schiff erst Ende des 18. Jahrhunderts.

Wichtigster Ort an diesem Teil des Schweizer Bodensees aber ist ohne Zweifel **Rorschach:** nach Stein am Rhein (S. 87f.) die sehenswerteste Stadt an der Seestrecke. Das 1746–48 erbaute barocke *Kornhaus* ist nicht nur mit seiner Lage am Hafen das Wahrzeichen der Stadt (Abb. 15). Es gilt als schönster derartiger Speicher der ganzen Schweiz, Architekt Giovanni Gaspare Bagnato. In der Hauptstraße steht das *Rathaus,* das 1681/89 ursprünglich als Privathaus entstand. Rathaus und weitere Häuser weisen vorgebaute Erker auf, teilweise reich verziert. Außer der *Pfarrkirche,* ein spätgotischer, allerdings mehrfach (zuletzt um 1785) abgeänderter Bau, besitzt Rorschach das *ehemalige Benediktinerkloster Mariaberg,* das von St. Gallen aus 1484 gegründet, aber nach Zerstörung erst Anfang des 16. Jahrhunderts beendet wurde. Erasmus Grasser gilt als der Baumeister. Auch wenn der Bau heute als Lehrerseminar dient, beeindrucken Kreuzgang und Kapitelsaal, wobei letzterer um 1568 sehr lebendig ausgemalt wurde.

Von Rorschach sind es nur 12 km bis **St. Gallen** – ein Angelpunkt der deutschschweizerischen Kulturverbindungen. Man muß sich die Ursprünge vergegenwärtigen. Gallus, der den irischen Missionar Columban im Jahr 612 nach Italien begleiten soll, erkrankt am Bodensee, muß in Arbon bleiben und wird nach seiner Genesung zum Einsiedler in einer Zelle, zu der sich allmählich zwölf Glaubensbrüder gesellen. Eine primitive hölzerne Kapelle entsteht. Als Gallus ums Jahr 650 stirbt, bestattet man ihn hinter dem Altar. Nach irischem Vorbild bestand die Klause des Gallus weiter, die nach den Regeln des Columban angelegt war. Die frommen Brüder teilten sich in geistige und körperliche Arbeiten. Siebzig Jahre nach dem Tod von Gallus wurde

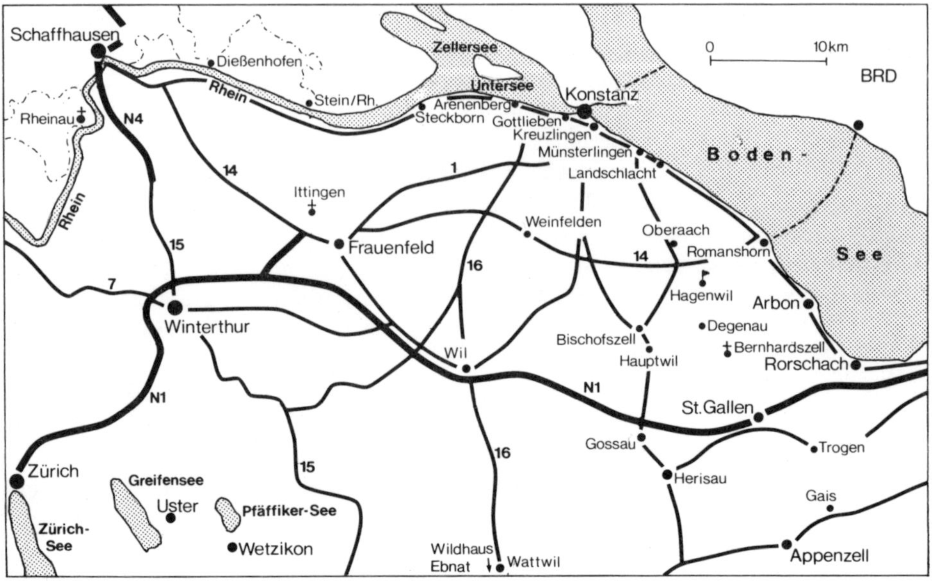

vom Bischof von Konstanz ein Abt bestimmt und die Regel der Benediktiner eingeführt. Es kam zu Auseinandersetzungen zwischen den Verfechtern der irischen Grundsätze und den späteren Benediktineräbten, aber die Nähe von Konstanz war entscheidend. Erste Steinkirchen wurden gebaut. Ums Jahr 820 wird von der Reichenau aus der Plan für einen großzügigen Klosterbau an den Abt Gozbert gesandt: wie das erste Kloster im einzelnen aussah, läßt sich nicht mehr sicher feststellen. Wichtiger als die verschiedenen Bauten des Mittelalters ist die Tatsache, daß St. Gallens Benediktinerkloster zwischen den Jahren 800 und 1200 zu einem der bedeutendsten Kulturmittelpunkte des christlichen Abendlandes wurde. Namen wie die der beiden Notker, Ekkehard, Tuotilo und andere künden von Kunst und Wissenschaft der hier tätigen Mönche. Hier entstand schon um 800 als ältestes Schriftwerk in deutscher Sprache das sogenannte ›Keronische Glossar‹, eine Art lateinisch-althochdeutsches Wörterbuch. Auch das erste Vaterunser in deutscher Sprache wurde hier formuliert: »Fater unseer, thû pist in himile, uuîhi namun dînan«.

Zwar finden Sie noch heute in St. Gallen die *alte Krypta* aus dem 9. Jahrhundert, aber die heute sichtbare *Kirche* ist weit jüngeren Datums. Ihr Bau wurde unter Leitung von Peter Thumb 1755 begonnen und um 1768 beendet. Die langgestreckte Stiftskirche weist nach Osten eine doppeltürmige Fassade auf (Abb. 11), während der Eingang in der mittleren Rotunde liegt. Vom Stil her Spätbarock. Das Innere von den Stukkaturen und Malereien bis zum bedeutenden Chorgestühl ist der großzügigen Anlage angemessen (Farbt. 8). Auch die *Klostergebäude* wurden um 1760 neu errichtet.

Plan von St. Gallen

A Ehemalige Benediktinerabtei und ehemalige Stiftskirche
B St. Laurenzenkirche
C St. Mangenkirche
D Haus zur Engelburg
E Haus zum Greif
F Karlstor
G Kirchhoferhaus, Gewerbemuseum
H Stadtbibliothek
I Kunstmuseum
K Historisches Museum
L Industrie- und Gewerbemuseum
a zum Bahnhof

◁ *Übersichtskarte: Von Appenzell bis Schaffhausen*

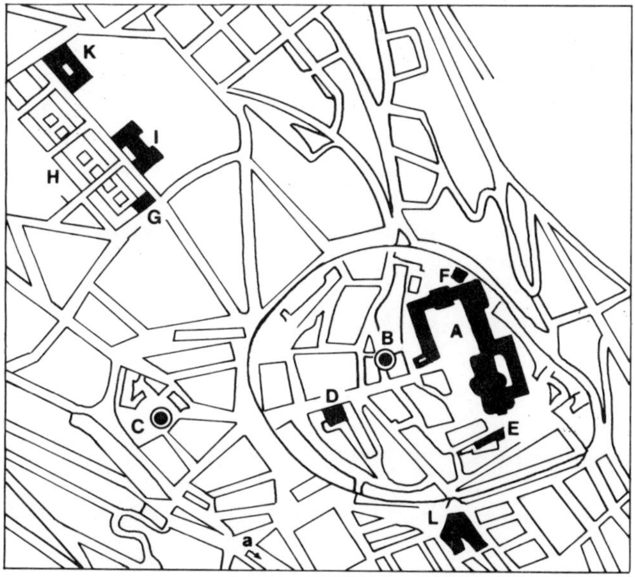

Von ihnen ist im Westflügel besonders die *Stiftsbibliothek* bedeutsam, die 2000 alte Handschriften sowie 1700 Wiegen- bzw. Frühdrucke und etwa 100 000 Buchbände enthält – ein Schatz frühen geistigen Lebens (Abb. 13). In ihm u. a. die Handschrift B des Nibelungenliedes und der bereits erwähnte karolingische Klosterplan, aus dem der Lebensablauf in einem Kloster des frühen Mittelalters ablesbar ist. Besuchszeiten jahreszeitlich verschieden, aber stets zwischen 9 und 12 Uhr, Sonntag 10.30–12 Uhr, Nachmittage wechselnd. Das Kloster wurde 1805 aufgehoben, die Kirche zur Hauptkirche des Kantons St. Gallen bestimmt. Der heutige Zustand der Gesamtanlage geht auf eine grundlegende Restauration der sechziger Jahre zurück.

Hinter dem Glanz dieser schönsten spätbarocken Anlage der Schweiz muß die Stadt St. Gallen zurückbleiben. Sie erlitt zudem als einstige Metropole eines weltbekannten Stickereiwesens durch die Weltwirtschaftskrise zwischen den beiden Weltkriegen schwere Einbußen: die Ausfuhr dieses Hauptprodukts ging bis 1935 auf ein Sechzehntel zurück! Dennoch möchte ich die kritische Distanz nicht teilen, die beinahe alle Schweizer Autoren (Allemann z. B. spricht von »keinem sonderlich anheimelnden Eindruck«) St. Gallen gegenüber ausdrücken. Zwar kann die reformierte *Stadtkirche St. Mangen* trotz ihres Alters – 898 gegründet, Turm von 1508 – mit der Stiftskirche nicht wetteifern, aber in ihrer Umgebung findet man beim Stadtrundgang eine Anzahl Häuser aus spätgotischer Zeit. Vor allem sind die St. Galler mit Recht stolz auf die hölzernen, meist zwei- oder mehrgeschossigen *Erker*, die als Vorbauten den Häusern seit dem 17. und 18. Jahrhundert ein lebendiges Gesicht geben (Farbt. 4; Abb. 12). Am bedeutendsten das *Haus zum Greif* (Gallusstr. 65) mit Erker von 1680 und das *Haus zum Pelikan* (Schmiedgasse 4) von 1707. Ein Rundgang führt zu weiteren ansehnlichen Bauten wie dem *Portnerhof* (Bankgasse 7) von 1578 oder dem Waaghaus am Theaterplatz. Auch ein Besuch im *Neuen Museum* und der Stickereisammlung im *Industrie- und Gewerbemuseum* helfen, der Stadt gerecht zu werden.

Nachdem wir mit St. Gallen uns schon ein Stück vom Bodensee entfernt haben, ist der Weg zu anderen Glanzpunkten des Kantons und seines Appenzeller Einschlusses nicht mehr weit. Nur 18 km trennen **Appenzell** von St. Gallen. Auch wer noch nie in Appenzell war, hat vermutlich ein Bild der bunt bemalten, ungemein anheimelnden Holzhäuser der Appenzeller Hauptgasse gesehen (Abb. 10) oder kennt den Spottvers:

»Mein Vater ist ein Appenzeller,
er ißt den Käs' mitsamt dem Teller.«

Er erinnert an die ärmliche Vergangenheit der Appenzeller, denn der Reim soll ausdrücken, daß sie sich nicht einmal einen Teller für den Käse leisten konnten, sondern als ›Teller‹ die Brotscheibe benutzten, auf die sie den Käse legten und mit ihr verspeisten. Mit der Nachbarstadt St. Gallen hat Appenzell (Stadt und Kanton) eines gemeinsam: auch hier führte der Zusammenbruch der Stickerei um und nach dem Ersten und Zweiten Weltkrieg zu einer Katastrophe.

Appenzell ist eine Kantonshauptstadt, die ein Dorf geblieben ist und die vor den Appenzeller Alpen (mit dem 2502 m hohen Säntis) in immerhin 779 m Höhe liegt. Ihr Name bedeutet ›abbatis cella‹ = Abtszelle und knüpft den Faden zu den Klosterbrüdern St. Gallens. Eigentlich ist das Schönste an Appenzell – Appenzell selbst, nämlich das einheitlich gewachsene Dorf mit seinen *Holzhäusern,* seinem steinernen *Rathaus* von 1561–63, einem *Schloß* und der ebenfalls von St. Gallen 1061 gegründeten *Kirche* – beide auch steinern – deren Turm im 13./14. Jahrhundert hinzukam. Wenn Sie am Rathaus sind, machen Sie auch einen Besuch in dem dort befindlichen *Museum,* das von Anfang Juli bis Mitte September zwischen 13.30 und 16.30 geöffnet ist, außerhalb dieser Monate nur am Sonntag zu dieser Zeit und im Winter gar nicht. Es enthält typische Bauernmalerei und Landgeräte sowie Trachten und Stickereien. An jedem letzten Sonntag im April versammeln sich die Kantonsbürger von Innerrhoden im Sonntagsgewand und mit Seitengewehr bzw. Degen auf dem Landsgemeindeplatz, um dort über Gesetze zu beschließen und den Landammann zu wählen: eine Form praktischer Demokratie, die ebenso ungewöhnlich wie eindrucksvoll ist. Dieses Zeremoniell hat eine Tradition seit 1597!

Zwei weitere Dörfer im Appenzeller Land verdienen einen Besuch. Was für den (katholischen) Halbkanton Innerrhoden Appenzell bedeutet, ist – abwechselnd mit Hundwil – für den (protestantischen) Halbkanton Außerrhoden das Dorf Trogen, nordöstlich von Appenzell. Auch hier tagt am gleichen letzten Aprilsonntag – freilich alle zwei Jahre nur – die Landsgemeinde. Auf der kurvenreichen Fahrt von Appenzell nach Trogen passieren Sie das malerische Dörfchen **Gais,** dessen Häuser – halb Stein, halb Holz – zwar erst nach einem Brand 1780 neu erstanden, aber mit ihren geschwungenen Giebeln über den Fensterzeilen recht malerisch sind. **Trogens** Häuser – ebenfalls teilweise Holz, teilweise Stein – entstanden als klassizistische Bauten Ende des 18., Anfang des 19. Jahrhunderts. Keine geschweiften Giebel wie Gais, sondern streng ausgewogene Formen (Abb. 14). Am Landsgemeindeplatz bilden die *Zellweger-Häuser*, die zwischen 1747 und 1802 entstanden, den architektonischen Höhepunkt. Auch das 1802 entstandene (1841 übernommene) *Rathaus* war ursprünglich ein Bau der Familie Zellweger, die es zur Unterscheidung mit Zusätzen wie Zuberbühler, Sulzer oder Gessner gibt. Beim Rathaus hat man die ursprünglich ortsübliche Holzbauweise in einem Steinbau angewandt, von einem Walmdach überwölbt, wie es auch andere Zellweger-Häuser haben. Die *Kirche* von Trogen entstand an der Wende vom Rokoko zum Klassizismus um 1780 und begrenzt mit ihrer durch Säulen in drei Geschossen eindrucksvoll gegliederten Fassade eine Schmalseite des Landsgemeindeplatzes.

Über Speicher (mit einer um 1810 erbauten protestantischen Kirche) kehren Sie nach St. Gallen zurück, falls Sie nicht Ihre Anwesenheit im Appenzeller Land mit einer Tour in die dazugehörigen Alpen (Hauptberge: Säntis, Churfirsten [Abb. 1; Farbt. 34]) verbinden wollen: sofern Sie Ihren ›Ekkehard‹ (von Scheffel) gelesen haben, wird Ihnen einfallen, daß Ekkehard vom Hohentwiel hierher zum Weißbachtal mit dem *Wildkirchli* (1477 m) floh (s. Fig. S. 86). Reizvoll für Sommer- und Winteraufenthalt in diesem Alpenteil sind Wasserauen, Urnäsch, Unterwasser und vor allem **Wildhaus** (1179 m) im Obertoggenburg, wo Sie das *Geburtshaus des Reformators Ulrich Zwingli* (1484–1531), ein urig-dunkles Blockhaus aus spätgotischer Zeit, besuchen (Abb. 9).

Für die Rückfahrt von St. Gallen zum Bodensee wählen Sie eine Strecke, die Sie an ein paar abgelegenen Köstlichkeiten vorüberführt. Nördlich von St. Gallen in **Bernhardzell** der imponierende Rundbau der von Johann Ferdinand Beer 1778 vollendeten *Pfarrkirche,* die ihre meisten Reize im Inneren versteckt. Westlich nach **Hauptwil** zum *›Schloß‹* der begüterten St. Galler Kaufmannsfamilie Gonzenbach, dessen Bau 1644 begann. Mit liebenswürdiger Charme ragt das 1670 erbaute Tortürmchen etwas abseits empor, das oberhalb der Uhr von 1672 drei Glöckchen übereinander hängen läßt, die freilich erst Mitte des 18. Jahrhunderts zugefügt wurden. Jetzt über **Bischofszell** mit seinem stattlichen *Rathaus* von 1750 und der schon 1487 beendeten wunderschönen *Brücke* über die Thur und **Degenau** mit den romanischen Fresken (Überreste) in der *St. Nikolaus-Kapelle* nach dem bei Amriswil gelegenen **Hagenwil,** dessen *Weiherburg* von 1220 (heute Gastbetrieb), die im Viereck von Wasser umgeben ist (Zugbrücke von 1741) und mit ihrem Fachwerk-Oberteil aussieht, als ob sie aus dem Bilderbuch genommen wäre. Übrigens haben Sie mit diesen Orten den Kanton St. Gallen verlassen und befinden sich im Thurgau. Über **Oberaach,** dessen Gasthaus *›Goldener Löwe‹* von 1711 ein typischer Fachwerkbau (Riegelhaus) ist, gelangen Sie bei Münsterlingen an den Bodensee zurück.

Lassen Sie sich nun von Kreuzlingen auf der Straße Nr. 13 am Untersee und am Rhein entlang nach Schaffhausen rollen. Die Fahrt wird Ihnen viele Genüsse bereiten –

Das Wildkirchli, Stich nach Salomon Geßner, 18. Jh.

landschaftliche mit dem Untersee, dem Blick auf die Reichenau, der jungen Rheinstimmung und noch mehr künstlerische. Sie werden Zeit brauchen. Kalkulieren Sie das ein.

Schon nach 4 Kilometern müssen Sie in **Gottlieben** haltmachen. Die 1617 erbaute sogenannte *Drachenburg* gehört zu den schönsten Riegelhäusern der Schweiz und verbindet in ihrem Fachwerk ländliche Ursprünglichkeit mit gepflegter Feierlichkeit (Abb. 17). Da sie Gasthaus ist, können Sie sich auch innen umsehen. Gottliebens *Schloß*, nahe dem Rhein, war ursprünglich eine Wasserburg, deren Gräben jedoch verlandeten. In dem 1251 errichteten Gebäude waren während des Konstanzer Konzils zu Beginn des 15. Jahrhunderts nicht nur der böhmische Reformator Johannes Hus, sondern auch der abgesetzte Papst mit Namen Johannes XXIII. festgesetzt. Als Privatbesitz leider nicht zu besichtigen.

Sie passieren Ermatingen mit Blick auf die Reichenau und erreichen das Dorf Mannenbach, in dessen Nähe das **Schloß Arenenberg** liegt: eine Burg, die 1817 von Königin Hortense, der Mutter von Napoleon III., klassizistisch umgebaut und in einer Mischung von Empire und Biedermeier ausgestaltet wurde. Auf Grund der 1906 erfolgten Schenkung an den Kanton Thurgau (durch Kaiserin Eugénie) können Sie heute sowohl das Innere als Spiegel der Wohnkultur des Ersten und Zweiten Kaiserreichs (mit Napoleon-Museum) als auch den unvergleichlichen Blick auf Bodensee und Reichenau genießen. Im Sommer von 9–12 und 13.30–18 Uhr geöffnet, sonst kürzer, aber ganzjährig.

Auf der Weiterfahrt verengt sich der Untersee. Das Städtchen **Steckborn** stimmt mit seinem mittelalterlichen Kolorit allmählich auf den Höhepunkt dieser Fahrt ein. Wichtigstes Bauwerk ist der in fünf Geschossen aufragende *Turmhof*, der vom Reichenauer Abt Diethelm von Castell in den ersten Jahren des 14. Jahrhunderts erbaut wurde. Kuppelhaube und Türmchen erhielt er freilich erst mit einem Umbau 1619. Heute finden Sie in dem Bau das *Heimatmuseum* für den Untersee, das weit in die Vorgeschichte zurückreicht. Das über 300 Jahre alte *Rathaus* und mehrere bedeutende *Riegelbauten* geben Steckborns Ortsmitte ein auch fotogenes Gesicht (Abb. 18).

Aber vielleicht halten Sie sich hier nur kurz auf, denn nun liegt **Stein am Rhein** vor Ihnen, das nicht nur innerhalb der Schweiz, sondern auch im europäischen Maßstab eine der schönsten Städte aus dem Geist des Mittelalters darstellt (Farbt. 10). Die Uhr scheint hier angehalten worden zu sein. Sie tun gut daran, nicht gerade in der Hochsaison, wenn die voll besetzten Ausflugsbusse hier Station machen, durch das Städtchen zu schlendern. Oder sich im Sommer dafür die ganz frühen Morgen- und späteren Abendstunden auszusuchen. Denn Stein am Rhein teilt das Schicksal Rothenburgs oder des Königsees: durch seine Besucher abgewertet zu werden.

Über eine Brücke, die den Rhein überquert, erreichen Sie die nördlich des Flusses in einer Enklave des deutschen Gebietes, südlich von Singen, liegende Stadt, während das alte römische Kastell ›Burg‹ mit einer Kirche in der Mitte diesseits, rechts der Brücke, zurückbleibt. Stein am Rhein »ist mit seinen alten, fast durchwegs noch im gotischen Stil errichteten und von barocken Fresken bunt geschmückten Häusern wohl die hübscheste, in ihrem überkommenen Bestand besterhaltene schweizerische Kleinstadt überhaupt« (Allemann). Dem wäre eigentlich nichts hinzuzufügen, denn Stein am Rhein muß man im Wandeln und Bummeln erleben und ›schmecken‹. Was sagen da schon Jahreszahlen, Künstlernamen? Dennoch ein paar Hinweise, zumal das Städtchen dankenswerter Weise von der Bundesrepublik aus (über B 33 und B 145) mühelos erreichbar ist.

Den Mittelpunkt bildet der Rathausplatz mit dem *Rathaus* von 1539, das Mitte des 18. Jahrhunderts oben in Fachwerk ausgebaut wurde. Die Fassadenbemalung kam gar erst 1900 (durch den Stuttgarter Carl von Haeberlin) hinzu. Von den sonstigen Bauten am Platz sollten Sie besonders die *Vordere Krone* (Nordseite, spätgotisch, erste Hälfte des 16. Jahrhunderts mit Fachwerkaufbau von 1707 und Fresken von 1734), den *Roten Ochsen* (16. Jahrhundert, Erker 1615 [Abb. 22]) und den *Steinernen Trauben* (17. Jahrhundert, Bemalung von 1900) beachten. Aber eigentlich hat jedes der Häuser am Rathausplatz seinen Reiz, wie auch der *Weiße Adler*, links vom Rathaus in der Hauptstr. 14: seine Fassadenmalereien gehen aufs Jahr 1520 zurück, sie gehören zu den frühesten dieser Art überhaupt. Wenn Sie das 1739 entstandene *Haus zum Neubau* besuchen, dürfen Sie den Festsaal mit seinen barocken Malereien nicht auslassen.

Nicht weniger beachtlich als die Stadt selbst ist das am Rhein gelegene *Kloster St. Georgen,* das als Benediktinerabtei noch vor dem Jahr 1000 auf dem Hohentwiel gestiftet und 1007 durch Kaiser Heinrich II. hierher verpflanzt wurde. Unter dem Schutz der Stadt Zürich konnte sich die Abtei seit dem 16. Jahrhundert ungestört entwickeln. Die *Kirche* (heute reformierte Kirche der Stadt) des Klosters entstand Ende des 11. Jahrhunderts in Anlehnung ans Konstanzer Münster. Nur dort und in Goslars ›Dom‹ finden sich gleichartige achteckige Würfelkapitelle, so daß die künstlerischen Beziehungen deutlich werden. Die ursprünglich doppeltürmige Kirche verlor einen Turm 1561 durch Blitzschlag, der Nordturm entstand 1596/99 neu. Von den eigentlichen Klostergebäuden – das heute als Ganzes *Museum* ist: geöffnet außer Januar und Dezember 9–12 und 13.30–17 Uhr – sind der spätgotische Kreuzgang und der Wohntrakt mit dem Festsaal mit Malereien von 1515/1516, die Motive des Altertums in zeitgenössischem Gewand darstellen und somit das spätmittelalterliche Stein spiegeln, besonders sehenswert. Hier wirkte mit Thomas Schmid der gleiche Maler, der auch die Fresken des Weißen Adlers schuf.

Wen es jetzt rasch zum nächsten städtebaulichen Höhepunkt am Rhein, nach Schaffhausen zieht, der sollte seine Eile mäßigen. Denn südlich von Stein können wir in **Ittingen** eine *Kartause* besuchen, ein Kloster von Kartäusermönchen (ausgehend von der Grande Chartreuse bei Grenoble), deren Zellen aus einzelnen Häuschen bestanden. Das Kloster wurde hier 1461 errichtet und 1848 aufgehoben. Typisch für Kartäuserkloster die lange einschiffige Kirche von 1549–53, nach einem Brand von 1524 errichtet. Wie auch die anderen Baulichkeiten erst im 16. oder wie die Mönchshäuser im 17. Jahrhundert entstanden. Wenn Sie heute in die Kirche gehen, finden Sie das Innere barockisiert, was um 1763/64 erfolgte. Die reichen Stuckaturen spiegeln wie wenige andere Kirchen der Schweiz die eigenartige Heiterkeit des Rokoko.

Ittingen sollten Sie ›mitnehmen‹. Ob Sie Wagenhausens Benediktinerkirche und St. Katharinenthals Klosterkirche der Dominikanerinnen – turmlos, innen mit schöner Stuckverzierung – an der Rheinstrecke näher besichtigen, ist Ihr eigener Entschluß. Werfen Sie aber auch einen Blick auf **Dießenhofen,** das eine ganze Anzahl *spätgotische Häuser* mit typischen Erkern aufweist. Der als Tordurchfahrt ausgebildete *Zeitglockenturm* (auch Siegelturm genannt) von 1545 (Abb. 19) überragt die Stadt ebenso wie die *Pfarrkirche* von 1200, deren Turm im 15. Jahrhundert emporwuchs.

Schaffhausen, Stadt und Kanton, sollte eigentlich Schiffhausen heißen, weil oberhalb des Rheinfalls hier der Güterumschlag erfolgen mußte. Es ragt so markant in die deutschen Ländereien hinein – eine Entwicklung, die nur aus verwickelter Historie erklärbar wird –, daß der traurige Irrtum des Jahres 1944 verständlich wird. Damals wurde am 1. April (!) die Stadt von amerikanischen Fliegern bombardiert, die sie für

Schaffhausen, nach Merian, 1654

einen Teil des Deutschen Reiches hielten: vierzig Tote und erhebliche Gebäudezerstörungen waren das Ergebnis.

Dennoch hat sich das Bild des Wohlstandes, den Schaffhausen vom 16. bis 18. Jahrhundert besaß und der sich in den großartigen Bauten der handeltreibenden Patrizier abzeichnet, nicht ersichtlich getrübt. »Wir treffen in Schaffhausen verschiedene Dimensionen und Formen an. Trotzdem geht der gleiche Rhythmus und auch dieselbe Melodie durch alle Straßen und Plätze, und es ist gerade diese Harmonie in der Differenziertheit der einzelnen Raumgebilde, die uns besonders wertvoll erscheint.« (Walter Henne).

Es liegt nahe, da sie nur knapp 20 Kilometer voneinander entfernt sind, beide am Rhein und beide in engster Nachbarschaft mit Deutschland liegen, Schaffhausen und Stein am Rhein zu vergleichen. Denn Mittelalter ist in beiden Städten lebendig geblieben. In Stein am Rhein freilich, da es kleiner, intimer, übersichtlicher ist und nur knapp 3000 Einwohner hat gegenüber den 40 000 von Schaffhausen, intensiver und beherrschender. Aber es ist eben nur ein Städtchen, war es auch im Mittelalter, während Schaffhausen eine richtige Stadt ist und es seit dem 12. Jahrhundert, zeitweise als Freie Reichsstadt, war. Daß die Schaffhausener auch in ihren ›Gründerjahren‹, ziemlich parallel mit den deutschen, das mittelalterliche Erbe nicht vergaßen oder zerstörten, entspricht Schweizer Traditionsbewußtsein. So daß Schaffhausen Gegensätze in sich vereinigt: Mittelalter und modernes Wirtschafts- und Industriezentrum zu-

Schaffhausen, Blick auf den Munot

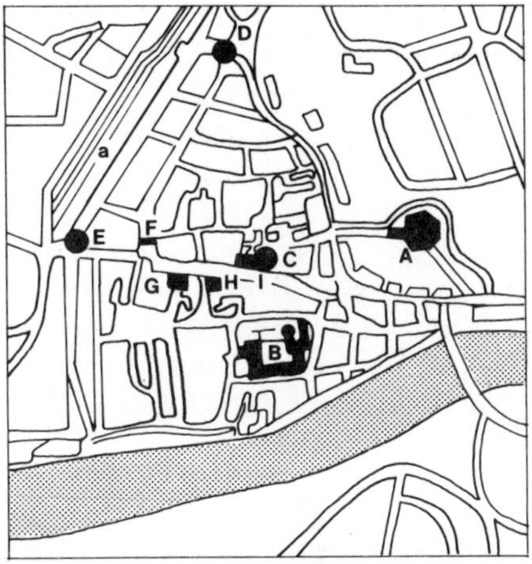

Plan von Schaffhausen
A Munot B Allerheiligen C Stadtkirche St. Johann D Schwabentorturm E Obertorturm F Fronwaagplatz G Rathaus H Haus zum Ritter I Vordergasse a Bahnhof

gleich. »Die bauliche Erneuerung, die sich in der Wandlung der Altstadt zur City vollzieht, bewegt sich in annehmbaren Bahnen, was die Bewahrung des Stadtbildes anbelangt. Die alten Erker, mit denen innerhalb der an Erkern reichen Nordostschweiz Schaffhausen besonders ausgezeichnet ist, zieren weiter die zum Teil mit Stuck reich dekorierten Fassaden der einstigen Patrizierhäuser, auch wenn diese heute meist zu Geschäften und Büros umgewandelt sind.« (Zürcher). Der Kompromiß deutet sich an, den Stein am Rhein in dieser Form nicht nötig hat. Schaffhausen muß wirtschaftlich florieren, auch wenn die Fremden seiner Fassaden wegen kommen. Stein am Rhein floriert, weil die Besucher sich einstellen.

Natürlich bietet Schaffhausen seinen schaulustigen Gästen viel und vielerlei. Mich hat seit meinem ersten Besuch in jungen Jahren (vielleicht deshalb) immer der *Munot* am stärksten beeindruckt. Immerhin: Dürer ist mit im Spiel. Denn dieses einzigartige Wahrzeichen der Stadt, 1564–1585 erbaut, stellt das einzige Beispiel einer kreisförmigen Festung dar, wie es Dürers Befestigungslehre 1527 in der Theorie entwickelt hatte. Die Praxis ließ also nicht lange auf sich warten. Die Rundanlage ist durch einen Graben gesäumt und besitzt neben drei Bastionen einen beherrschenden Rundturm, über dessen Wendelaufgang – nach Art moderner Hochgaragen – Geschütze nach oben gehievt werden konnten. Von der Stadt ist der Munot (der Name stammt entweder vom lateinischen ›munitio‹ = Schanze oder aus dem Schwyzerischen ›Unôt‹ = ohne Not) durch eine bedeckte Treppe gut zu erreichen.

Zwar besaß Schaffhausen schon im 10. Jahrhundert seinen Rang als Umladeplatz, aber eigentlicher Ursprung der Stadt wurde doch die im Jahr 1050 erfolgte Gründung des *Klosters Allerheiligen,* und mehr als hundert Jahre später war erstmals von Bürgern die Rede. Das Kloster war bis zur Reformation der eigentliche Mittelpunkt Schaffhausens, auch wenn die Stadt im 13. Jahrhundert vorübergehend Reichsstadt und damit unabhängig wurde. Die Baugeschichte der Klosterkirche ist mehrschichtig.

Von der ursprünglichen Erlöserkirche ist die Krypta erhalten. Der zweite Bau, 1087 begonnen, stand unter dem stilistischen Einfluß von Cluny. Aber nachdem durch Hirsau (im Schwarzwald) die Bauweise der Cluniazenser zum Hirsauer Schema abgewandelt war, entstand das heutige Schaffhausener *Münster,* die dritte große Kirche also (Abb. 21). Falls Sie auf der Fahrt von Stein am Rhein hierher in Wagenhausen haltgemacht haben, so haben Sie auch dort das Hirsauer Vorbild verwirklicht gefunden. In Schaffhausen wurde es von Hirsauer Mönchen erläutert und angewendet. Sein Kern: eine Kreuzbasilika ohne Krypta mit einem geradlinig abgeschlossenen Chorhaus, Nebenchorkapellen und einem Westwerk in Gestalt einer mit Empore versehenen Vorkirche zwischen Türmen und offener Vorhalle. Das Schema läßt sich am Münster genau ablesen. Der ebenfalls romanische *Kreuzgang,* um 1100 erbaut, ist außer-

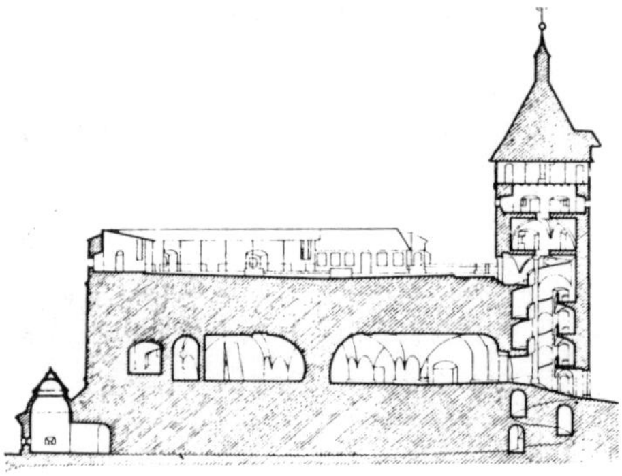

◁ *Schaffhausen, Längsschnitt des Munot*

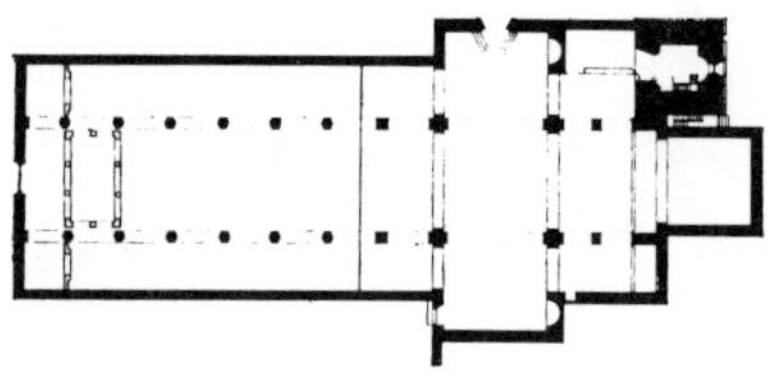

Schaffhausen, Grundriß der ehemaligen Klosterkirche Allerheiligen

ordentlich breit und damit der größte, den Sie in der Schweiz sehen können. Er liegt südlich der Kirche, und sein Dachstuhl öffnet sich. Das Kloster enthält heute außer dem *Museum* mit archäologischen Funden und Dokumenten – im Sommer außer Montag von 9–12 und 13.30–17 Uhr geöffnet, im Winter 10–12 und 13.30–16.30 – die Finanzverwaltung und eine Musikschule.

Von den öffentlichen Bauten der Stadt fallen das *Rathaus* von 1412, das freilich öfter umgebaut wurde, mit der portalumrahmten Ratsstube und das 1617 erbaute *Zeughaus,* das heute als Regierungsgebäude dient, besonders ins Gewicht. Mit seiner würdig und geschmackvoll gegliederten Fassade gehört das Zeughaus zu den bedeutendsten Leistungen der deutschen Renaissance in der Schweiz.

Fast unerschöpflich scheint der architektonische Reiz einiger altstädtischer Gassen und Plätze Schaffhausens. Insbesondere Vordergasse, Fronwaagplatz und die ihn verlängernde Vorstadt vermitteln die Bilderfülle eines Films und die gestalterische architektonische Kraft eines selbstbewußten patrizischen Bürgertums (Abb. 23). Neben den

Schaffhausen-Neuhausen, der Rheinfall (20 m hoch, 150 m breit)

Bürgerhäusern sind es auch die Zunftstuben der Gerber oder Schmiede von Ende des 16. oder aus dem 17. Jahrhundert, die Pracht und Kunstsinn ausdrücken. Einen wahren Augenschmaus bildet das *Haus zum Ritter* (Vordergasse [Farbt. 9]), das von Tobias Stimmer mit allegorischen Stories reich bemalt wurde. In Schaffhausen war die Obrigkeit liberal genug, auch Privatleuten – wie hier dem Goldschmied Hans von Waldkirch – den gemalten Hausschmuck zu erlauben, der anderorts von Puritanern als ›Luxus‹ untersagt war.

Wer durch Schaffhausens malerische alte Prunkstraßen spaziert, sollte dabei nicht vergessen, daß der Baubestand natürlich aus verschiedenen Epochen stammt, daß sie nicht alle gleichzeitig zum Beschauer sprachen, daß Umbauten Gestalt und Schmuck veränderten. Es beginnt mit Häusern der spätgotischen Zeit, bei denen die Fassaden mit Gruppen kleiner Fenster gegliedert sind. Später bringt die Renaissance die Treppengiebel und vor allem die Erker. Noch aufwendiger werden die Fassaden im Barock, wie es beispielsweise der *Fronwaagturm* (neben der Herrenstube) zeigt, der nach dem Einsturz Anno 1746 zwei Jahre später barock neu erstellt wurde. Das stattliche Doppelhaus der *Zieglerburg* (Vordergasse) wurde 1738 als Barockbau neu errichtet.

Sie werden Zeit brauchen, sich mit Schaffhausen zu beschäftigen. Daher tun Sie gut daran, hier zu übernachten und zugleich etwas von der nahrhaften Schaffhausener Gastlichkeit mitzunehmen. Vor allem: machen Sie noch einen zusätzlichen Stadtbummel, wenn es dunkel geworden ist. Als diese Häuser entstanden, gab es noch keine Straßenbeleuchtung. Sie haben den Vorzug, daß Sie die Stimmung von Schaffhausens Altstadt, vom Tagesbetrieb verschont, auch zu später Abendzeit mehr oder minder hell erleuchtet, genießen können. Es gibt ihnen einen ganz eigenen Reiz!

Natürlich: die meisten Besucher, die Schaffhausen aufsuchen, kommen aus einem ganz anderen Grund, von dem bisher nicht die Rede war. Der *Rheinfall* ist mit dem Namen der Stadt so eng verbunden, daß viele darüber ganz vergessen, die Stadt selbst gebührend zu durchstreifen. Nun ja, immerhin ist der Rheinfall, 150 m breit, Europas mächtigster Wasserfall, auch wenn es höhere gibt. Noch einmal daher: Schaffhausen läßt sich nicht im Galopp bewältigen. Vergessen Sie das nicht!

Der Rhein fließt weiter – auf Basel zu. Er bildet kurz nach Schaffhausen wieder die Grenze zu Deutschland. Bevor Sie der Stadt den Rücken kehren, können Sie von ihr aus einen Ausflug machen: 7 km, wenn Sie deutsche, 14 km, wenn Sie Schweizer Straßen (Neuhausen-Dachsen) benützen. Auf einer Halbinsel im Rhein liegt malerisch das im 9. Jahrhundert begründete Benediktinerkloster **Rheinau.** Heute freilich Heil- und Pflegeanstalt. Dennoch ein Bau, der mit seiner Kirche das Hochbarock in eindringlichster Weise verlebendigt. Vom alten Bau eines 1114 geweihten romanischen Münsters ist nur noch ein Tympanon in der Vorhalle des Südturms mit dem Gotteslamm und einer phantasiereichen Vielfalt von umrankten Tieren erhalten. Aber die *Kirche* (Abb. 20)! Auf zwei quadratischen Türmen sitzen unvermittelt achteckige Aufsätze mit barocken Helmen und auf ihnen posauneblasende Engel, die einst vom Wind zu Tönen veranlaßt wurden. Von diesen Türmen ist der südliche um 1575 in ganz später Gotik entstanden, während der nördliche um 1710 nach dem Vorbild hinzugefügt wurde. Die Kirche selbst baute Franz Beer 1704–1711, indem er eine Westfassade mit zwei weiteren Türmen versah, während das vierjochige Langhaus Tonnengewölbe besitzt und mit dem Altarhaus zusammenläuft. Von der großartigen barocken Ausstattung, an der eine Vielzahl bedeutender Künstler beteiligt waren, sollten Sie wenigstens den Hochaltar näher betrachten.

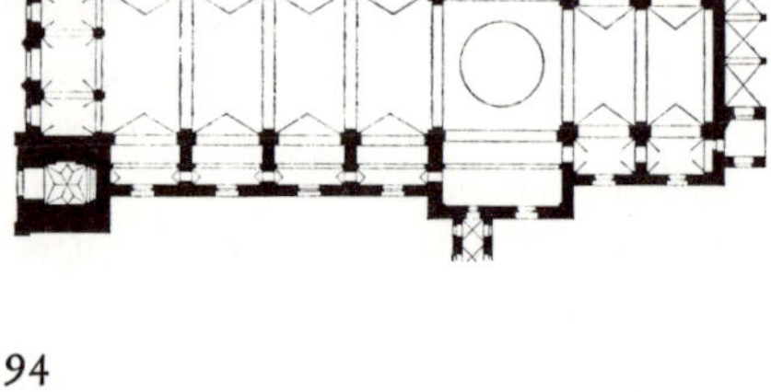

Rheinau, Grundriß der ehemaligen Abteikirche

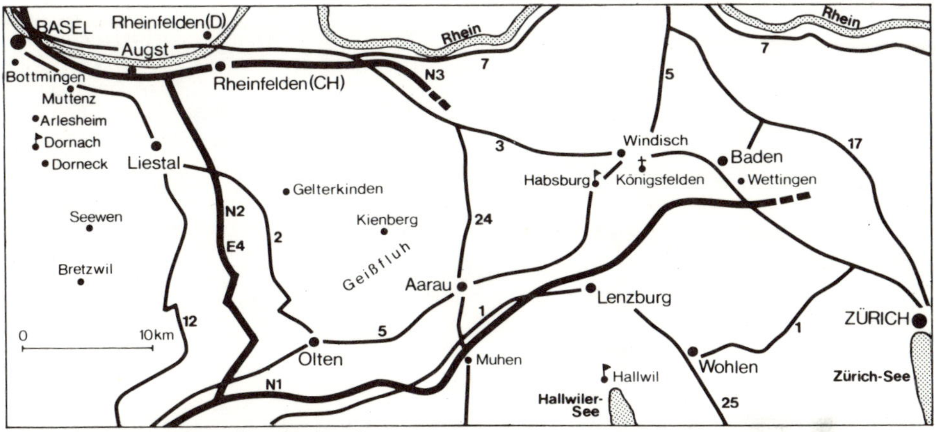

Übersichtskarte: Von Baden bis Basel

Wenn Sie in Rheinau gewesen sind, können Sie den Rhein zunächst einmal verlassen. Zwar gibt es auch am Rhein die eine oder andere künstlerische Kostbarkeit (Eglisau, Zurzach), aber wenn Sie nach Südwesten zu fahren, verbinden sich Geschichte und Kunst.

Unweit von Brugg, nun schon im Kanton Aargau, liegt die **Habsburg** – ein Name, ein Begriff. Ihr Ursprung geht aufs Jahr 1020 zurück – ein bescheidener Wohnturm –, aus dem im 12./13. Jahrhundert eine Doppelburg wurde, von der allerdings nur noch der Palas geblieben ist. Ein streng wirkender Bau, von dem aus die habsburgischen Besitzungen ringsum geschützt werden sollten.

Ebenfalls nahe der Aare stoßen Sie auf **Königsfelden,** das gleichfalls mit habsburgischer Tradition verbunden ist. Als in der Nähe von Windisch (alles dicht bei Brugg) im Jahr 1308 König Albrecht I. von Habsburg einem Mordanschlag zum Opfer fiel, ruhte seine Witwe nicht, bis drei Jahre später am Tatort das *Kloster* Königsfelden begründet und so benannt wurde. Die Königswitwe sorgte durch großzügig gewährte Mittel und persönliche Leitung des Klosters dafür, daß das neue Kloster rasch aufblühte. Ursprünglich lagen ein Franziskaner-Männer- und Klarissen-Frauen-Kloster dicht beieinander. Seit der Aufhebung des Klosters im Jahr 1528 wurde das Frauenkloster ganz abgerissen, das Männerkloster erheblich entstellt.

Aber die *Klosterkirche* aus den ersten Jahrzehnten des 14. Jahrhunderts, die zeitweise die Erbbegräbnisstätte der Habsburger darstellte, ist erhalten und Ende des 19. Jahrhunderts restauriert worden. Sie besitzt aus den Jahren 1325–1330 einen ungewöhnlichen Schatz: in elf Fenstern des Chors Glasmalereien, die von Fall zu Fall von Mitgliedern des Hauses Habsburg dafür gestiftet wurden (Farbt. 20). Zu ihrer Herstellung muß Königsfelden ein eigenes Atelier besessen haben. Aber trotzdem bleibt es erstaunlich, daß diese Bilder in der verhältnismäßig kurzen Zeit von fünf

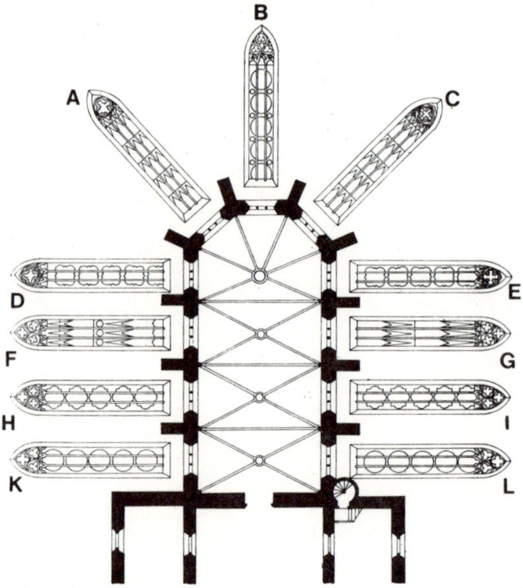

Königsfelden, Chorfensterschema der Klosterkirche

A Menschwerdung Christi: Verkündigung an Maria, Verkündigung an einen Hirten und Geburt, Anbetung durch die Hl. Drei Könige, Darbringung im Tempel und Taufe

B Die Passion: in den Medaillons Geißelung, Kreuzigung, Beweinung, Grablegung; in den Zwickeln Propheten

C Christi Erscheinen nach dem Tode: Auferstehung, Christus erscheint Maria Magdalena als Gärtner, Christus und der Ungläubige Thomas, Himmelfahrt, Ausgießung des Hl. Geistes

D unten: Geschichte Johannes des Täufers: Verkündigung an Zacharias und Enthauptung des Johannes; oben: zwei Darstellungen aus der Katharinen-Legende; Stifter Albrecht II. von Österreich (1298–1558) und Johanna von Pfirt

E oben: Tod und Verherrlichung Mariä; unten: drei Szenen aus dem Leben des Paulus

F Die Apostel Thomas, Paulus, Jacobus major, Judas, Matthäus, Simon; im Zwischengeschoß Propheten; Stifter Heinrich von Österreich (1299–1327)

G Die Apostel Jacobus minor, Petrus, Bartholomäus, Philippus, Johannes, Andreas

H Szenen aus dem Leben des Hl. Franziskus: Lossagung vom Vater, Bestätigung der Ordensregel durch Innozenz III., Vogelpredigt (s. Farbt. 20), Stigmatisation und Tod; Stifter Otto von Österreich (1301–39)

I Nikolaus-Legende, nur in Bruchstücken erhalten

K Szenen aus dem Leben der Hl. Anna: Verkündigung an Joachim und Anna, Begegnung an der Goldenen Pforte, Mariengeburt, Tempelgang Mariä, Anna selbdritt zwischen Laurentius und Christophorus; in der Zwickelfläche Heilige

L Szenen aus dem Leben der Hl. Klara: Empfang der Hl. Palme, Einkleidung, versuchte Rückholung, Rettung des Klosters vor den Sarazenen; Stifter Leopold von Österreich (vor 1290–1326) und Katharina von Savoyen

2 Spiez am Thuner See

P

4 ST. GALLEN Erker in der Altstadt

5 SCHARANS in Graubünden Haus Nr. 48

6 ST. GALLEN Slg. Fässler:
Appenzeller Eimerbödeli

7 GENF Musée d'Art et Histoire:
Genfer Uhren des 18. u. 19. Jh.

9 SCHAFFHAUSEN Haus zum Ritter

◁ 8 ST. GALLEN Stiftskirche, Innenraum

10 Stein am Rhein

11–14 Basler Fasnacht

15–18 Wirtshausschilder

19 Bergsee, Grimselpaß, Oberaar und Finsteraar ▷

30 KÖNIGSFELDEN ›Vogelpredigt des Hl. Franziskus‹. Chorfenster der Ehem. Klosterkirche

1 ST-MAURICE Seraph vom Mauritius-Schrein im Klosterschatz

22 VERBIER STATION im Wallis Blick auf die Aiguilles d'Argentière

23 SION / SITTEN Burgkirche Valeria / Notre-Dame-de-Valère

24 Brücke im Verzasca-Tal, Tessin

25 LOCARNO Wallfahrtskirche Madonna del Sasso ▷

27 Blick auf CHUR mit Calanda

◁ 26 VICO MORCOTE Pfarrkirche S. Fedele

28–31 ZILLIS Deckenmalerei der Martinskirche

32 ZILLIS Deckenmalerei der Martinskirche

33 Schloß Tarasp mit dem Piz Pisoc

34 Blick auf die Churfirsten bei Walenstadt

35, 36
Schweizer Volkskunst. Oben: ›Alpweide‹, Appenzeller Bauernmalerei von Bartholomäus Lämmler (1809–65); unten: ›Bildnis eines Senners‹ von Franz Anton Halm (1830–90)

Jahren entstanden. Man hat daher angenommen, daß hier eine Künstlergruppe gemeinsam tätig wurde. Sie hat darüber hinaus stilistische Neuerungen gewagt. Von ihnen fällt dem unbefangenen Betrachter vor allem ins Auge, in welcher Weise hier Menschen in bewußt edler Gestalt in natürlicher Anmut dargestellt sind. Von hier sind denn auch wiederum Einflüsse auf die Glasmalerei nach 1330 insbesondere am Oberrhein ausgegangen.

Wenn Sie an Glasmalerei interessiert sind, brauchen Sie nur von Königsfelden nach dem östlich von Brugg bei Baden gelegenen **Wettingen** weiterzufahren. Hier bestand seit 1227 eine Zisterzienserabtei, die erst Mitte des 19. Jahrhunderts aufgehoben wurde (heute Lehrerseminar). Die *Kirche* wurde wenige Jahrzehnte nach der Gründung geweiht, allerdings mehrfach umgebaut. In ihr befindet sich das aufwendigste Renaissance-Chorgestühl der Schweiz, 1601–1604 durch Hans Jakob geschaffen.

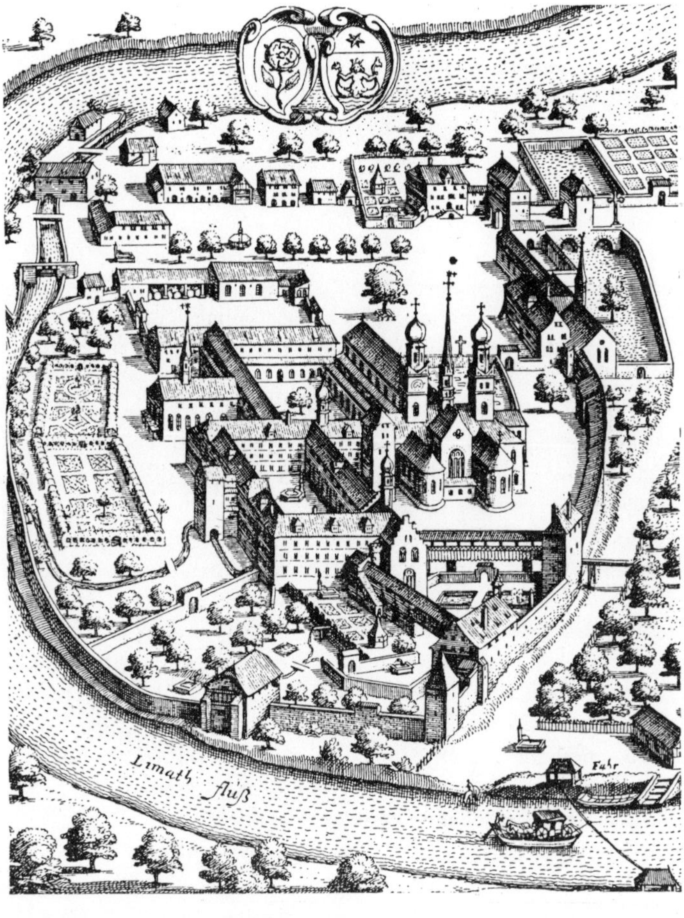

Wettingen, die ehemalige Zisterzienserabtei, nach Merian, 1654

Tiere, Menschen und Allegorien verbinden sich in phantasiereicher kunstvoller Schnitzarbeit. Aber wir sprachen ja von Glasmalerei. Auf sie stoßen wir, wenn wir die südlich der Kirche gelegenen Klostergebäude mit dem *Kreuzgang* aufsuchen. Sein Nordflügel entstand noch im 13. Jahrhundert und besitzt die alten zweiundvierzig Verglasungen im Maßwerk, die wohl um 1280 entstanden, also fünfzig Jahre vor Königsfelden. Drei andere Flügel des Kreuzgangs wurden nach einem Brand ums Jahr 1507 spätgotisch neu erbaut. Das Kloster erbat nun für die Fenster bei anderen Klöstern, Städten und privaten Gönnern um Bildscheiben, die in mehreren Etappen eingingen. Das gibt die Möglichkeit, die stilistische Entwicklung der Glasmalerei in drei Abschnitten zu verfolgen: 1517/22, 1550/80 und 1619/26. Gemeinsam mit Königsfelden ein ganzer lebendiger Abriß der Glasmalerei aus mehreren Jahrhunderten.

Der bereits erwähnte Ort **Windisch** bei Brugg besitzt außer dem Kloster Königsfelden noch eine historische Stätte: hier lag die Römerstadt, die ›Vindonissa‹ hieß, an der Kreuzung wichtiger Wasser- und Straßenwege. Ausgrabungen seit der Jahrhundertwende haben drei der vier Tore, Thermen, Forum und insbesondere ein stattliches Amphitheater zutage gebracht, das alles in allem eine Fläche von 8600 qm einnahm und bei elliptischem Grundriß 10 000 Zuschauer aufnehmen konnte.

Ihre Fahrt durch den Kanton Aargau wäre unvollständig, wenn Sie nicht auch einige seiner Städte kennenlernten. Gleich bei Wettingen stoßen Sie auf **Baden** – der Name verrät die schon in der Römerzeit benutzten Quellen. Baden war der erste Badeort im Norden der Alpen. Ausgrabungen ergaben beachtliche Funde der einstigen römischen Kolonie. Welche überraschenden Aspekte das Badeleben hier im späten Mittelalter, um 1608, aufwies, das beschreibt ebenso plastisch wie sittlich entrüstet der englische Reiseschriftsteller Thomas Ceryate:

»Obwohl die Zahl der Bäder so groß ist, werden sie bis auf einige wenige von den zwei ursprünglichen Quellen gespeist, die dort, wo sie aus der Erde sprudeln, so heiß sind, daß man es kaum ertragen kann, die Hand hineinzutauchen. ... Als ich hier war, im Herbst ... war eine Fülle von Menschen zugegen; denn jedes Jahr um diese Zeit begibt man sich von Zürich, Bern und Basel und manchen anderen Städten der Schweiz und auch von Konstanz aus hierher, und die Zahl der Gäste ... steigt zuweilen auf tausend an, ohne das Volk mitzurechnen, das der Bäder wegen ringsherum auf freiem Feld kampiert. ... Ich sah, wie eine Gesellschaft einträchtig von einem Tisch, der auf der Wasserfläche schwamm, speiste, und konnte mich nicht genug darüber wundern, daß Männer und Frauen mit entblößtem Oberkörper zusammen in einem Bad saßen. Dabei waren manche Weiber (wie ich gesagt bekam) verheiratete Frauen und die Männer Junggesellen oder verheiratet, doch nicht die Ehemänner der betreffenden Frauen ... Ich betone es noch einmal: eines Mannes Weib mit nacktem Oberkörper in ein und demselben Bad mit einem anderen Mann! Und es ist einem Ehemann nicht erlaubt, Eifersucht zu zeigen, wenn er neben dem Bad steht und doch so viel Grund hätte, eifersüchtig zu sein. Das Wort Eifersucht allein ist schon anrüchig

Baden im Aargau, 1856

an diesem Ort. Sollen diese Deutschen und Helvetier tun und lassen, was sie wollen, und diesen liederlichen Gewohnheiten frönen, so lange es ihnen paßt. Was mich angeht, wenn ich ein verheirateter Mann wäre und die Absicht hätte, hier mit meiner Frau eine Spanne Zeit zur Erholung und Erquickung zu verbringen, so würde ich mich schwerlich überzeugen lassen, ihr zu erlauben, nackt mit einem Junggesellen oder einem anderen verheirateten Mann in ein Bad zu steigen. Wäre sie schön und anziehend, würde sie mir sicherlich Hörner aufsetzen.«

In Kenntnis solcher einstigen Lustbarkeiten werden Sie das Baden von heute als ebenso bieder wie beschaulich empfinden. Zwischen dem Schloßberg und der Limmat liegt der mittelalterliche Stadtkern. Das *Rathaus* wurde Ende des 15. Jahrhunderts erbaut. Sein Mittelpunkt ist der sogenannten Tagsatzungssaal, in dem von 1424–1712 mit Ausnahme der Jahre zwischen 1500 und 1515 die eidgenössischen Orte ihre Sitzungen abhielten. Der 1497 ausgestattete Raum wird von einer geschnitzten Balkendecke abgeschlossen. Anbauten wie das Zeughaus mit Renaissanceportal und Abschlußflügel erfolgten 1614 bzw. 1706. Die katholische Stadtkirche war 1526 Ort einer religiösen Diskussion zwischen zwei Schweizer Reformatoren und dem – auch durch Luther bekannten – Dr. Eck.

Die Stadt besaß früher eine wichtige Stellung als Sperrfestung. Aus dieser Zeit stammen Reste der Befestigung, von denen der *Bruggerturm* von 1441 am Nordausgang der Stadt zu den typischsten Tortürmen der Schweiz zählt: sein Dach ist mit bunten Fliesen gedeckt, was ihn besonders lebendig macht. So diente er beim Bau des Züricher Landesmuseums (um 1890) als Modell für den mittleren Turm.

Über eine gedeckte *Holzbrücke,* die aufs Jahr 1810 zurückgeht, erreichen Sie auf dem rechten Limmat-Ufer das *Landvogteischloß,* dessen älteste Teile von 1363 und 1416 in den spätgotischen Bau von 1489 mit dem steilen Treppengiebel übernommen wurden. Die Wandmalereien sind spätes 15. und 17. Jahrhundert. Im Schloß befindet sich das *Historische Museum,* das aus der Urgeschichte und römischer Zeit berichtet. Im Sommer außer Montag von 10–12 und 14–17 Uhr geöffnet. Wenn Sie die Ruine auf dem Felsen oberhalb der Stadt erblicken: hier stand einst die *Burg Stein,* die zwei wichtige historische Augenblicke hatte: in ihrer mittelalterlichen Form sammelten sich hier die Habsburger Militär vor den Schlachten am Morgarten und bei Sempach (s. S. 24, 25). Nachdem die Eidgenossen die Burg 1415 niedergebrannt hatten, ging man mehr als zwei Jahrhunderte später zu einem Neubau über: 1670 war eine ›moderne‹ Festung mit Artillerie vollendet, wurde jedoch nach der Eroberung durch die Eidgenossen 1712 endgültig geschleift.

Eine knappe halbe Stunde Autobahnfahrt von Baden in südwestlicher Richtung bringt Sie nach **Lenzburg,** dessen *Schloß* die größte Höhenburg der Schweiz ist. Gebaut von den Grafen von Lenzburg ums Jahr 1000, fiel sie 1173 an die Kyburger, hundert Jahre später an Habsburg und 1415 an Bern, heute im Besitz einer öffentlichen Stiftung. Im Lauf der Jahrhunderte hat die Burg immer neue Erweiterungen bis zu ihrer heutigen Gestalt erfahren – allerdings unter Abbruch des einstigen Zeughauses Mitte des vorigen Jahrhunderts. Die Anlage ist ebenso weiträumig wie imponierend und weist auch eine bedeutende Innenausstattung auf. In ihr befindet sich eine *Sammlung zur Aargauischen Geschichte:* geöffnet im Sommer außer Montag 9.30–12 und 13.30–17 Uhr. Die Burg war übrigens im vorigen Jahrhundert zeitweise im Besitz der Familie Wedekind, und Frank Wedekind nahm mehrfach hier Aufenthalt. Wenn Sie nach der Schloßbesichtigung noch Lust zu einem Stadtbummel haben: Das barocke *Rathaus* von 1677 mit seinem Turm, die *Stadtkirche* mit ihrem spätgotischen Turm und einige *Herrenhäuser* des 17. und 18. Jahrhunderts bereichern Ihre Eindrücke.

Von Lenzburg nur 7 km südlich stoßen Sie auf eine der eindrucksvollsten *Wasserburgen* der Schweiz bei **Hallwil** (Abb. 24). Die Ursprünge des Schlosses liegen bereits im Jahr 1000, aber von den heutigen Bauten gehen ein Palas aufs 12., das Torhaus aufs 13. und ein weiterer Palas aufs 14. Jahrhundert zurück. Die weiträumige zweigegliederte Anlage, an der eine Fahrstraße entlangführt, hat nicht die Leichtigkeit späterer Wasserschlösser, aber wirkt trutzig und urtümlich. Während im vorderen Schloß herrschaftliche Wohnkultur des 17. und 18. Jahrhunderts zu beschauen ist, zeigt das hintere Schloß sowohl das ländliche Gegenstück wie eine Darstellung Hallwils im Wandel der Zeit. Im Sommer von 8–12 und 13–18 Uhr zu besichtigen.

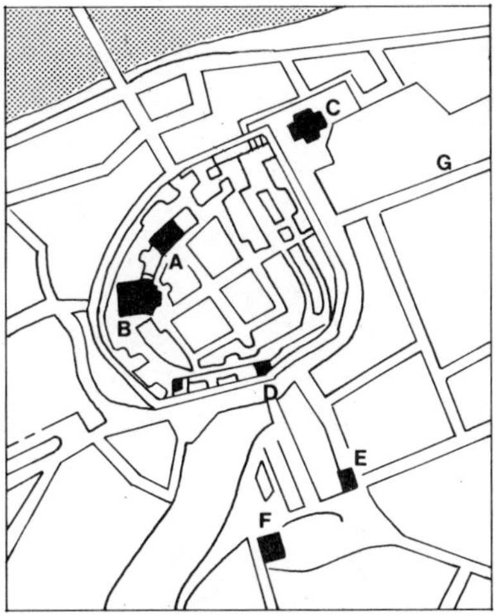

Plan von Aarau
A Rathaus B Stadtkirche C Schlößli D Obertorturm E Alte Mühle F Kunstmuseum G Laurenzenvorstadt

Aber den Höhepunkt Ihrer aargauischen Städtetour bildet nach der waldbegleiteten Anfahrt von Lenzburg aus nach Westen sicher **Aarau,** das natürlich an der Aare liegt, von deren Brücke der Blick auf die Stadt am malerischsten wirkt. Die kyburgischen Grafen gründeten die Stadt um 1250 oberhalb der Aare und sicherten sie mit Mauern. Aber schon bald kam sie (1273) in die Hände der Habsburger und dann unter Berner Hoheit. Das älteste erhaltene Bauwerk der Stadt ist das sog. *Schlößli* und entstand wohl noch im 11. Jahrhundert. Es sollte den Übergang über die Aare sichern. Der ursprüngliche Turm hat im Erdgeschoß Mauern, die über 3,50 m dick sind – 1790 wurde ein Geschoß aufgesetzt. Von den alten Befestigungen stehen außer dem Schlößli noch zwei weitere *Türme,* die jüngeren Datums – um 1250 – sind. Das *Rathaus* wurde um den Wehrturm Rore herumgebaut, der seinerseits aufgestockt wurde, so daß er das Rathaus überragt, das auf Grund seiner spätmittelalterlichen Gestalt 1762 barock umgestaltet und 1857 durch einen Anbau erweitert wurde. Der dritte Wehrturm, der obere oder hohe Turm, geht gleichfalls auf 1250 zurück, wurde aber im 16. Jahrhundert auf 62 m erhöht, wobei der Turmwächter fast 300 Jahre im zehnten Geschoß über die Stadt spähte.

Am höchsten Punkt des Aarauer Felskopfes erhielt die *Kirche* ihren Platz. Der heutige Bau wurde 1479 geweiht, aber es gab natürlich schon vorher hier ein Gotteshaus. Die spätgotische Kirche erhielt ihren Turmabschluß erst 1663. In dem Dreieck, das die Kirche, das Schlößli und der Obere Turm bilden, drängt sich Aaraus *Altstadt* zusammen, in deren Mitte sich die wichtigsten Straßen kreuzen, wobei in der Rathausgasse 10 sich ein durch seinen reichen barocken Erker (1664/65) auffallendes Haus zeigt. Die Innenstadt von Aarau weist im wesentlichen zwei Typen von Häusern auf, die durch ihre Bauzeit charakterisiert sind: im 16. und zu Beginn des 17. Jahrhunderts entstanden die dreistöckigen spätgotischen Häuser, wie man sie an der bereits erwähn-

Aarau, nach der Schweizer Chronik von J. Stumpf

ten Rathausgasse sowie an Milch- und Metzgergasse, im Adelbändli und an der Halde findet. Viergeschossige Häuser gehen meist aufs 18. Jahrhundert zurück. Mit ihnen erfolgt eine Auflockerung und Verlebendigung der Formen. Achten Sie auch auf die Öffnungen in den Dächern (die im späten 17. Jahrhundert aufkamen) zum Aufziehen von Lasten mit Flaschenzügen und ihre Unterbringung im Dachboden, sogenannte Lukarnen. Der Bestand Aaraus an alten und gut erhaltenen Häusern ist so reich, daß allein deshalb ein Besuch der Stadt ratsam ist. Ein besonders interessantes Gebäude finden Sie gegenüber dem Regierungsgebäude (außerhalb der Altstadt), einem 1739 entstandenen ehemaligen Gasthof zum Löwen mit dem patrizischen Anbau des Großratsgebäudes zu Beginn des 19. Jahrhunderts, mit der *Oberen Mühle*. Eigentlich ein spätgotisches Bürgerhaus, das 1608 durch Neu- oder Umbau entstand und reizvolle Fachwerkgeschosse besitzt. Originell die Turmstube mit dem eckigen Spitzaufsatz. Die eigentlichen Mühlenwerke wurden bereits vor 150 Jahren beseitigt.

Aarau besitzt auch zwei Museen von Rang, von denen das *Aargauer Kunsthaus* einen Überblick über Schweizer Malerei vom 18. Jahrhundert bis zur Gegenwart vermittelt – geöffnet außer Montag von 10–12 und 14–17 Uhr, am Freitag auch 20–22 Uhr. Das *Stadtmuseum Alt-Aarau* im Schlößli berichtet aus Geschichte und Gewerbetätigkeit in der Stadt und kann Samstag von 14–17 und Sonntag von 10–12 Uhr besichtigt werden.

Wer Freude an ungewöhnlichen Bauernhäusern hat, der sollte von Aarau rund 10 km nach Süden zum Dörfchen mit dem vielsagenden Namen **Muhen** fahren. Hier stand seit der Mitte des 17. Jahrhunderts ein unter seinem ausladenden Strohdach fast versinkendes hölzernes *Bauernhaus* (vgl. Abb. 5). Es war als sogenanntes Dreisässenhaus konstruiert, wobei unter einem Dach Wohntrakt, Tenne und Stall vereinigt waren. Überdies unter dem Wohnteil Kellerräume zur Obstaufbewahrung und zum Weben.

Leider fiel das Haus einem Brand zum Opfer, wurde jedoch 1962/63 originalgetreu wieder aufgebaut.

Wir haben uns weit vom Rhein und von der Nähe der Grenze zu Deutschland entfernt. Aber wenn wir jetzt wieder Kurs auf **Rheinfelden** nehmen (Abb. 25), haben wir noch nichts Unwiederbringliches verpaßt. Auch Rheinfelden atmet wieder Mittelalter, wobei die alten Wehrbauten sich großenteils erhalten haben. Vier Türme sind es, die wir von Nord nach Süd vom Rhein aus ins Land betrachten können: der auf dreieckigem Grundriß hochgezogene *Diebs-* oder *Messerturm,* der in der verlängerten Marktgasse stehende *Storchennest-* oder *Kupferturm, der* 1260 errichtete *Obertorturm* und ein halbrund angelegter *Wasserturm.* Rheinfelden ist viele Jahrhunderte durch mehrere Hände gegangen. Von den Zähringern zur Reichsstadt, dann österreichisch, kurzfristig zur Schweiz gehörend, aber seit 1448 wieder zu Österreich zählend, für das es im Dreißigjährigen Krieg eine wichtige Festung war. Dann kurze Zeit französisch, bis es 1803 zum Kanton Aargau und damit endgültig zur Schweiz kam.

Drei Bauten geben Rheinfelden über seine Befestigungsanlagen hinaus das Gesicht. Zuerst das weltliche: das *Rathaus,* an der Marktgasse gelegen, wurde zwar schon 1385 erwähnt, aber nachdem es abgebrannt war, wurde der heutige Bau 1530 ausgeführt und 1767 abgeändert. Sehenswert darin die große Ratsstube mit ihren Wappenscheiben und Bildnissen wichtiger Persönlichkeiten, die für Rheinfelden bedeutsam waren, darunter Maria Theresia. Die *Stadtkirche St. Martin* wurde nach Basler Vorbildern im 15. Jahrhundert erbaut. Das Innere ist um 1770 im Geist des Barock umgestaltet worden. An der Johannitergasse steht mit der *Johanniter-Kapelle* ein Bau aus der Mitte des 15. Jahrhunderts mit einem Fresko des Jüngsten Gerichts. Wer genau hinsieht, wird in dem 1490 entstandenen Bild den Einfluß Martin Schongauers erkennen.

Auf dem Weg zu dem nahen Basel wird in **Augst** die römische Wurzel der Schweiz lebendig. Augst und Kaiseraugst geht auf das römische ›Augusta Raurica‹ zurück, eine 44 v. Chr. durch Caesar begründete Kolonie, die im 2. Jahrhundert bis zu ihrer Heimsuchung durch die Alemannen im Jahr 260 lebhaft aufblühte. Zu den bedeutendsten römischen Relikten auf Schweizer Boden gehören die *Ruinen des Theaters* – es gibt keine größere Anlage dieser Art nördlich der Alpen (Abb. 27)! Dabei lassen sich die Zeugnisse von drei Theatern verschiedener Zeiten feststellen. Das Theater war von Tempeln und Bädern umgeben. Man hat die Spuren der alten Mauern, der Wasserleitung gefunden und ein Römerhaus rekonstruiert, wie es sich aus den Funden – im Römerhaus und im Museum aufbewahrt – ergibt (vgl. Abb. 26). Originell ist als Teil des Hauses eine Räucherkammer, in der Fleischwaren aus Gallien für die Einfuhr nach Rom konserviert wurden. Im *Museum* befinden sich der sogenannte Silberschatz von Kaiseraugst (wo sich das Castrum Rauracense befand), der wohl in der Mitte des 4. Jahrhunderts eingegraben wurde.

Über die *Pfarrkirche St. Arbogast* von **Muttenz,** kurz vor Basel, wäre nur beiläufig etwas zu sagen, wenn sie nicht eine Besonderheit wäre. Sie stellt das einzige Schweizer

Beispiel einer von einer Mauer umgebenen Wehrkirche dar. Zwischen den mit Zinnen versehenen Mauern, von zwei Tortürmen nördlich und südlich unterbrochen, ragt die im 13. Jahrhundert erbaute Kirche empor. Sie gab den Umwohnern hinter ihren Mauern in kriegerischen Verwicklungen Schutz.

Mit **Basel** haben wir den Punkt erreicht, der für viele deutsche Schweizfahrer der Übergang zu den Eidgenossen bedeutet. Basel – eine deutsch-schweizerische Stadt mit einem deutschen und einem schweizerischen Bahnhof. Basel – Endpunkt jener Hafraba benannten Autostraße von Hamburg über Frankfurt just hierher. Basel – Dreiländereck, von wo sich für den Schweizer der Weg ebenso nach Frankreich wie nach Deutschland auftut. Basels Münster – ein Werk, das in kühner (typisch baslerischer?) Eigenwilligkeit romanische und gotische Stilelemente verbindet und dazu beiträgt, daß Basel den Anspruch erheben kann, eine der schönsten Städte am Rhein zu sein – die Schweizer sagen gewiß: die schönste, was nicht zuletzt dadurch seine Berechtigung hat, daß Basel bis auf das Erdbeben von 1356 in seiner architektonischen Ganzheit keinen zerstörerischen Eingriff erlebte. So viel an dieser Stelle: von Basel wird im Kapitel über die Schweizer großen Städte noch ausführlich die Rede sein (s. S. 229ff.).

Wer auf schneller Autobahn von Deutschland bis nach Basel gekommen ist, der wird nicht nur dieser Stadt seine Reverenz erweisen müssen, sondern sich auch im Basler Hinterland umsehen können. **Arlesheim** und **Dornach** haben eine doppelte Beziehung zueinander: beide Stätten historischer Bauten, beide zugleich wichtige Zentren der Anthroposophie Rudolf Steiners. In Dornach errichtete der Philosoph ein *Goetheanum,* 1927 als moderner Betonbau entstanden und einen expressionistisch überhöhten Jugendstil repräsentierend (Abb. 36). Hier finden die Tagungen und Versammlungen der anthroposophischen Bewegung statt, während im nahen Arlesheim der Sitz für die Herstellung der unter dem Namen Weleda entstandenen Medikamente ist.

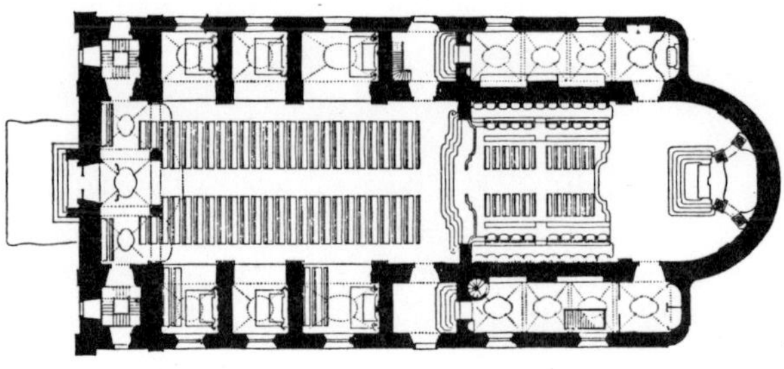

Arlesheim, Grundriß der Domkirche

Arlesheim ist zum Sitz einer *Domkirche* geworden, nachdem die Reformation das Baseler Domkapitel zuerst nach Freiburg getrieben hatte, bis es hierher zurückkehrte. Zusammen mit der 1680 erbauten Kirche wurde auch der Platz ringsum mit den Häusern der Domherren einheitlich gestaltet. Gewiß ein seltener Fall, daß Kirche und Umgebung in einer Regie gestaltet werden können. Die Kirche selbst erhielt ihren

Rang freilich erst, als sie um 1760 im Zuge einer Barockisierung mit dem zauberhaften Anmut des Rokoko sowohl in der Fassade als auch vor allem im Inneren überhöht wurde. Nach Ittingen (siehe S. 88) und der Stiftskirche von St. Gallen (siehe S. 82) finden Sie in Arlesheim das dritte kongeniale Werk des Rokoko auf Schweizer Boden.

Weltlich-handfest stellt sich das architektonische Werk von **Dorneck** bei Dornach dar: eine der bedeutendsten Burgruinen zwischen Rhein und Jura. 1307 war erstmals von ihr die Rede. Das Erdbeben von 1356 fügte ihr einigen Schaden zu. Anno 1499 belagerte Kaiser Maximilian mit 10 000 Kriegern ergebnislos die Burg, die damals bereits zu Solothurn gehörte. Später verfiel Dorneck, wurde jedoch Anfang des Jahrhunderts restauriert.

Sollten Sie Freude an *Wasserschlössern* haben, dann schließen Sie einen Ausflug nach dem nahen **Bottmingen** – nordwestlich an der Straße Nr. 103 – an. Die schon im 13. Jahrhundert erbaute Anlage erhielt um 1720 ihre zweigeschossige Fassade und die Ecktürme. Da das Wasserschloß heute Gasthaus ist, können Sie sich nach Herzenslust umsehen.

Wo Frankreich nahe ist

»Von allen europäischen Gebieten war die welsche Schweiz im 19. und in unserem Jahrhundert vielleicht das europäischste. Ohne Zweifel gereicht ihr das zum Ruhme. Aber man möge nicht glauben, daß diese Veranlagung ihr nur Vorteile gebracht habe.«

Henri de Ziégler

Von der ›französischen Schweiz‹ spricht man bei uns gewöhnlich. Die Deutsch-Schweizer benützen dagegen den Ausdruck: ›Welsche Schweiz‹, wobei das Wort ›welsch‹ sich vom mittelhochdeutschen ›walch‹ mit der Bedeutung ›fremd‹ ableitet. Man denke an die Worte Kauderwelsch oder Rotwelsch. Die ›welschen Schweizer‹ selbst nennen sich die ›Suisse romande‹, was als Bezeichnung für ›romanisch‹ nur in dieser Verbindung vorkommt, denn sonst heißt das französische Wort eben ›roman‹ oder ›romane‹. Übersetzen läßt sich dieser ›kleine‹, aber feine Unterschied nicht.

Unmittelbar an Frankreich grenzen die Kantone Waadt (Vaud), Neuenburg (Neuchâtel) und der erst nachträglich (durch Abspaltung von Bern) geschaffene Kanton Jura. Tatsächlich sind es der westliche und der südwestliche Teil der Schweiz, die das Französische sprechen. Zu den drei Grenzkantonen muß man auch noch Freiburg (Fribourg) nennen und darf nicht vergessen, daß die Stadt Solothurn traditionsgemäß als Ambassadorenstadt (hier residierten zwischen 1530 und 1792 die französischen Gesandten bei den eidgenössischen Orten!) einen Drall zu französischer Lebensart hat. Schließlich ist auch das Wallis mit zwei Dritteln seiner Einwohner französisch und nur mit einem Drittel ›deutsch‹, wobei die beiden Sprachen eine so eigen geartete Entwicklung genommen haben, daß beispielsweise die ›deutschen‹ Walliser das Nibelungenlied in seiner Urfassung mühelos lesen und verstehen können. Alles in allem sind drei der Kantone mit französisch sprechenden Bewohnern zweisprachig. Vom Wallis und seiner Kunst wird im übrigen in diesem Kapitel nicht die Rede sein, sondern erst später! (Siehe S. 152ff.)

Basel ist zwar ein Dreiländereck mit der Einfahrt von der Schweiz auch nach Frankreich, aber die französischen Ortsnamen und das französische Parlieren beginnen erst weiter westlich, etwa im Raum von Delémont und Moutier. Nordwestlich davon ragt Schweizer Gebiet so weit nach Frankreich hinein, daß es zu drei Viertel von französischem Territorium umgeben ist: die Ajoie oder auf deutsch: der Elsgau. Wie der Kopf eines Hundes blickt der von der Schweiz auch noch durch die Bergkette des Mont-Terrible getrennt Auswuchs nach Frankreich hinein – eine Schweizer Hügellandschaft, die kaum ein Fremder kennt.

Auch die Kunstdenkmäler dieser Gegend sind eigenartig, bizarr, ungewöhnlich. So die Kirche von Bressaucourt, die sich mit ihrem Turmaufsatz vom Pariser Sacré Coeur anregen ließ. Oder die sogenannte Pierre Percée von Courgenay aus megalithischer Zeit und den Dolmen und Menhiren der Bretagne vergleichbar: ein mächtiger Kalkstein, der in seinem oberen Teil ein kreisrundes Loch von 50 cm Durchmesser aufweist, achsial genau in Nord-Süd-Richtung. Die Bedeutung ist rätselhaft. Die Bauernhäuser scheinen sich unter mächtigen Dächern zu verstecken. Nach Art des Jurahauses gibt es das sogenannte ›devant l'huis‹, ein offener Hausteil zwischen steinernem Wohnhaus und hölzerner Scheune in der Art des Gotthard-Hauses. Im Wald von Beuernevésin stoßen Sie noch auf ein Dreiländereck mit den entsprechenden Grenzsteinen: als das Elsaß noch zu Deutschland gehörte, stießen hier die Schweiz, Deutschland und Frankreich zusammen. Von hier ging die Bewegung aus, die zur Schaffung des neuen Kantons Jura mit der Hauptstadt Delémont (deutsch: Delsberg) führte.

Übersichtskarte: Von Porrentruy bis Fribourg

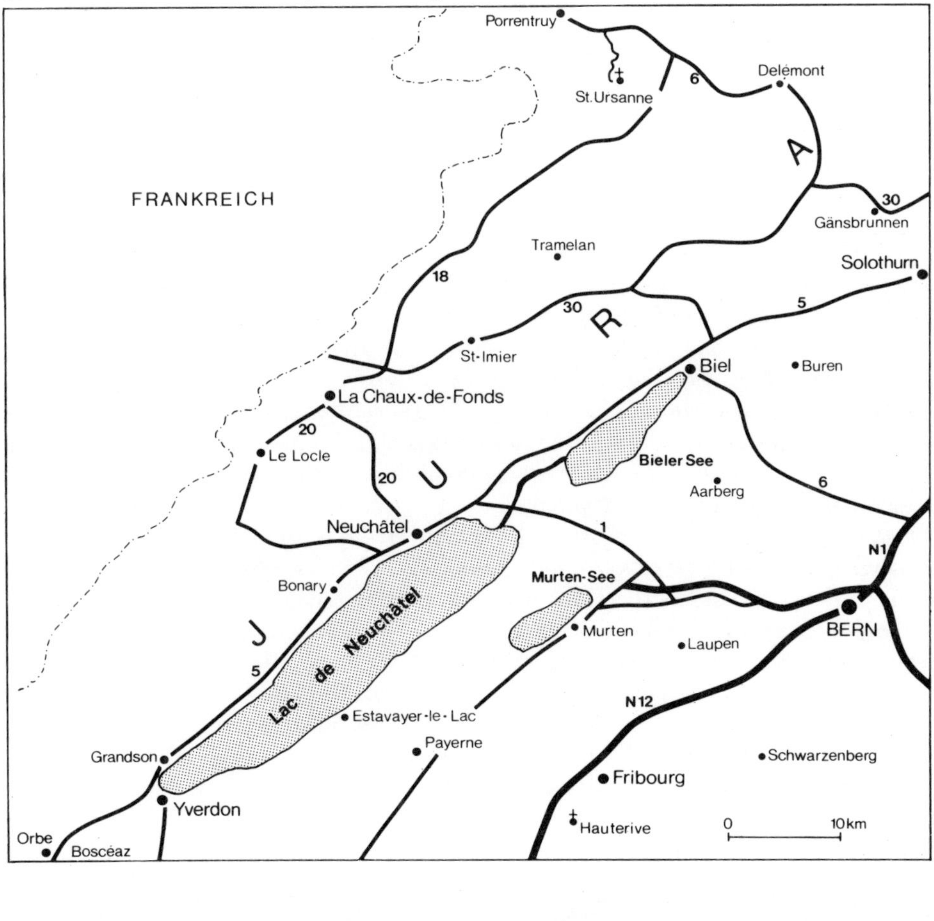

Porrentruy ist die in jeder Hinsicht wichtigste Stadt des Gebietes, Pruntrut der deutsche Name. Das *Schloß,* in dem heute Amtsstellen tätig sind, wurde als Burg bereits im 12. Jahrhundert erwähnt, aber mit seinen Fundamenten datiert die Tour Réfous wohl noch in römischer Zeit. Die Baseler Bischöfe erhielten das Schloß 1271 und nahmen nach der Reformation hier ihre Zuflucht. Jetzt entstand die großzügige Renaissancefassade, die um 1590 beendet war. Das Hauptgebäude besteht aus drei Geschossen mit vier Portalen.

Unterhalb des Schlosses schließt sich eine Vorstadt an, von deren einstigen Befestigungen die trutzige *Porte de France* erhalten blieb. Während die beiden Rundtürme schon 1536 erbaut sind, erhielt die Pforte als Ganzes ihr heutiges Gesicht vor 250 Jahren.

Porrentruys Altstadt zieht sich lang hin. Ungefähr in ihrer Mitte das *Rathaus,* das zwischen 1761 und 1763 errichtet wurde und dessen Fassade an Frankreich erinnert, während die Türmchen in ihrer Gliederung dem süddeutschen Barock entsprechen. Zur gleichen Zeit entstand nahebei das *Spital,* das in ähnlicher Weise mit Dach und Glokkentürmchen von Süddeutschland beeinflußt scheint. Französischer im Stil ist der dritte Bau, den der gleiche Pierre-François Pâris errichtete: das *Hôtel des Halles,* gleichermaßen als Markthalle wie als Quartier für die Gäste des Fürstbischofs bestimmt. Bleibt noch die *Kirche St-Pierre* zu erwähnen, die 1349 entstand, wobei die beiden Obergeschosse erst 1772 hinzugefügt wurden. Schließlich besitzt Porrentruy auch noch ein *Jesuitenkolleg* mit dazugehöriger Kirche, beides Ende des 16. Jahrhunderts entstanden. Das Kollegium ragt mit seinem runden Turm (um 1610) in die Stadtbefestigung hinein. Im Inneren der Jesuitenkirche haben Meister aus Wessobrunn eine wahre Orgie in Stuck veranstaltet, die als Thema das Leben Marias hat.

Bei dem südlich von Porrentruy gelegenen **St-Ursanne,** das freilich bereits am Doubs diesseits der Ajoie-Berge zu finden ist, könnte man an St. Gallen denken. Auch hier war ein irischer Mönch Ursinicus der Ursprung. Wahrscheinlich kam er mit Columban und Gallus ins Schweizer Land und ließ sich ums Jahr 612 im Tal des Doubs nieder, wo er nach acht Jahren starb. Aber auch aus seiner bescheidenen Zelle entwickelte sich ein Kloster. Es hatte jedoch das Unglück, daß seine Mönche sich im Streit zwischen Kaiser und Papst auf die falsche Seite stellten, nämlich die des Papstes. Ihr Bischof in Basel aber favorisierte den Kaiser, so daß er das Kloster kurzerhand auflöste, das 1119 in ein Chorherrenstift umgewandelt wurde. Die dazu gehörige Kirche ist mit ihren Resten im heutigen Kirchenbau – der um die Wende vom 12. zum 13. Jahrhundert entstand – enthalten, wobei der Turm erst Mitte des 15. Jahrhunderts hinzukam. Zu den Höhepunkten der *Kirche* gehören die Plastiken des Südportals, die voller Allegorien sind. Während Maria mit dem Jesuskind in lieblicher Würde links eine Nische einnimmt, ist rechts Ursinicus abgebildet.

Außer der Kirche verdient aber auch die Stadt Beachtung. Sie weist drei Tore aus dem 16. und 17. Jahrhundert auf. Das älteste das *Brückentor* von 1522, das man zur Brücke über den Doubs passiert: diese Brücke mit schönen harmonischen Steinbogen wurde 1728 angelegt, und auf ihr befindet sich eine Statue des böhmischen Heiligen Nepomuk aus der gleichen Zeit – Erinnerung an Prag in St-Ursanne. Im Westen der Stadt bemerken Sie den kirchlichen Teil, nach Osten zu die Werkstätten der Handwerker und die Krämerläden, so daß Sie vielfach den Eindruck haben, ins Mittelalter versetzt zu sein.

Ohne Zweifel ist der *Jura* diejenige Gebirgslandschaft der Schweiz, die die wenigste Beachtung durch deutsche Besucher findet. Wenn schon Schweiz – dann Alpen. Das scheint der Wahlspruch zu sein: im Sommer wie im Winter. Dabei steigen die Juraberge immerhin bis über 1600 m an – höher als jedes deutsche Mittelgebirge. Sie sind von Basel oder Bern aus gut zu erreichen – allerdings fehlen noch die Autobahnen, die den deutschen Reisenden bequem alpenwärts bringen. Nachteilig wirkt sich freilich auch aus, daß die sonst in der Schweiz kaum spürbaren Sprachprobleme in der Suisse romande und damit in den französischsprachigen Juragebieten unvermeidlich auftauchen.

Auch wenn wir den Jura als Ganzes empfinden, wobei die Gebirgsformation sich jenseits der französischen Grenze etwa mit den Tälern von Doubs und Dessoubre eindrucksvoll fortsetzt, machen Geographen und Schweizer durchaus Unterschiede zwischen dem *Berner Jura* im Jura-Kanton, dem südwestlich folgenden *Neuenburger (Neuchâteler) Jura* (im Bereich dieses Kantons) und dem ›Jura Vaudois‹, dem *Waadtländer Jura*, das die Schweizer Jurakette im Südwesten beschließt. Ein nordöstlich an den Berner Jura anschließender Gebirgszug wird auch als *Solothurner Jura* bezeichnet.

Wie am Reißbrett zum Vergnügen der Besucher entworfen, liegen unterhalb der Jurakette drei zeppelinähnliche langgestreckte Seen als Kontrapunkt zum Gebirge: *Bieler See* – 15 km lang, bis zu 3,5 km breit und mit 40 qkm der kleinste, *Neuenburger See* – 40 km lang, bis zu 8 km breit und mit 216 qkm der größte der an allen Ufern schweizerischen Seen, da ja Bodensee und Genfer See ihre Wässer mit anderen Ländern teilen müssen, schließlich der Lac Léman, bei uns *Genfer See* genannt, ein Halbmond von 72 km Länge und bis 14 km Breite, 581 qkm groß. Der Jura selbst hat mit dem in 1008 m Höhe gelegenen *Lac de Joux* (9 km lang, bis 1 km breit) ebenfalls ›seinen‹ See.

Wenn das Jura-Bergland – von ein paar Ausnahmen abgesehen – fast ausschließlich durch seine landschaftlichen Vorzüge entzückt, so haben sich zu Füßen der Bergauffaltung, an den Ufern der Seen oder ihrem Hinterland, die künstlerisch-kulturellen Sehenswürdigkeiten versammelt. Eigentlich eine ideale Verbindung, die es wert wäre, daß sie auch von deutschen Reisenden gewürdigt würde.

Delémont oder deutsch: Delsberg (Jura-Hauptstadt) bedeutet für die von Basel jurawärts fahrenden deutschen Reisenden die erste wichtige Station. Die Basler Fürstbischöfe des Mittelalters hatten drei Städte ihres Einflußbereiches mit charakteristischen Zügen entwickelt: wie bereits erwähnt Porrentruy als Residenz, St-Ursanne als Kirchenstadt, so daß für Delémont die Rolle der handelsaktiven Marktstadt blieb: fast ein halbes Dutzend Verkehrswege treffen sich hier. Immerhin geht Delémonts Stadtrecht auf den Anfang des 13. Jahrhunderts zurück, das von Basels Gnaden auf 1289.

Auch hier ein bischöfliches *Schloß* in Form eines Hufeisens, das allerdings erst um 1720 entstand. Bis zur Französischen Revolution verlebten Basels Fürstbischöfe hier ihren Sommer. Etwas später wurde das *Rathaus* durch Giovanni Gaspare Bagnato erbaut: um 1745. Durch die Hinzufügung eines Stockwerks um 1866 hat es an Harmonie jedenfalls nicht gewonnen. Wenn wir die *Grand'Rue* betrachten, die breit wie ein Platz verläuft, wird uns Delémonts Marktrolle deutlich. Schauen Sie sich die Brunnen an: es gibt rund ein halbes Dutzend. Als schönster gilt der *Marienbrunnen*, der die Madonna mit dem Kind auf einer Mondsichel zeigt, 1582 vollendet. Schön ist jedoch auch der *Löwenbrunnen* von 1591. Mit der *Tour de la Courtine* ist ein Teil der Stadtbefestigung des 13. Jahrhunderts bewahrt. Delémonts *Kirche St-Marcel* von 1766 erhielt ihren Turm erst beinahe 100 Jahre später. Die Sitzplastik von St-Marcel links am Eingang gehörte vorher zu einem Altar des Basler Bildhauers Lebzelter von 1508.

In der Grand'Rue befindet sich übrigens auch das *Musée Jurassien*, das im Sommer jeweils am Sonntag von 10–12 und 14–17 Uhr geöffnet ist. In ihm außer antiken Funden mittelalterliche Kunst und Lokalgeschichte.

Über Moutier und Tavannes, die Sie sich schenken können, erreichen Sie **Biel** (Bienne) am nordöstlichen Ende des Bieler Sees. Auch wenn Sie noch so knapp mit der Zeit sind: Biels *Ring*, wie der langgestreckte Marktplatz heißt, müssen Sie sich ansehen. Die Häuser werden – wie in Bern oder Luzern – durch Laubengänge vor den Erdgeschossen begleitet. Das markanteste Haus, hinter dem Bannerträgerbrunnen von 1546, das *Zunfthaus zu Waldleuten*, das ebenso wie die Brunnenfigur von Michael Wumard stammt, um 1560 errichtet (Abb. 37). Außer weiteren Häusern am Ring finden Sie reizvolle Bürgerhäuser in Ober-, Unter- und Schmiedengasse und ein spätgotisches Rathaus im ›flammenden‹ Stil von 1530.

Das *Museum Schwab* in der Seevorstadt 50 – außer Montag täglich von 8–12 und 14–18 Uhr, am Sonntag von 10–12 und 14–17 Uhr geöffnet – wurde von dem Bieler Vorgeschichtssammler Friedrich Schwab begründet, der den Abschnitt der Eisenzeit, die als La-Tène-Zeit bekannt ist, entdeckt hat, aber auch die vorhergehende Hallstattzeit sowie jüngere Stein- und Bronzezeit sind ebenso wie römische Ausgrabungsgegenstände vertreten.

Entweder im Zuge Ihrer Anfahrt oder jetzt von Biel aus sollte auch die Stadt **Solothurn** in Ihrem Programm stehen. Hauptstadt eines sehr früh besiedelten Kantons, geht auch Solothurn auf eine vorrömische Siedlung zurück. Später errichteten die Römer ein Kastell. In ihrer bewegten Geschichte hatte die Stadt ihren Höhepunkt von 1538–1792, als die französischen Gesandten hier residierten (siehe S. 26). Vauban, der französische Festungsbauer, stand denn auch geistig Pate, als um 1700 die Stadt von neuen Schanzen geschützt wurde. 1878 wurden sie geschleift, was manchen ergrimmte, so auch Gottfried Keller, der ein verärgertes Epigramm auf ›Ratzenburg‹ verfaßte:

»Die Ratzenburg will Großstadt werden
und schlägt die alten Linden um;
die Türme macht sie gleich der Erden
und streckt gerad, was traulich krumm.
Am Stadtbach wird ein Quai erbauet,
und einen Boulevard man schauet
vom untern bis zum obern Thor;
dort schreitet elegant hervor
die Gänsehirtin Katharine,
die herrlich statt der Krinoline,
zu aller Schwestern blassem Neide
trägt einen Fassreif stolz im Kleide.
So ist gelungen jeder Plan,
doch niemand sieht das Nest mehr an!«

Parallelen zu solch rigorosem Vorgehen waren und sind auch in anderen Städten zu finden, wiewohl sie selten so amüsant gegeißelt werden wie durch Keller, der freilich letzten Endes unrecht behielt: wir (und viele andere) sehen uns Solothurn-Ratzenburg

Solothurn, nach Johann Jacob Berenhart, um 1660

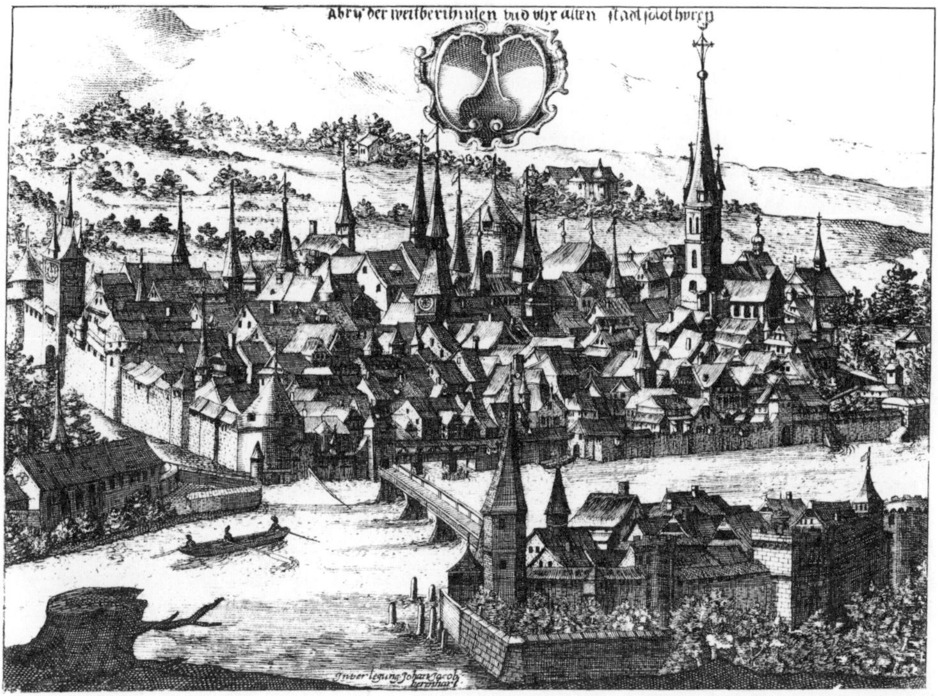

auch heute noch gern an. Immerhin kann man noch in den Fundamenten der Altstadthäuser Mauerteile des römischen Castrums entdecken – dazumal waren sie immerhin 3 m dick und 10 m hoch.

Auf das Alter ihrer Stadt geben die Solothurner viel. Am Zeitglockenturm steht der Spruch eines Humanisten in lateinischer Sprache, der zugleich verdeutscht ist und besagt:

»Kein elter Platz in Gallien yst,
Dan Solothurn zuo diser Frist,
Usgnommen die Stadt Tryer allein,
Darumb nembt man sy Schwestern gmein.«

Andere Zeugnisse führen die Stadt auf Abraham zurück oder legen gar wie ein Chronist des 17. Jahrhunderts das Gründungsdatum auf das Jahr 3127, womit denn Solothurn 1376 Jahre älter als Rom wäre. Ironisch verstanden werden muß demgegenüber ein Bild, das Franz Michael Schwaller Mitte des 18. Jahrhunderts von der Erschaffung Adams und Evas malte: da stehen doch die braven Solothurner Bürger auf ihren Wällen und Zinnen und sehen dem lieben Gott bei seiner Erschaffung der ersten Menschen aufmerksam auf die Finger ...! Mal sehen, wie er's macht.

Woher man auch nach Solothurn kommt: die *Kathedrale St. Ursen* (kühn Solothurns ›Akropolis‹ benannt) fällt immer ins Auge. In ihr regiert die den Solothurnern heilige Zahl 11: beispielsweise elf Altäre, elf Glocken. Der die Hauptgasse beherrschende 1773 geweihte barocke Bau dominiert insbesondere mit seiner Fassade. Er enthält nicht übermäßig viel Stuck und besitzt einen bedeutenden Domschatz. Dennoch sollten Sie auch an der zweitwichtigsten *Kirche* Solothurns nicht achtlos vorübergehen, die von außen zwar unscheinbar, im Inneren jedoch mit reichem Stuckwerk ausgestaltet ist.

Wenn Sie es einrichten können, kommen Sie an einem Samstag oder Mittwoch nach Solothurn, denn nur dann können Sie den *Marktplatz* in seiner ganzen Buntheit erleben. Übrigens findet auch jeden zweiten Montag im Monat ein Markt statt. Über den Markt ragt der im 12. Jahrhundert errichtete *Zeitglockenturm,* der älteste der Stadttürme, mit dessen Uhrwerk sich seit dem 16. Jahrhundert die markanten Figuren von Ritter, Tod und Narrenkönig bewegen – immer wieder ein Schauspiel für Solothurner und Besucher (Abb. 38). Im übrigen hat auch Solothurn seinen krummen *Turm* à la Pisa mit einem asymmetrischen Dach. Von den Gassen lohnen sich besonders die *Hauptgasse* mit ihren Zunfthäusern und dem Gerechtigkeitsbrunnen, die *Löwengasse* mit den Bürgerhäusern und die *Gurzelngasse* mit ihren barocken Patrizierhäusern.

Das *Rathaus* steht auf dem Franziskanerplatz, und man sieht ihm kaum noch an, daß an ihm auf Grund eines spätgotischen Baues in den folgenden Jahrhunderten ständig gewerkt wurde. So gab es um 1624 die schöne Ostfassade, in der der gotische Mittelturm untergebracht wurde. Um 1703 kam der Nordturm hinzu. Erstaunlicherweise paßt alles gut zusammen. Dabei das 1610–1614 erbaute *Zeughaus,* das zum Glück – was gar nicht so häufig ist – unversehrt erhalten blieb. Der Bau mit seinem an der Seite tief herablaufenden Walmdach wirkt mächtig. Leider hat der *Ambassadorenhof* von 1721 sich durch Umbau vor 100 Jahren zu seinem Nachteil verändert. Der dabei befindliche *Ambassadorenbrunnen* soll, wenn man der Überlieferung trauen darf, jeweils zum Geburtstag des Dauphins statt Wasser Wein gespendet haben ...

Drei Museen von Solothurn machen in sehr verschiedener Weise mit Schweizer Kultur vertraut. Das Kriegerische zuerst: das *Zeughaus* beherbergt eine Waffensammlung. Im *Historischen Museum Schloß Blumenstein* vereinigt der Kanton Kunsthandwerk und Dokumente zur Wohnkultur im 18. Jahrhundert. Höhepunkt ist gewiß das Museum der Stadt in der Werkhofstr. 30 mit *Kunstmuseum:* außer Montag von 9–12 und 14–17 Uhr geöffnet, am Sonntag 10–12 und 14–16 Uhr. Außer Werken der älteren Schweizer Malerei finden Sie hier Hans Holbeins ›Solothurner Madonna‹ und einen Querschnitt durch die Schweizer Malerei des 19. und 20. Jahrhunderts mit Werken von Buchser, Hodler und dem Solothurner Cuno Amiet.

Ein Stück uralter Tradition erleben Sie, wenn Sie von Solothurn durch die Verenaschlucht zur *Einsiedelei* wandern. In der Tat: seit 1442 lebt hier ein frommer Waldbruder mit Meditation, Läuten und Musik – allerdings mußte er in der Gegenwart des Jahres 1968 nach dem Tod seines Vorgängers durch Zeitungsanzeige gesucht werden, wobei man die Wahl aus 54 Bewerbern hatte ... Sogar Souvenirs kann man vom Einsiedler kaufen.

Nach Biel zurückgekehrt, am Bieler See entlang, erreichen Sie **Neuchâtel** mit seinem See, wiederum Kantonshauptstadt für ein Gebiet, in dem Wein und Uhren ungefähr gleich wichtig sind. »Nicht nur das natürliche Idiom der Neuenburger ist französisch, sondern auch ihr Charakter und ihr Verhalten entsprechen weit mehr der französischen als der deutschen Nation«, so stellte Abraham Stanyan 1772 fest und ging sogar so weit, die Neuenburger mit den Gascognern zu vergleichen. Wie dem auch sei: am Neuenburger See wird ringsum französisch gesprochen. Der Name Neuchâtel oder Neuenburg besagt außerdem, daß hier ein Schloß eine maßgebende Rolle gespielt hat.

In der Tat: schon im Jahr 1011 war erstmals die Rede vom ›novum castellum‹, was unschwer als Neuenburg zu übersetzen ist. Allerdings sind die Spuren dieses ersten Schlosses nicht mehr nachweisbar. Wohl aber setzt sich der heutige *Schloßbau* aus Teilen mehrerer Jahrhunderte zusammen: da gibt es ein romanisches Fenster mit Tympanon vom späteren 12. Jahrhundert, da gibt es das Westtor mit seinen beiden Türmen aus der Zeit um 1500. Ein Jahrhundert später wuchs das Renaissanceportal im Hof, und auch im 18. Jahrhundert gingen die Umbauten munter weiter. Dicht neben dem Schloß liegt aber auch die Collégiale, so daß weltlicher und kirchlicher Bau gewissermaßen verzahnt sind. 1170 wurde die *Kirche* begonnen, die gut hundert Jahre danach geweiht werden konnte. Das Äußere romanisch, das Innere frühgotisch. Das Südportal mit der pfiffig wirkenden Gestalt des Heiligen Petrus und mit Paulus (an

Neuchâtel

der Kirche Kopien!) erinnert an die Gallus-Pforte von Basel (siehe S. 231f.) – ein bescheidenerer zweiter Aufguß ... Im Kircheninneren ist das sehenswerteste Kunstwerk, das Kenotaph (Quasi-Grabmal) der Grafen von Neuenburg, 1372 durch Basler Bildhauer und Maler geschaffen, allerdings bei einer Restaurierung vor hundertvierzig Jahren etwas verändert.

Zu Füßen des Schloßbergs, dessen Gebäude der Stadt das Profil geben, zieht sich die Stadt hin, die wiederum als Angelpunkt das Kaufhaus *Maison des Halles* von 1570 besitzt. Zunächst ein freistehender Bau, so daß seine Unregelmäßigkeit zu bewußter Wirkung kommen konnte. Ursprünglich wollte man im Erdgeschoß Korn, im Obergeschoß Stoffe lagern. Nicht weit davon das *Renaissance-Haus Marval* von 1609 und weitere durch ihre Fassaden bemerkenswerte bürgerliche und patrizische Bauten, die wohl von der Maison des Halles angeregt und beeinflußt wurden, die mit reichen Ornamenten geschmückt ist. Übrigens steht vor dem Haus Marval der vierhundert Jahre alte *Bannerträgerbrunnen.*

Überraschend wirkt in diesem Rahmen das am östlichen Altstadtrand thronende *Rathaus,* das 1784–90 von Pierre-Adrien Pâris (siehe S. 132) geschaffen wurde. Pilaster oder Säulen beherrschen bei diesem Bau des frühen Klassizismus die nach Osten und Westen schauenden Fassaden. »In dem breitgelagerten Baublock ... ist alles auf Größe, Wucht und Schwere angelegt, und man glaubt ... schon das Pathos der Französischen Revolution zu spüren, obwohl der Bau schon lange vor deren Ausbruch geplant war.« Das ist Zürchers Meinung.

Die Vergangenheit lebt demgegenüber noch in dem sehenswerten *Hôtel du Peyrou,* einem typischen Adelssitz mit einer zweifellos an Versailles orientierten Gartenpartie.

Der aus Frankreich stammende Peyrou war Bürger Neuchâtels und durch seine Verbindung zu Rousseau kulturgeschichtlich von Bedeutung. In der Umgebung des Bauwerks herrschen freilich die Gebäude des Klassizismus vor, der Neuchâtel während des größten Teils des 19. Jahrhunderts beherrschte.

Vergessen wir nicht – es wird manchen überraschen –, daß das Fürstentum Neuenburg von 1707 bis 1806 und danach wiederum von 1814 bis 1848 – zur preußischen Krone gehörte, wobei Friedrich Wilhelm IV. zwar 1857 seinen Verzicht auf Neuenburg (das sich 1848 zur republikanischen Verfassung orientierte) erklärte, aber doch den Titel eines Fürsten von Neuenburg beibehielt ... Preußen im französischen Jura – so grotesk spielt gelegentlich die Geschichte!

Von Neuchâtels drei Museen wird den Historiker insbesondere das *Kantonale Archäologie-Museum* interessieren, da es u. a. Funde der La Tène-Zeit enthält. Das *Ethnographische und Ethnologische Museum* war das erste der Schweiz und geht auf das Jahr 1790 zurück. Allerdings wurde es erheblich modernisiert und behandelt insbesondere afrikanische und pazifische Gebiete. Geöffnet von Dienstag bis Sonntag 10–12 und 14–17 Uhr. Im *Museum für Kunst und Geschichte* – geöffnet von Dienstag bis Sonntag 10–12 und 14–17 Uhr – interessiert die Uhren- und Automatensammlung viele Besucher sicher stärker als die Bildwerke heimischer Künstler.

Entweder fahren Sie von Neuchâtel geradenwegs am See entlang weiter und in den Kanton Waadt (Vaud) dem Genfer See zu. Oder aber Sie leisten sich einen – wahrhaft empfehlenswerten – Abstecher nach **Murten** (Abb. 39), das mit seinem See südöstlich von Neuchâtel liegt. Denn in der ganzen Schweiz hat nur Murten, das auch Morat heißt, sich den Befestigungsring erhalten, der in drei Abschnitten 1238, 1378 und zwischen 1460 und 1470 angelegt wurde. Den *Wehrgang,* der den besten Überblick über die malerische Stadt bietet, können Sie begehen. Übrigens wurde in Murtens *Pfarrhaus* von 1729 der Dichter Jeremias Gotthelf geboren: 1797.

Nachdem Sie damit einmal südlich des Neuenburger Sees angekommen sind, fahren Sie am besten weiter nach **Payerne,** ziemlich genau südwestlich an der Straße Nr. 1 (E 4). Eine alte Stadt mit römischer Vergangenheit, einer einst bedeutenden Abtei, von der im wesentlichen die *Stiftskirche* erhalten blieb (Abb. 41, 42). Sie sollten sie in Augenschein nehmen. Der heutige Bau auf spätrömischen Fundamenten gibt den Historikern allerlei Rätsel auf. Er entstand, so viel ist gewiß, im 11. und in der ersten Hälfte des 12. Jahrhunderts und weist die Einflüsse der Bauschule von Cluny in Burgund auf, woran die Plastiken einiger Kapitelle im Ostteil der Kirche deutlich erinnern (Abb. 43, 44). Wer den Dom von Speyer gut kennt, wird beim Mittelschiff und den Seitenschiffen dieser Kirche eine gewisse Verwandtschaft empfinden, was freilich nicht für das äußere Gesicht des Baus gilt.

Es wird Ihnen nicht erspart bleiben, wenn Sie Landschaft und Kunst des Jura gebührend würdigen wollen, den *Lac de Neuchâtel* ganz zu umfahren. Aber es lohnt sich schon, zumal diese Strecken bei weitem nicht so stark befahren sind wie die Ufer des Genfer Sees. Vor allem laufen die Straßen so, daß Ihnen doppelte Wege erspart bleiben. Ob Sie von Payerne über Straße Nr. 79 erst einmal zum See fahren und dort das *Schloß Chenaux* mit seinen drei stattlichen Rundtürmen des 13. Jahrhunderts bei **Estavayer-le-Lac** zusammen mit der *Kirche* und ihrem ganz französischen Chorgestühl ›mitnehmen‹ (Abb. 48), hängt von Ihrer Disposition ab. Auch, ob Sie nahe dem Murtensee **Avenches** mit seinen römischen Überresten (ein Turm, ein Tor und das Museum) besuchen wollen (Abb. 40). Was Sie aber sicher nicht versäumen dürfen, ist **Yverdon** am südwestlichen Zipfel des Sees. Auch hier Kirche und Schloß von Bedeutung. Die *Kirche* von 1755–57 mit dem 1608 entstandenen Turm eines vorhergehenden Baus beeindruckt durch die aus gelblichem Jurakalk den Hauptplatz beherrschende Fassade. Etwas später entstanden am gleichen Platz um 1770 das *Hôtel de Ville* und ein zweites *Rathaus,* das ursprünglich das Hôtel de l'Aigle war.

Das *Schloß* wurde 1262 vom Festungsbaumeister Mainier angelegt und war als Wasserburg gedacht (Abb. 46). Vier wuchtige runde Türme beschirmen die Wohntrakte. Der höchste und dickste Turm diente als Bergfried. Die kulturelle Bedeutung der Burg besteht darin, daß hier zwischen 1805 und 1825 Heinrich Pestalozzi (Abb. 47)

Yverdon

sein Erziehungsinstitut leitete, woran in Verbindung mit dem *Ortsmuseum* im Schloß ein Erinnerungssaal anknüpft: Besichtigung von April bis Oktober Montag bis Samstag 9–12 und 14–17 Uhr, Sonntag nur 11–12 Uhr.

Auf der Fahrt um den See im Uhrzeigersinn erreichen Sie bald darauf **Grandson,** das abermals dem Schema der sehenswerten Kirche und des Schlosses treu bleibt. Beide bedeuten abermals eine Steigerung der vorherigen Eindrücke, wobei Sie mit Recht vermuten, warum wir auf dieser Strecke den See umrunden. Die *Kirche* vereinigt die Ergebnisse von drei Bauperioden, wobei man darüber streiten kann, ob das Ergebnis harmonisch ist. Immerhin erstreckt sich die Baugeschichte von der Wende des 11. zum 12. Jahrhunderts bis um 1370 – alles in allem beinahe drei Jahrhunderte! Der Umbau im 12. Jahrhundert ging auf eine Benediktinerabtei der französischen Auvergne zurück. Dabei erhielt die Westfassade ihr gewinnendes Säulenportal mit dem Rosenfenster über ihm. Schenken Sie im Inneren den romanischen Kapitellen im Langhaus Beachtung, die reich an figürlicher Unmittelbarkeit sind (Abb. 49–52). In der Kirche steht auch ein prächtiges spätgotisches Schnitzwerk, der Thron des Priors, der 1475 entstand.

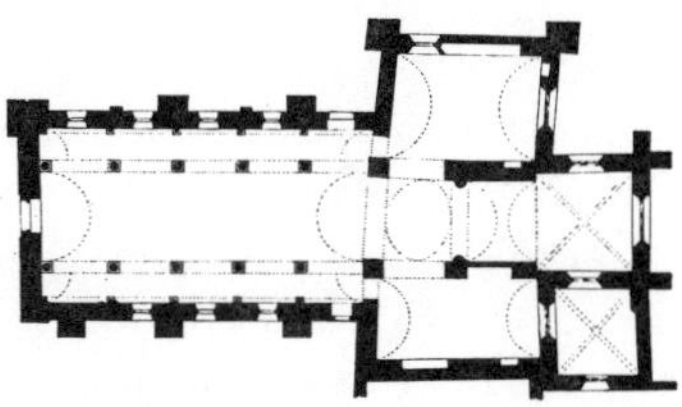

Grandson, Grundriß der Kirche St-Jean Baptiste

Auch Grandsons *Schloß* hat eine bewegte Geschichte: 1475 überrumpelte Karl der Kühne von Burgund die ausgehungerte Besatzung der Eidgenossen und bereitete ihr ein grausames Schicksal durch Erhängen oder Ertränken. Am 2. März 1476 wiederum schlugen 18 000 Eidgenossen bei Grandson 30 000 Burgunder. Die seit dem 13. Jahrhundert gewachsene Burg läßt die 5 Ecktürme nur wenig über die hochgezogenen Mauern blicken, die im 15. Jahrhundert solchermaßen verstärkt wurden.

Das heute bestehende *Burgmuseum,* durch ein zeitgemäßes *Automobilmuseum* angereichert, kann von Ostern bis November zwischen 9 und 18 Uhr besichtigt werden, im Winter nur am Sonntag von 9–18 Uhr.

Sie bleiben zunächst noch am See, nehmen jedoch, wenn die Straße hinter Bevaix den See verläßt, Kurs landeinwärts, in die Berge. Ihr Ziel die Vue des Alpes an der Straße Nr. 20, 1289 m hoch, und mit der Aussicht, die ihr Name verheißt. Im Serpentinenkurs ist es nicht mehr weit bis zur höchstgelegenen Stadt Europas: **La Chaux-de-Fonds,** 992 m über dem Meer, Mittelpunkt der Schweizer Uhrenindustrie. Und: Geburtsort von Le Corbusier (1887–1965). Auch wenn kaum jemand La Chaux-de-Fonds als ›schöne‹ Stadt anerkennen will und kann – sie wurde in der ersten Hälfte des 19. Jahrhunderts als Folge der wachsenden Uhrenindustrie geradlinig und »fast eher amerikanisch als schweizerisch anmutend« (Allemann) ausgebaut – bewundert in seinen ›Briefen über die Schweiz‹ doch C. Meiners 1792 die Gegend, »wo die größten mechanischen Genies aller Zeiten nicht einzeln, sondern haufenweise beysammen wohnen, und wo also Talente dieser Art einheimisch oder natürliche Produkte zu seyn scheinen«. In Le Locle, der Nachbarstadt, die eine Art Fortsetzung von La Chaux-de-Fonds darstellt, stand die erste Uhrenwerkstatt des Jean Richard, dem man nachsagt, daß er intuitiv die Geheimnisse des Uhrwerks begriffen habe. Wenn uns also diese Stadt auch keine künstlerische Bereicherung außergewöhnlicher Art – immerhin stehen hier im Chemin de Puillerel 1, 6, 8 und 12 und in der Rue du Doubs Nr. 167 (Villa Turque) einige der ersten Wohnhäuser Le Corbusiers aus der Zeit zwischen 1906 und 1916 – zu bieten vermag, so besitzt sie doch Bedeutung als eine vom 19. Jahrhundert geprägte Stadt, wie es sonst in der Schweiz nur noch Glarus adäquat vermittelt. Und immerhin gehört es zum Muß in La Chaux-de-Fonds außer dem *Kunstmuseum* (Schweizer Künstler des 19. und 20. Jahrhunderts) das ›Musée d'horlogerie‹, das *Uhrenmuseum*, mit seinen historischen Uhren und mechanischen Automaten zu besichtigen. Es ist von Juli bis September zwischen 10–12 und 14–17 Uhr, im Mai, Juni und Oktober von 14–17 Uhr und von November bis April nur am Samstag und Sonntag 10–12 und 14–17 Uhr möglich.

Nur 8 Kilometer trennen die beiden ›Uhrenstädte‹ La Chaux-de-Fonds und **Le Locle,** das als Folge eines großen Brandes auch erst im 19. Jahrhundert sein heutiges Gesicht in geometrischer Anordnung erhielt. Auch diese Stadt hat ihr *Uhrenmuseum*, das zwischen April und Oktober Dienstag bis Freitag von 14–17 Uhr, sonst nur am Sonntag 14–17 Uhr zugänglich ist. Aber außer dem Herrenhaus *Château des Monts* (1785–90), das das Museum beherbergt, können Sie ein anderes Haus ständig betrachten: die *Villa Côte des Billodes Nr. 6*, ein frühes Werk von Le Corbusier, 1912 errichtet.

Setzen Sie Ihre Fahrt in südwestlicher Richtung zunächst längs der französischen Grenze in der typischen Juralandschaft fort über Fleurier, Ste-Croix und **Orbe,** wo der *Bergfried* des alten Schlosses aus dem 13. Jahrhundert auffällt und in dessen Umgebung – bei **Boscéaz** – *altrömische Mosaiken* aus dem 3. Jahrhundert eine Besichtigung durchaus wert sind (Abb. 45). Einen landschaftlichen Höhepunkt des Jura erreichen Sie mit der Fahrt über Vallorbe (Straße Nr. 9) an den *Lac de Joux* in rund 1000 m Höhe, der 9 km lang und bis 1 km breit das schöne Joux-Tal zusammen mit dem kleinen Lac Brenet bildet. Das nach dem See anschließende Le Brassus in 1028 m Höhe wird sommers wie winters gern besucht.

Aber vielleicht bleiben Sie bei der Kunst und wenden sich von der Strecke Orbe–Vallorbe ein kleines Stück südlich nach **Romainmôtier** (von wo Sie übrigens auch den Lac de Joux gut erreichen), um die erhaltene *Kirche St-Pierre*, des hier bereits um 450 begründeten Klosters zu bewundern (Abb. 53). Dazu ist durchaus Grund. Denn das romanische und mit gotischen Fresken geschmückte Bauwerk enthält viele kostbare

Schönheiten. Die zwischen 1000 und 1030, also recht früh, wenn auch erst nach zwei vorangehenden Bauten, entstandene Kirche ist eine Nachbildung von Cluny, teilweise später durch Tonnengewölbe verändert. Die Fresken aus dem späten 13. Jahrhundert sprechen in rührender Ursprünglichkeit zum Beschauer. Eindrucksvoll zeigt sich der aus dem 7. Jahrhundert stammende Ambo, der der später entstandenen Kanzel voranging, mit verschlungenen Ornamenten und einem verzierten Kreuz in der Mitte. Freuen Sie sich auch an der landschaftlichen Einordnung dieser ältesten und wertvollsten romanischen Klosterkirche der Schweiz, auch wenn ihre Wurzeln in der burgundischen Baukunst liegen.

Von hier aus gibt es für Sie zwei Hauptrichtungen, zwischen denen Sie sich entscheiden müssen oder die Sie nacheinander abfahren. Nach Osten mit einem kleinen nördlichen Drall gelangen Sie nach Fribourg, das schon im Namen seine Bindung an den französischen Sprachraum verrät. Südlich nähern Sie sich mehr und mehr dem Lac Léman, dem Genfer See also. Die Entscheidung kann ich Ihnen nicht abnehmen, denn das eine ist so wichtig und anschauenswert wie das andere.

Ihre Strecke nach Osten zu führt Sie zuerst nach **Moudon** an der Straße Nr. 1 (zwischen Payerne und Lausanne), das Sie bereits durch seine malerische Lage an der Broye und im Waadtländer Hügelgebiet entzückt – ein Eindruck, den die spätgotischen *Bürgerhäuser,* der viereckige *Broye-Turm* aus dem 12. Jahrhundert und weitere Wohnbauten aus dem 18. Jahrhundert noch verstärken. Dazu kommt aber Moudons *Kirche St-Etienne,* heute reformiert, die Ende des 13. Jahrhunderts entstand und einer der schönsten frühgotischen Bauten des Landes ist. Sie werden später in Lausanne das Vorbild erkennen, das jedoch einfach abgewandelt ist. Der archaisch wirkende Turm wurde ohne viele Umstände eingefügt: er gehörte früher zur Ringmauer. In der Kirche verdient das holzgeschnitzte Chorgestühl der Brüder Vuarsel von 1499/1502 Beachtung.

Über **Romont** mit seinen beiden mittelalterlichen *Rundtürmen* und seiner durch ihre Glasfenster des 15. Jahrhunderts bedeutenden *Kirche* (ein Halt lohnt sich gewiß) und **Hauterive** mit seiner einstigen Zisterzienserabtei (12. Jahrhundert), von der die spätromanische *Kirche* mit gotischen Glasmalereien und der romanische *Kreuzgang* gut erhalten sind (lassen Sie sich Zeit für eine Besichtigung!), erreichen Sie **Fribourg** (Abb. 54, 55), Kantonshauptstadt seit fünfhundert Jahren und dereinst Angelpunkt der Gegenreformation in der Schweiz. Man hat Fribourg wegen seiner Stellung an der Grenze zweier Kulturen und Sprachen, ihrem Nebeneinander von gotischen und barocken Bauwerken das »schweizerische Prag« (Adolf Reinle) genannt. Fribourg, schweizerdeutsch Fryburg, weckt die Neugier, ob denn das badische oder das helvetische Freiburg eher dagewesen sei. Die Antwort geht zugunsten von Baden aus. Zähringergründungen beide Städte. Aber Fribourgs Gründung liegt im Jahr 1157, die von Freiburg bereits 1120. Sprachlich ist Fribourg zu zwei Dritteln französisch, zu einem Drittel deutsch. Der britische Kunsthistoriker John Ruskin, ein Freund des Mittel-

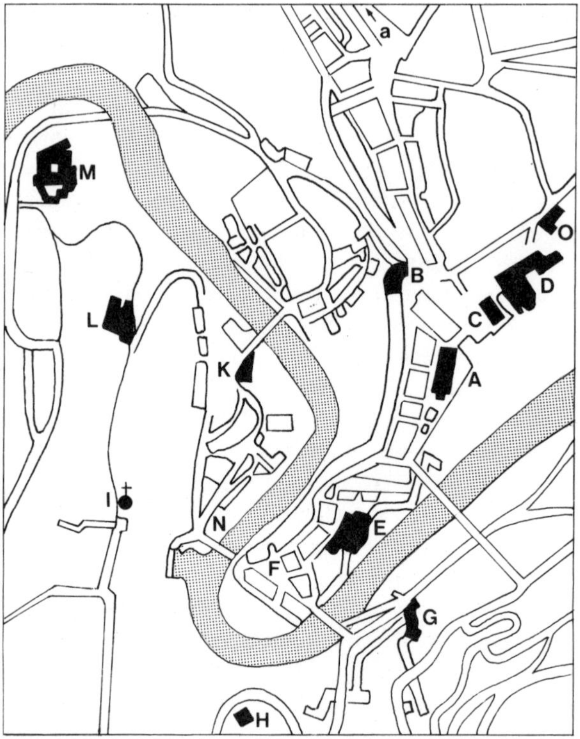

Plan von Fribourg / Freiburg (Norden rechts)
A Kathedrale St-Nicolas B Rathaus C Notre-Dame D Franziskanerkirche E Augustinerkloster F Place Petit-St-Jean G Rue des Forgerons und Berner Tor H Befestigungsturm I Loretokapelle K Kirche der ehemaligen Malteser-Kommende L Kloster Montorge M Kloster Maigrauge N Pont de Berne O Hôtel Ratzé a zum Bahnhof

alters, bezeichnete Fribourg kühn als »malerischste Stadt Europas«. Aber verstehen kann man es schon.

Dabei sollten Sie sich nicht von der Gegend um den Bahnhof im Stil einer französischen Provinzstadt oder von den Neubaugebieten in Ihrem Urteil beeinflussen lassen. Orientieren Sie sich auf die *Kathedrale* hin, die den alten Stadtkern kontrollierend beherrscht, obwohl ihr die Turmspitze fehlt, die sich oberhalb des achteckigen Oberteils mit den zierlichen Spitzen, das 1540 fertig war, anschließen müßte. Mit Türmen haben die Fribourger kein Glück: der Turm oberhalb des Chors, um 1300 abgeschlossen, mußte schon 1478 wegen Baufälligkeit abgetragen werden. Diese Hinweise sollen freilich den künstlerischen Wert der Kirche in keiner Hinsicht in Frage stellen, die auch mit dem Turm in dieser Gestalt die Stadt markant überblickt. Mag das Berner Münster im Vergleich auf den ersten Blick durch seinen Turmabschluß abgerundeter oder harmonischer wirken, so erlitt doch Berns Kirchenbau die gleiche Schmälerung seiner künstlerischen Einheit wie der Dom von Köln: der obere Abschluß ist ein Produkt der Neuzeit (siehe Bern, S. 245f.). Die Bewahrung einer überkommenen Form also spricht für Fribourg.

Im Inneren der Kathedrale und zwar in der Heiliggrabkapelle rechts der Eingangshalle findet sich das bedeutendste Werk mit der ›Heilig-Grab-Gruppe‹, die 1433 entstand und als einzige dieser Art unversehrt bis heute erhalten blieb. Die realistische Darstellung der Figuren soll durch den Hinweis ergänzt werden, daß – wie häufig bei alter Plastik – die Gestalten in Farbe ergänzt waren. Dreißig Jahre jünger ist das Chorgestühl mit lebendigen figürlichen Darstellungen.

Es würde zu weit führen, auch auf die mindestens noch fünf oder sechs weiteren kirchlichen Bauten von Fribourg einzugehen, von denen jeder seine eigene künstlerische Note aufweist – ob der Flügelaltar der *Franziskanerkirche,* ob der Hochaltar von *St-Maurice,* ob die um 1650 erstellte *Loreto-Kapelle* als Kopie von Loretos Casa santa.

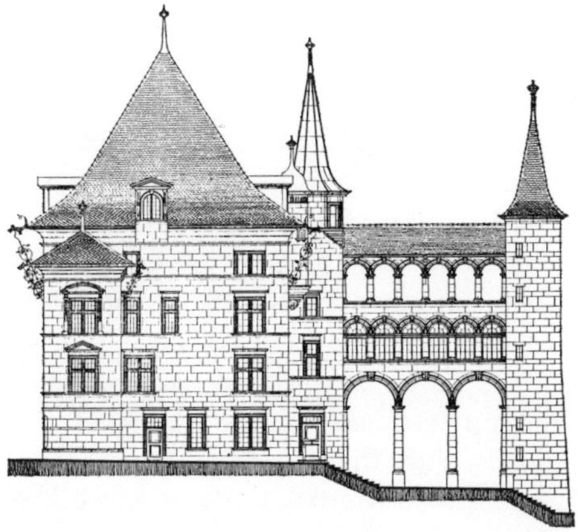

Fribourg, Hôtel Ratzé (Historisches Museum)

Denn Fribourg ist so reich an weltlichen Bauten, daß sie in dieser Hochburg des Katholizismus, die nach der Reformation immer neue Klöster und Würdenträger erhielt, gebührend erwähnt werden sollen. Da sind zuerst die Reste der Befestigungen: stattliche Reste! Zahlreiche Tore und Türme mit den verbindenden Mauern. Eines der ältesten Tore die *Porte du Grabensaal.* Sie werden beim Zählen insgesamt auf mehr als ein halbes Dutzend alter und im 17. Jahrhundert modernisierter *Türme* kommen. Zwei öffentliche Bauten von hohem Rang sind das *Rathaus* (Hôtel de Ville), das zwischen 1500 und 1521 entstand und Mitte des 17. Jahrhunderts seine Turmbekrönung, Uhr und Freitreppe erhielt, sowie das *Hôtel Ratzé,* ein typischer Bau der französischen Renaissance, das sich ein Schweizer Hauptmann um 1582 durch einen Lyoner Architekten erstellen ließ und das heute das Historische Museum enthält.

Zu den Schönheiten von Fribourg, die zugleich Stolz der Bürger sind, gehören Brunnen und Brücken. Von den Brücken ist die gedeckte Holzbrücke *Pont de Berne* von 1580 die älteste, aber auch die Hängebrücke über die Saane, *Grand Pont* benannt und 1835 beendet, ist berühmt. Von den Brunnen kann man eigentlich nur schwärmen. Obwohl sie ursprünglich natürlich ausschließlich die Aufgabe der Wasserversorgung der Umwohner hatten, legten die Fribourger Wert darauf, daß sie eine künstlerische Form erhielten. Die meisten von ihnen stammen aus der Mitte des 16. Jahrhunderts. Ein Dutzend sollten Sie sich schon ansehen, damit Sie einen Eindruck erhalten. Beispielsweise also den *Samariterbrunnen* von 1550, den Fachleute für den schönsten überhaupt halten und dessen Säulen durch lebensvolle Figuren geziert sind. Oder den *Georgsbrunnen,* der vor dem Rathaus steht und einen Ritter zeigt, der den Drachen mit der Lanze ersticht, um die Prinzessin zu befreien.

Da wir gerade noch einmal am Rathaus sind, sollten Sie auch der sog. *Murtenlinde* einen Blick schenken. Mit ihr verbindet sich eine der Antike nachempfundene Sage: nach dem Sieg bei Murten Anno 1476 rannte ein junger Fribourger spornstreichs zu seiner Vaterstadt, um dort mit dem Ruf ›Sieg‹ zusammenzubrechen. Als Siegeszeichen trug er einen Lindenzweig bei sich, aus dem die ›Murtenlinde‹ wuchs. Wenn es nicht wahr ist ...!

Zu Fribourg gehören natürlich neben den ›offiziellen‹ Bauten in der Ober- und der Unterstadt die Häuser mit spätgotischen Fassaden und Bauten der frühen Renaissance – ein städtebaulicher Bilderbogen, den Sie in der Grande Rue, der Rue de Morat, Rue de Lausanne oder der Place Notre Dame und natürlich rings um die Kathedrale sowie der Rue de Neuveville mit zahlreichen Beispielen genüßlich betrachten können. Wobei soundsooft auch die bereits erwähnten Befestigungen, Brunnen und Kirchen den Blick bereichern.

Falls Ihnen angesichts der ausgedehnten Begegnung mit der mittelalterlichen Stadtbaukunst am Beispiel von Fribourg noch Zeit für einen Museumsbesuch bleibt, entscheiden Sie sich fürs *Musée d'Art et d'Histoire,* für Kunst und Geschichte, im Hôtel Ratzé, das bis aufs Jahr 1774 zurückgeht. Von den Funden der Prähistorie bis zu einem reichen Querschnitt durch Kunst und Kultur von Fribourg in zehn Jahrhunderten gibt es genug zu sehen. Geöffnet außer Montag täglich 10–12 und 14–17 Uhr.

Sofern Sie von Fribourg südlich fahren, legen Sie Ihre Strecke so, daß Sie **La Valsainte** passieren, noch ein Höhepunkt des Kantons Fribourg und einer aus Frankreich stammenden Kultur. Sie erreichen es, indem Sie von Bulle aus über Broc östlich fahren und hinauf zu dem 1017 m hoch gelegenen Valsainte. Hier entstand Ende des 13. Jahrhunderts ein *Kartäuserkloster,* das zwar 1778 aufgehoben, jedoch 1861 restauriert wurde. Es ist heute noch belegt, wobei nach der Kartäuserregel (siehe S. 88) jeder Mönch sein eigenes Häuschen (hier mit Garten) bewohnt. Die einsame Anlage im oberen Javroz-Tal geht auf Bauten der Zeit um 1730 und einer Restaurierung um 1861/68 zurück. Sie stoßen nur noch selten auf ein solches bewohntes Kartäuserkloster, so daß der Abstecher – Sie müssen die Talstrecke zurückfahren – gerechtfertigt ist.

Woher Sie nun auch kommen – von Romainmôtier (siehe S. 142), oder aus dem Raum von Fribourg –, Sie geraten nun in die linde und freie Luft im Umkreis des *Genfer Sees,* hinter dem die Berge aufsteigen und an dessen Ufern die Schlösser und Burgen sich die Hand reichen. »In zartestem Dufte können kaum die gegenüberliegenden Ufer

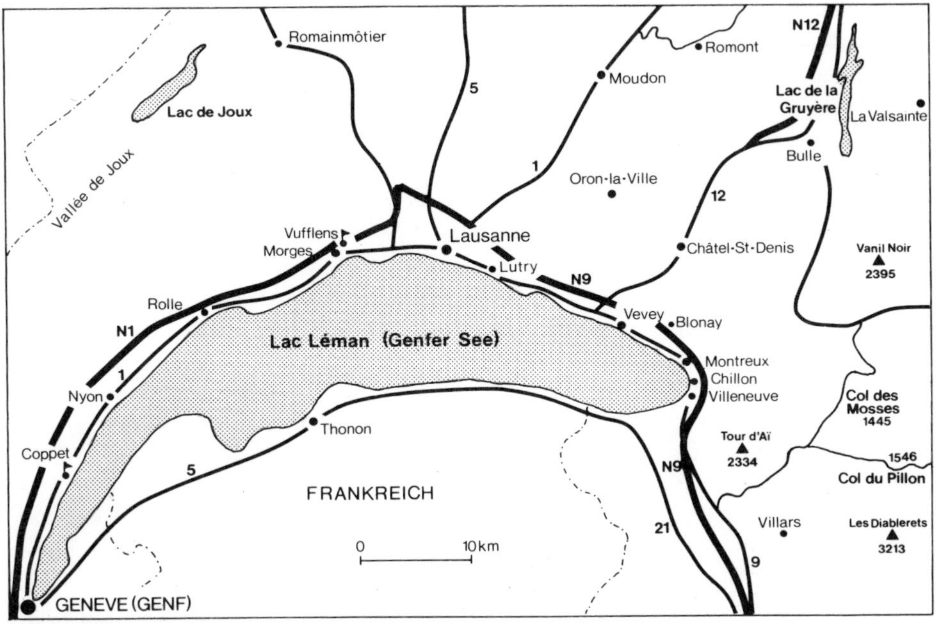

Übersichtskarte: Von La Valsainte bis Genf

sichtbar sein, und die Wasserfläche weitet sich nach Westen zur lichten Unendlichkeit des Mittelmeers, dessen Atmosphäre der Genfer See oft vorwegnimmt als eine erste Erfüllung dessen, was Bieler und Neuenburger See vorbereiten. – Oder es baut sich das Panorama in seiner ganzen Klarheit auf: von den Savoyerbergen bis zu den Zacken und Firnen der Dents du Midi, welche den breiten Talgrund der Rhône majestätisch überragen, während im Westen die so ganz andere Formation der lang dahinziehenden Jurakämme den Blick begrenzt.« So viel – in den Worten von Richard Zürcher – zur Landschaft, die den Superlativ und den Überschwang beinahe aufdrängt, nicht einmal zu Unrecht.

Obwohl seine größte Stadt erst am südwestlichsten Zipfel liegt, hat der See bei uns seinen Namen nach ihr bekommen: Genfer See. Die welschen Schweizer nennen ihn ›Lac Léman‹, wobei das Léman gewiß keine romanische Form für ›Lehmann‹ bedeutet, sondern aus dem Lateinischen kommt: Lacus Lemanus nannten den See schon die Römer, bevor er von so bedeutenden Geistern wie Voltaire, Rousseau, Lord Byron oder Matthisson enthusiastisch gepriesen wurde. »Sein Wasser«, verrät schon der alte Baedeker, »ist blau, im Gegensatz zum Blaugrün der anderen Schweizer Seen.« Nun ja – offensichtlich hat das Wetter Baedekers Farbvergleich zugunsten des ›Léman‹ beeinflußt. – Genf und Lausanne, die beiden wichtigsten Seestädte, gehören zu den sechs Großstädten der Schweiz und sind daher erst in einem späteren Kapitel zu finden.

Erster Haltepunkt bei der Fahrt am See entlang von Genf aus nach Nordosten ist **Coppet.** Sein *Schloß* umschließt ein Stück Kulturgeschichte, die Frankreich und die Schweiz verbindet. Es wurde – nachdem ein mittelalterlicher Bau an dieser Stelle zerstört worden war – um 1770 in Hufeisenform erbaut und schon bald 1784 durch Jacques Necker erworben, der als Genfer Bankier Finanzminister Ludwigs XVI. war. Bekannter noch als er ist seine Tochter geworden, namens Germaine, die als Madame de Staël eine der ersten modernen Frauen war und mit ihrem Buch ›Über Deutschland‹ das französische Bild von den Deutschen über Jahrzehnte gültig, wenn auch nicht unbedingt zutreffend, bestimmte. Als jedenfalls Napoleon die mutig-kritische Schriftstellerin aus Frankreich verbannte, zog sie sich nach Coppet zurück und machte das Schloß zu einem Treffpunkt für Literaten und Politiker aus (beinahe) ganz Europa. Heute befindet sich in dem Schloß, dessen Bibliothek besonders reizvoll ist, ein *Museum* für Schweizer in fremden Diensten, das von März bis Oktober außer Montag täglich von 10–12 und 14–18 Uhr zugänglich ist. Mehr als die speziell schweizerische Thematik wird man freilich die Atmosphäre der Staël'schen Salons nachzuempfinden suchen ...

Nyon, nicht weit von Coppet entfernt, hat seine größte Rolle am See sicher zu römischer Zeit gespielt. ›Noviodunum‹ hieß es damals. Leider baute man im Mittel-

Schloß Coppet, Wohnsitz von Jacques Necker und seiner Tochter, Mme de Staël

alter einfach auf den 40 000 qm der römischen Stadt, so daß Ausgrabungen ziemlich unmöglich sind. Dabei war Noviodunum, schon etwa 50 v. Chr. besiedelt, Roms älteste Kolonie auf Schweizer Boden!

Heute ist das *Schloß* Nyons bedeutendster Bau, das mit seinen zwei runden Türmen und einem achteckigen Treppenturm sowie einem vierten Turm der Stadt Kontur gibt. In ihm befindet sich ein *Historisches Museum,* das sowohl Funde aus der Römerzeit wie Erzeugnisse der früher bestehenden Porzellanmanufaktur (1781–1813) zeigt. Geöffnet außer Montag von 9–11 und 14–17 Uhr, am Sonntag nur nachmittags. Außer Schloß und Kirche (romanisch mit gotischem Schiff) und dem bezaubernden Blick über den See erfreuen die Bürgerhäuser der Altstadt.

Das nach 12 km folgende **Rolle** besitzt ein *Schloß* mit vier Ecktürmen, das ursprünglich von Wassergräben umrundet war und im 13. Jahrhundert als Hafenfestung entstand. (Abb. 58). Als Stadt und mit seinem Schloß weit ansprechender ist 10 km danach **Morges,** das in seinen zwei parallel mit dem Seeufer verlaufenden Straßen interessante Häuser des 18. Jahrhunderts aufweist. Auch die um 1775 entstandene Kirche hat dadurch Bedeutung, daß sie zu den wenigen protestantischen Gotteshäusern von Rang aus dem 18. Jahrhundert in der Schweiz gehört. Nur Berns Heiliggeistkirche ist wichtiger! Auch Morges erhielt durch die Grafen von Savoyen ein befestigtes *Schloß* am Hafen, um 1285 errichtet (Abb. 56). Der heutige Bau wurde nach der Zerstörung des Vorgängers durch die Eidgenossen 1547 für die Berner Landvögte erstellt. In ihm eine Waffensammlung aus sechs Jahrhunderten für das Waadtland: im Sommer am Samstag und Sonntag von 13.30–18 Uhr geöffnet.

Von Morges aus gehört ein Ausflug landeinwärts zum gut 6 km entfernten **Vufflens** zu den Pflichtbesuchen, denn schon der Beiname des Ortes ›le-Château‹ läßt ahnen, daß es hier um mehr als eines der üblichen Schlösser geht, an denen die Schweiz ja so erstaunlich reich ist. In der Tat! Das Schloß oder – wie man wohl besser sagt – die *Burg* von Vufflens ist nicht nur ein stattlicher, malerischer (und natürlich auch fotogener) Bau mit vielen Türmen und einem mächtigen, 60 m aufragenden Donjon, wie man hier sagen muß, also einem Bergfried, sondern auch – und das macht die Sache so ungewöhnlich – ein reiner Backsteinbau, der 1400 errichtet wurde und im 16. Jahrhundert nach einem Brand einige Abänderungen erfuhr (Abb. 57). Aber ein vergleichbares Gegenstück der aus Norditalien gekommenen Backsteinbauweise gibt es in der Schweiz nicht wieder. Übrigens wurde der Bergfried innen nie fertiggestellt, was dem Anblick aber keinen Abbruch tut. Für mich ist Vufflens im Kranz der Waadtländer Weinberge so etwas wie eine Erinnerung an die Burgen, die man als Kind aus Modellierbogen klebte. Vielleicht geht es Ihnen ähnlich.

Zurück an den See und durch **Lutry** (mit *Schloß* und *Kirche* eines früheren Benediktinerklosters, deren Westportal von 1578 und Gewölbemalereien des Langhauses recht reizvoll sind) zunächst nach **Vevey,** das Anno 1808 eine klassizistische *Markthalle ›La Grenette‹* erhielt, die wie der Vorraum einer Universität aussieht. Der Bau ist so skurril-pompös, daß der in Vevey seinen Lebensabend verbringende Chaplin seine Freude daran gehabt haben müßte (sofern er Sinn für architektonische ›gags‹ hatte ...)!

Sie haben es schon gemerkt: Burgen gibt es viele am Genfer See. Auch wenn man von Vufflens noch beeindruckt ist, wird man seine Freude an dem oberhalb von Vevey liegenden Schloß **Blonay** haben, dessen Turm von 1175 vielfach malerisch umbaut wurde. Auch wenn das Schloß sich veränderte: es blieb immer im gleichen Familienbesitz ... Tradition ist alles.

Aber alle Burgen und Schlösser sind eigentlich nur ein Vorspiel gewesen auf das Schloß, das bei **Montreux** (dessen *Grand Hotel* das Paradebeispiel für einen Hotelpalast der Gründerjahre bzw. Belle Epoque darstellt und pittoresk antiquiert ist, wobei innen natürlich ein modernes Komfortangebot besteht) auf uns wartet: **Chillon** (s. Umschlagvorderseite). So wie es heute steht, zeigte es sich bereits im 13. Jahrhundert. Kein anderes Schweizer Schloß ist ähnlich unverändert erhalten geblieben. Allerdings war auch Chillons Beginn bescheiden: ein trutziger Viereckturm. Als die Grafen von Savoyen ihn 1150 erhielten, bauten sie ein gutes Jahrhundert daran, wobei maßgebender Architekt Pierre Mainier war, der auch die Burgen von Romont und Yverdon schuf. In der bewegten Geschichte der Burg ist das Jahr 1536 wichtig, als die Berner sie eroberten und dabei den Dichter, Historiker und Klosterprior François Bonivard nach sechsjähriger Kerkerhaft befreien konnten. Lord Byron hat den ›Prisoner of Chillon‹ bedichtet. Wie denn überhaupt das Schloß für viele der größten Geister des 19. Jahrhunderts ein Anziehungspunkt war: Namen wie Byron und Shelley (1816), Alexandre Dumas (1832), Victor Hugo (1839), Gustave Flaubert (1845), Charles Dickens (1846) und viele andere sind hier zu nennen.

Tatsächlich stand das Schloß an einer Stelle, die für den Weg am Genfer See einen Engpaß bildete, so daß die strategische Bedeutung ersichtlich ist. Immerhin führte der Weg zu Simplon und Großem St. Bernhard hier vorüber. »Die Offensiv- und Defensivkraft von Chillon beruht zu einem wesentlichen Teil darauf, daß in unmittelbarer Nähe – Arsenal und Reparaturdocks befinden sich in **Villeneuve** (südlich, an der Ostspitze des Léman!) – das savoyische Kriegsgeschwader in Bereitschaft liegt. Es gewährleistet die Versorgung der Festung mit Lebensmitteln auch dann, wenn diese auf der Landseite blockiert ist.« So die Situation im 13. und 14. Jahrhundert.

Die Anlage besteht eigentlich aus zwei Teilen: der in der Mitte gelegene ursprüngliche romanische *Bergfried* ist vorn durch die *Burg*, rückwärts durch die *Fürstenburg* umgeben. Ein Wassergraben sichert das Schloß zum Land hin. Tatsächlich ist die Gesamtanlage oval, auf einer kleinen Insel im See erbaut. Die Innenräume ermöglichen heute eine gute Vorstellung von Leben und Kultur sowohl der adligen Herrschaft wie der Soldateska oder gar der hier Gefangenen. Räume für alle Zwecke, von der Küche über die Kapelle bis zur Gefängniszelle, sind vorhanden. Die Kapelle und die Camera Domini sowie andere Räume sind im 13. und 14. Jahrhundert ausgemalt worden. Man muß die Schilderung von Gefangenen lesen, um zu erkennen, daß der heute so eindrucksvoll zu besichtigende Bau für die hier Festgehaltenen weniger erfreulich war ...

Titelblatt von Lord Byrons ›The Prisoner of Chillon‹, 1845

Die Schlösser bleiben uns auf der Fahrt in Richtung Wallis treu. Als nächstes erwartet uns **Aigle,** von wo die Straßen nach Gstaad, ins Simmental und Château d'Oex ins Gebirge abzweigen. Auch hier also eine strategisch wichtige Situation der *Burg*, die schon 1076 von Kaiser Heinrich IV. den Grafen von Savoyen geschenkt wurde und seitdem mehrfach Besitz und Gestalt änderte. »Eine der größten und besterhaltenen mittelalterlichen Burgen im Kanton Waadt« (Reinhardt Hootz). Frühester Teil des Baues ist der in der Mitte gelegene viereckige Bergfried. Wie das Traumschloß Vufflens ist auch das Schloß von Aigle von Reben umschlossen.

Einen Katzensprung weiter mit Saint-Maurice beginnt ein anderer Kanton, das Wallis. Zwar auch er im Banne beider Sprachen: deutsch und französisch. Aber über ihn wird ein eigenes Kapitel berichten.

Durchs Wallis fließt die Rhône

»... ein Land, das nicht allzu reich, nicht allzu bekannt, nicht allzu ausgedehnt ist, aber einmalig in seiner Lage, in seiner Regierungsform und im Wesen seiner Bewohner.«

Jean-Jacques Rousseau, 1761, in der ›Nouvelle Héloise‹ über das Wallis

Eigentlich ist es nur die Rhône, die die Brücke vom Wallis zu den Gebieten längs der französischen Grenze schlägt. Denn ans Wallis grenzt nach dem Süden zu nicht etwa Frankreich, sondern – wie beim Tessin – Italien. Die Rhône freilich, die die deutsch sprechenden Walliser auch Rotten nennen, ist in ihren ersten 265 km vom Rhônegletscher bis hinter Genf noch ein Schweizer Fluß, bis sie Südfrankreich und vor allem der Provence ihren Stempel aufdrückt.

Bleiben wir beim Wallis. Es ist ein ungewöhnlicher Kanton mit ungewöhnlichen Menschen. Der Größe nach (5320 qkm) drittgrößter Schweizer Kanton (hinter Graubünden und Bern). Der Einwohnerzahl nach erst an elfter Stelle. Viel dünn besiedeltes Hochgebirge also, dem nicht genug besonntes Rhônetal gegenübersteht. Zwei Sprachen sind hier zu Hause, und überraschenderweise läßt sich die Sprachgrenze fast millimetergenau festlegen: sie liegt bei dem kleinen Fluß Raspille und dem Pfinwald, östlich von Sierre, das deutschsprachig auch Siders genannt wird. Daß es so ist, liegt daran, daß die ›Walser‹ wie die deutschen Schweizer Alemannen sind, jedoch im 9. Jahrhundert vom oberen Aaretal aus über die Grimsel ins Goms, das heißt ins obere Rhônetal (von Gletsch bis Brig), gelangten. Bereits ums Jahr 888 drangen die Walser in den Raum von Brig vor und drängten dabei die romanischen Elemente rasch oder allmählich zurück. Allerdings konnte die Reformation sich nirgends im Wallis – das Wort weist auf Tal hin! – durchsetzen. So stehen Kirchen und Kapellen im Zeichen einer betonten, katholischen Frömmigkeit, die auch künstlerisch vielfältigen Ausdruck gefunden hat. Typischerweise befindet sich das älteste Dokument des Christentums der ganzen Schweiz im Walliser Sion/Sitten: eine Marmortafel des Jahres 377, also lange vor dem Auftauchen der Walser Alemannen. Kein Zweifel kann darüber bestehen, daß nirgends in der Schweiz stärker als im Wallis ein ›Kulturkampf‹ zwischen deutscher und französischer Sprache seit langem in Gang ist und andauert.

Es hat so viele Deutungen und Mißdeutungen des Wallis gegeben (und gibt sie noch), daß die Walliser selbst auf ihre eigene Art innerhalb der Schweiz hingewiesen haben. »Viele sind es unter den Eidgenossen, die tragen eine stille Liebe zum Wallis im Herzen, und sie ärgern sich. Sie ertragen es nicht, daß wir Walliser anders beschaffen sind als sie.« (Albert Carlen, Brig). Und Rainer Maria Rilke, von 1922 bis zu seinem Ende

54 FRIBOURG Münster St. Nicolas, Beginn erste Hälfte 14. Jh., und Simsonbrunnen

55 FRIBOURG mit Münster, Altstadt und einer der stadttypischen Hochbrücken

56 MORGES Der protestantische Temple, 1770–1776

57 VUFFLENS Großartige Burganlage in Backsteinbauweise von 1400 (1530 erneuert)

58 ROLLE Schloß mit vier Ecktürmen

59 LAUSANNE Bischofs-Schloß St-Maire, um 1400

61 LAUSANNE Inneres der Kathedrale, 1173–1235

◁ 60 LAUSANNE Skulptur der Apostelpforte (Portail peint) der Kathedrale, um 1230

LA RESSERRE
RUELLE DU
LAPIN VERT

63 LAUSANNE Moses von der Apostelpforte

◁ 62 LAUSANNE Altstadt mit Kathedrale

65 GENF Kapitell in der Kathedrale

64 GENF Die Makkabäer-Kapelle der Kathedrale, 1406–1411

67, 68 GENF Rathaushof und Temple de la Fusterie

70 ST-MAURICE Mauritius-Schrein (12./13. Jh.), Giebelseite mit Christus in der Glorie ▷

69 GENF Palais in der Grand' Rue

◁ 66 GENF Kathedrale St-Pierre des 13. Jh.

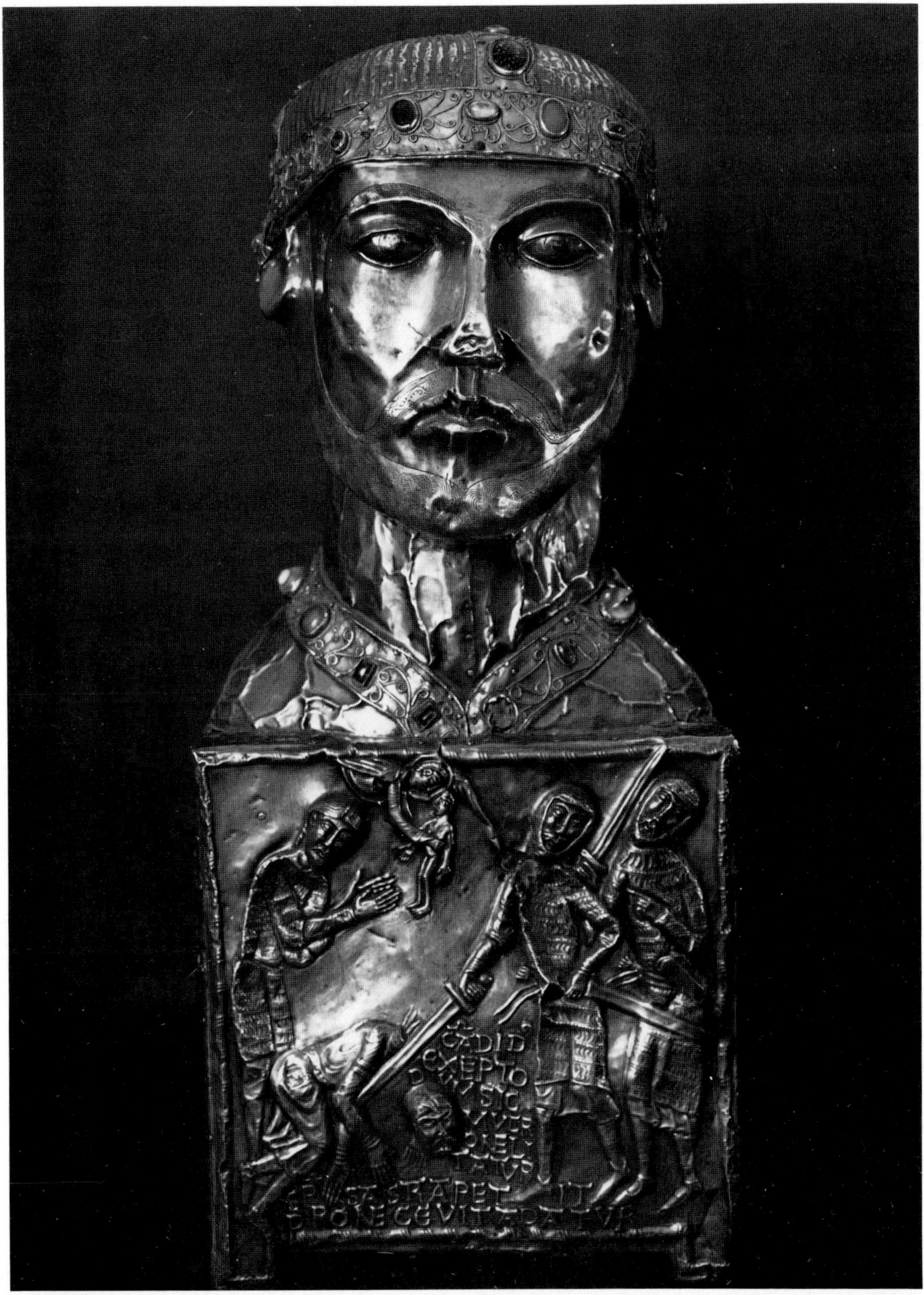

72 SION/SITTEN Romanisches Kapitell in der Burgkirche Valeria/Notre-Dame-de-Valère

◁ 71 ST-MAURICE Candidus-Reliquiar (um 1100), Kopfreliquiar eines Märtyrers der Thebäischen Legion

73 SION/SITTEN Christus am Kreuz (12. Jh.) in der Valeria-Kirche ▷

74 Leuk Château des Vidomnes, heute Rathaus, Umbau um 1542

75 Brig Der Stockalperpalast von 1658–78

76 Brig Innenhof des Stockalperpalastes

77 Saillon Festungsbau (von 1242, zerstört 1475) im unteren Rhônetal ▷

78 Münster (Goms) Detail des geschnitzten Altars (1509) von Jörg Keller

78 Münster (Goms) Detail des geschnitzten Altars (1509) von Jörg Keller

1926 in der Nähe von Sierre ansässiger »Wahl-Walliser«, sprach vom Wallis als »diesem fast nicht mehr schweizerischen Kanton, mit der Provence oder Spanien zu vergleichen«.

Eine besondere Eigenart des Wallis stellt auch das dar, was der Schweizer Kunsthistoriker Albert Carlen 1945 als die »Sakrallandschaft« bezeichnet hat. In der vom Barock bestimmten Sakrallandschaft des Wallis werden die Höhepunkte der Natur durch Kirchen oder – typisch fürs Wallis – Kapellen noch ausdrücklich hervorgehoben. »Hervorragende, die Landschaft sichtbar beherrschende Punkte wurden als Bauplätze gewählt, aber auch unzugängliche Felswände und versteckte Schluchten, in denen Eremiten ihre Klausen errichteten und damit bis in die neuere Zeit für Wallfahrten wie für romantischen Landschaftsgenuß Anziehungspunkte schufen.« (Richard Weiss). Typisch dafür vielleicht Reckingen, das außer einer ohnehin übergroßen Kirche auch noch eine Antoniuskirche außerhalb des Dorfes erbaute, um nur ja da ein Gott wohlgefälliges Werk zu erstellen, auch wenn die Orgel der Kapelle kaum je gespielt, die Kanzel (zu der keine Treppe hinaufführt) nie für eine Predigt bestiegen wird. »So wird«, faßt es Weiss zusammen, »der ganze Alltag und die ganze Dorfflur vom Talgrund bis zu den Alpen, ja bis zu den Berggipfeln von religiösen Denkmälern geprägt, von unzähligen Kapellen, Bildstöcken, Wegkreuzen und frommen Erinnerungszeichen.«

Übersichtskarte: Das Wallis

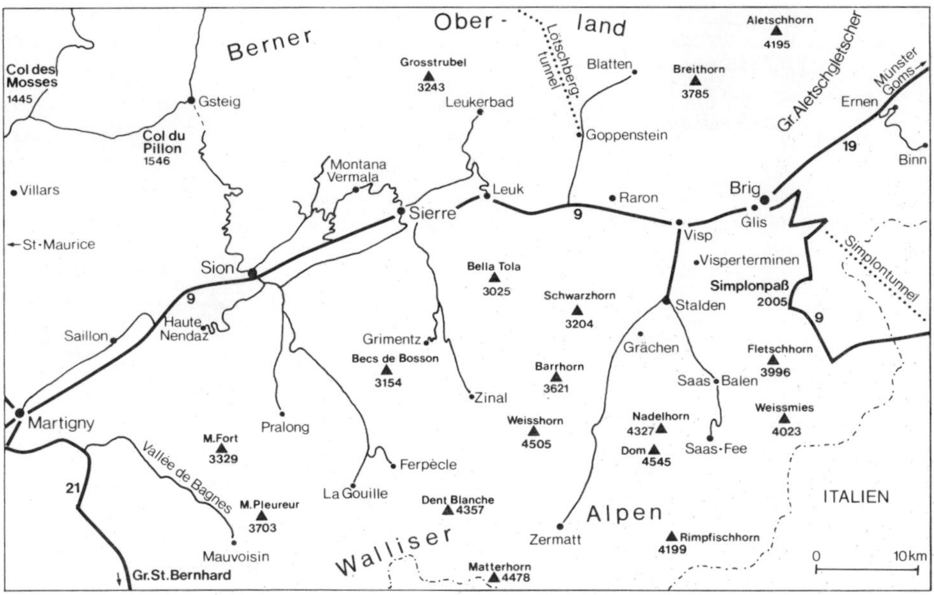

Viele von ihnen nur eben Glaubenssymbole, ohne künstlerischen Wert. So hat aber der religiös betonte Bauwille die ganze Landschaft geprägt und beeinflußt, wie es heute – unter anderem Vorzeichen – vielerorts die Betonhochhäuser tun. Natürlich (zum Glück) nicht im Wallis, wo sich auch auf den weltlichen bäuerlichen Bauten mehr als in anderen Teilen der Schweiz Symbole einer sinnfälligen Frömmigkeit finden lassen. Man wird an Oberbayern erinnert.

Vier Brennpunkten der Kunst im Wallis kann der Besucher begegnen, wobei die bescheidene, aber dennoch ausdrucksstarke Form der Walliser Bauernhäuser und Dörfer – Ernen ist das schönste, bereits von Goethe erwähnte Beispiel! – nicht berücksichtigt ist. Das frühe Mittelalter begegnet uns in St-Maurice, zugleich erste Station unserer Kunstfahrt durchs Wallis, die andere Wege einschlagen muß als eine Reise zu Bergen und Landschaften. Das hohe Mittelalter ist in Sion (Sitten) mit Schloß und Kirche Valeria vertreten. Zeugnisse der späten Gotik finden wir ebenfalls in Sion, aber auch in Leuk, Raron, Glis, Ernen und Münster. Barock schließlich sind zahlreiche Kirchen des Goms und natürlich Brig mit seinem Stockalper-Palast.

St-Maurice zuerst. Auf halbem Weg zwischen Aigle und Martigny. Entweder ums Jahr 285 oder auch erst um 360 soll es hier den tragischen Märtyrertod eines Teils der thebäischen römischen Legion gegeben haben, als diese, die Christen geworden waren, sich weigerten, andere Christen ihres Glaubens wegen zu verfolgen. An der Stelle des ›Martolet‹, des Märtyrergrabs, entstand schon im späten 4. Jahrhundert eine quadratische Kapelle, die im 5. Jahrhundert vergrößert wurde. So befinden wir uns hier am ältesten Kirchenort der Schweiz, wobei Fundamente der ersten und die Apsis der größeren Kapelle erhalten sind, die unmittelbar an einer hohen Felswand an der Stätte eines früheren römischen Nymphaeums lagen.

Heute finden wir eine *Abteikirche*, die auf einen frühromanischen Bau aus der ersten Hälfte des 11. Jahrhunderts zurückgeht und von 1614–1627 im Stil der Spätrenais-

St-Maurice, Grundrisse der der heutigen Abteikirche vorangegangenen Anlagen
A Nymphaeum und Kapelle des 4. Jh. B Bau des 5. Jh. C Kirche des 6. Jh., entstanden unter Abt Ambrosius D Karolingischer Neubau des 8. Jh.

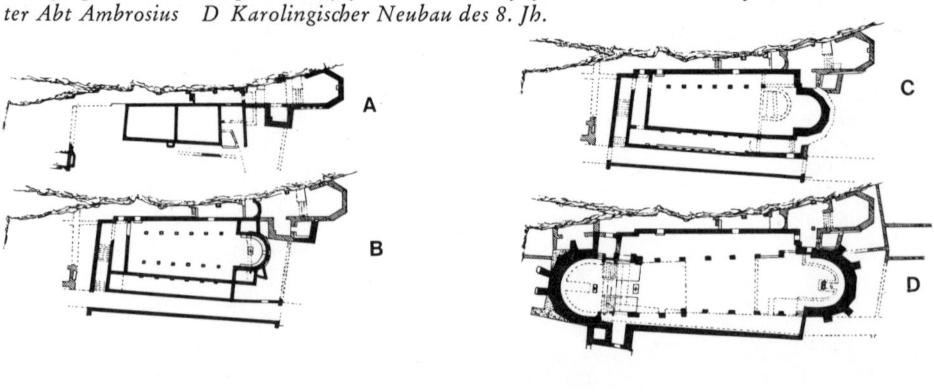

sance umgestaltet wurde, eine Erweiterung erfolgte vor wenigen Jahrzehnten. Großartig ist der *Kirchenschatz,* der hier aufbewahrt ist und an dem sich die Geschichte der bereits 515 begründeten Abtei ablesen läßt. Besichtigung im Juli und August mit Führung sechsmal zwischen 9.30 und 17.30 Uhr. Bedeutendste Kunstwerke darunter sind der Schrein des Theuderigus aus dem 6. Jahrhundert, das Candidus-Reliquiar von 1100 (Abb. 71), der etwa gleichzeitig entstandene Schrein des Heiligen Sigismund und der Mauritius-Schrein des 12./13. Jahrhunderts (Farbt. 21; Abb. 70).

Hinter diesen Schätzen müssen die anderen Sehenswürdigkeiten von St-Maurice verblassen: das nördlich der Stadt zum Schutz der Rhônebrücke im späten 15. Jahrhundert erbaute *Schloß,* das um 1730 entstandene *Rathaus* und die *Grand'Rue,* die das traditionelle Stadtbild einigermaßen bewahrt.

Durch Martigny (Reste römischer Siedlungen mit *Amphitheater),* wo die Straßen nach Chamonix und zum Großen St. Bernhard abzweigen, erreichen wir – oberhalb von Saxon – das Städtchen **Saillon,** in dem der Charakter einer mittelalterlichen Burgstadt fast völlig erhalten ist (Abb. 77). Außer dem *Runden Turm von Bayart* von 1261, ein Werk Mainiers, die Ruinen des 1475 von den Oberwallisern zerstörten Schlosses und die so gut wie unversehrten Befestigungsmauern.

In **Sion/Sitten** befinden wir uns im Hauptort des Kantons Wallis, der von zwei *Burghügeln* beherrscht wird, wie es ein Merian-Stich von 1654 außerordentlich plastisch erkennen läßt. Auf sie zu steigen, gehört zu den Notwendigkeiten eines Besuchs der Stadt. Am höchsten Tourbillon mit der eindrucksvollsten Walliser Burganlage, die Ende des 13. Jahrhunderts ausgebaut wurde, bis sie 1477 zur Sommerresidenz der von Martigny hierher übergesiedelten Bischöfe wurde. Leider wurde sie durch einen Brand der Stadt 1788 zur Ruine. Auf dem anderen Hügel die *Burgkirche Valeria,* Notre-Dame-de-Valère, bei der man sich an ähnliche Überhöhungen von Kirche und Fels wie Mont-St-Michel in Frankreich oder Limburg an der Lahn erinnert fühlen könnte (Farbt. 23).

Der Kirchenbau begann kurz nach 1100, dauerte aber insgesamt bis 1267, so daß sich romanische Grundmauern mit einem gotischen Langhaus verbinden. Allerdings sind in ihm die Kapitelle in bizarr figürlicher und ornamentaler Formung ganz romanisch (Abb. 72). Sehenswert ist auch die Wandmalerei, insbesondere in der Apsis. Wer sich für Orgeln interessiert, findet hier die älteste noch spielbare Orgel der ganzen Schweiz aus dem 14. Jahrhundert, die in der ganzen Welt wenig Gegenstücke aufweist.

Nicht weniger beachtlich als die Bauten der Burghügel ist die Unterstadt selbst. Die hier befindliche *Kathedrale,* ebenfalls Notre-Dame benannt, bildet den letzten mittelalterlichen Kathedralbau der Schweiz. Zum romanischen Turm von Beginn des 12. Jahr-

Sion/Sitten, Blick auf die Burghügel ▷

Sion/Sitten, das Rathaus

hunderts kamen ab 1450 Schiff und Chor, allerdings wurde der Bau 1947 erheblich verändert. Den Mittelpunkt der Stadt aber bildet unzweifelhaft das um 1660 errichtete *Rathaus,* dessen Eingang und Uhrturm bewußt asymmetrisch angeordnet sind. Das macht die an sich nüchtern-ruhige Fassade lebendiger. Barocke Schnitz- und Schmiedekunst kam hier zur Geltung. Gleich gegenüber liegt die 1786 erbaute *Maison de Nuce.* Ebenso sind die Häuser *Supersaxo* (Rue de Conthey 7) und *Riedmatten* (Rue du Collège Ecke Rue du Château) besonders anschauenswert. Supersaxo entstand Anfang des 16. Jahrhunderts und enthält im Festsaal des 2. Stocks die schönste spätgotische Schnitzdecke der Schweiz. Am Rathaus führt die Rue du Château zum dritten Burgenbau der Stadt, der jedoch nur leicht erhöht liegt: die *Majorie,* Sitz der bischöflichen Meier und in der heutigen Form ungefähr dem Stand von Mitte des 16. Jahrhunderts entsprechend. In der Majorie befindet sich ein *Kunstmuseum* mit Werken Walliser Künstler und über Walliser Themen, während das *Kantonalmuseum* im Wachthaus des Tourbillon Vorgeschichte und Folklore vereinigt: im Sommer von 8–19 Uhr, Winter 9–17 Uhr – außer Sonntag – geöffnet.

Rhôneaufwärts erreichen wir **Leuk,** die Stadt, dem Touristen bekannter durch das in den Bergen gelegene Leukerbad. Der Kunstfreund kann sich die landschaftlich freilich großartige Fahrt auf 1400 m Höhe sparen, denn für ihn bietet Leuk alles, was er sucht: eine kleine Stadt nur, aber mit einigen mittelalterlichen Bauten, von denen einer sogar einen Höhepunkt des Barock darstellt: unterhalb Leuks im Rebgelände die *Wallfahrtskapelle Unser Lieben Frau vom Ringacker,* ein Werk, das 1694 entstand und insbesondere im Inneren von köstlicher stuckgeprägter Vielfalt mit Figuren in überraschendem Realismus. Dieses oft vernachlässigte Stück von Leuks Sehenswürdigkeiten dürfen Sie sich nicht entgehen lassen. Freuen Sie sich aber auch am *Rathaus,* früher ein Schloß (Château des Vidomnes) in turmähnlicher Gestalt mit lustigen runden Ecktürmchen am Dach (Abb. 74). Der Umbau erfolgte um 1543. Ebenso das auf romanische Wurzeln zurückgehende, nahe dem Rathaus gelegene *Château des Majors,* das im 15. Jahrhundert nach Zerstörung neu erstand. Der Turm wurde im 16. Jahrhundert gebaut. Übersehen Sie schließlich auch die *Pfarrkirche* nicht mit ihrem dominierenden romanischen Turm, der sich in sechs Geschossen nach oben steigert und im 12. Jahrhundert entstand. Die Kirche folgte später, in ihr finden Sie eine kunstvoll geschnitzte Kanzel des Jahres 1679.

Nun ist es nicht mehr weit nach **Raron,** das wir vielleicht nur aufsuchen, weil sich an der Kirche das *Grab Rainer Maria Rilkes* befindet, auch wenn zugleich der großartige Wohnturm der Viztume aus dem 12. Jahrhundert mit spätgotischer Abänderung in erstaunlich guter Erhaltung einen Halt rechtfertigen würde. Rilke wäre auch ein Anlaß, um bereits vor Leuk in **Sierre** Umschau zu halten. Denn bei der Stadt liegt der von Rilke bewohnte Turm *Muzot,* den er 1922 entdeckt hatte und durch seinen Mäzen Werner Reinhart erwerben ließ. Er hatte das Gefühl, hier ein »zweites Spanien« gefunden zu haben. Paul Valéry hat freilich seine Bestürzung über diese Bleibe, auch wenn er Rilke gegenüber positiver urteilte, ziemlich deutlich ausgedrückt: »Ein sehr kleines Schloß, das erschreckend allein inmitten einer weiten Landschaft ziemlich trauriger Berge liegt; antike, gedankenvolle Zimmer mit dunklen Möbeln, engen Fenstern, es schnürte mir das Herz zusammen ...« Klar, daß dem engagierten Pariser die Walliser Einsamkeit fremd sein mußte. Wer nach dem Sinn des Namens Muzot fragt, sollte wissen, daß es sich um eine diminutive Abwandlung des provençalischen ›mas‹ = Hof handelt. Fügen wir dem Rilke-Abschnitt die Worte bei, die auf Rilkes Grabplatte in Raron – er hatte sich diesen Begräbnisplatz gewünscht! – steht: »Rose, oh reiner Widerspruch, Lust, niemandes Schlaf zu sein unter soviel Lidern.«

Das kurz darauf folgende **Visp** ist jedem Besucher von Zermatt bekannt. Hier zweigt nach Süden die Straße Nr. 185 ab, die ins ›Walliser Skidreieck‹ führt und zwar einmal nach Zermatt mit dem Matterhorn, weiter östlich nach Saas-Fee, das Zuckmayer in seinem letzten Lebensabschnitt zur neuen Heimat wurde, und in der Gabelung selbst das kleine, aufstrebende, auf einem hohen Plateau liegende Grächen. Alles Sommer- und Winterurlaubsorte, die zwischen 1600 und 1800 m hoch in entsprechend alpiner Umgebung und mit wundervollen Ausblicken liegen. **Zermatt,** um das zu erwähnen, immer noch fürs Auto gesperrt und nur mit der Bahn zugänglich, während Saas-Fee die Autos seiner Gäste in einem Parkplatz am Ortsrand festhält.

Visp und die drei Urlaubsorte bergen keine künstlerischen Schätze, obwohl in **Saas Fee** der *Kapellenweg* mit 15 im Jahr 1709 angelegten Kapellen zur Wallfahrts-

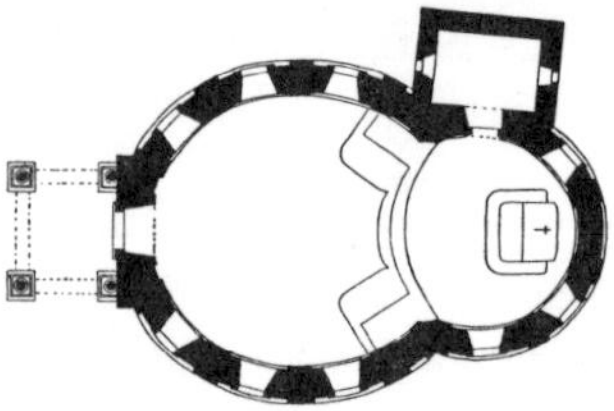

Saas Balen, Grundriß der Kirche

kapelle von 1687 insbesondere durch seine großartige Lage anziehend ist. **Saas Balen,** das wir auf dem Weg nach Saas Fee kurz vor dem Nebenort Saas Grund passieren, ist Standort einer der originellsten Walliser Kirchen, deren überraschende Konstruktion aus zwei zylindrischen Rundbauten und einem viereckigen Turmanbau sich besonders deutlich aus dem Grundriß ergibt. Dabei ist der Schiffs-Zylinder höher angelegt als der des Chors. Entstanden ist der Bau um 1810 herum. Auf einer Nebenstraße von Visp aus erreichen wir **Visperterminen,** das die 11 km lange kurvenreiche Fahrt rechtfertigt. Einmal, weil hier die höchsten Weinberge Europas in 1200 m Höhe Reben tragen. Zum zweiten, weil es sich um ein ziemlich unberührt erhaltenes Walliser Dorf mit dunklen steinplattenbedeckten Holzhäusern handelt. Drittens schließlich, da nahe dem Ort im Wald die *Wallfahrtskapelle Mariae Heimsuchung* aus dem Jahr 1652 liegt, deren bemalte Gehäuseorgel von 1619 Seltenheitswert hat.

Kurz bevor wir mit Brig einen der architektonischen Höhepunkte des Wallis erreichen, müssen wir einen Halt in **Glis** vorsehen. Seine *Pfarrkirche St. Maria* ist die größte

Brig, Ostfassade und Hofansicht des Stockalperpalasts

Kirche des Kantons und fügt auf romanische Turmfundamente von 1519 einen spätgotischen Chor mit Sterngewölbe von 1540 und ein Langhaus von 1642, zur Zeit der Renaissance errichtet, in den Fenstern spätgotisches Maßwerk zeigend. Erstaunlich, wie harmonisch die drei verschiedenen Stile ineinander übergehen. Auch die Ausstattung mit dem geschnitzten Hochaltar von 1478 ist beachtlich.

Der Mann, der sein Teil zum Werden der Kirche von Glis beitrug, Kaspar Jodok Stockalper (1609–1691), wandte seine beträchtlichen Einnahmen aus dem Handelsverkehr über den Simplon zwanzig Jahre lang daran, sich in **Brig** einen großartigen *Palast* (siehe S. 60) zu bauen, der zwischen 1658 und 1678 entstand und in seiner Zeit kein Gegenstück an Größe und Bedeutung in der Schweiz hat (Abb. 75, 76). Italiens Architektur gab für die Gestaltung entscheidende Anstöße. Als Baumeister gelten die Brüder Peter, Balthasar und Christian Bodmer.

Allerdings muß man sich vergegenwärtigen, daß der Bau nicht lediglich repräsentativen Zwecken galt, sondern zugleich auch als Lager und Umschlagplatz für die Handelsgüter diente. Die Gliederung mit Innenhof, Palas und Bergfried greift noch einmal die Ideen des Burgenbaus auf, während die im Innenhof erfolgte Gliederung, die Ausbildung der Fassade und natürlich die markante Repräsentationsfreude durchaus barocke Stilmerkmale sind. »Der Eindruck ist südlich, ohne eigentlich italienisch zu sein, und es meldet sich in der spröderen, herberen und härteren Erscheinungsform der Süden auch hier in jenen für das Wallis merkwürdigen Anklängen an Spanien (siehe Rilke, S. 169), merkwürdig, weil große Gebiete einer anderen Art in Südfrankreich noch dazwischen liegen. Italienischer, wenn auch in stark alpiner Abwandlung, ist in seinen sparsam behauenen Granitsäulen und Balustraden der große Arkadenhof, in welchem einst die Maultiere belastet und entlastet werden konnten.« (Zürcher).

Wer nach dem Stockalper-Palast noch Muße hat, kann auch noch die oberhalb davon gelegene *Jesuitenkirche* ins Auge fassen – eine der bedeutendsten Barockkirchen des Wallis. Auch hier trug Stockalper sein beträchtliches Scherflein bei zu dem 1673 begonnenen Bau, der nach einem Brand 1777 innen klassizistisch verändert wurde – nicht zu seinem Vorteil.

Nicht zum Simplonpaß nach Domodossola und Locarno, der Stockalpers Wohlstand begründete, müssen Sie sich jetzt wenden, sondern auf den Grimselpaß zu. An dieser Strecke liegen drei Höhepunkte und zugleich der Abschluß Ihrer Kunstfahrt durchs Wallis. Auf der Straße 19, immer noch im oberen Rhônetal, sind es runde 15 km, bis kurz vor Fiesch und hinter Lax ein Wegweiser Sie nach **Ernen** schickt. Schon im Spätherbst des Jahres 1779 war Goethe auf dem Weg zur Furka bei seiner zweiten Schweizer Reise hier gewesen und hatte sich an dem Dorf gefreut. Mit seinen prächtigen Holzhäusern ist Ernen das unbestreitbar malerisch schönste Dorf im ganzen Wallis. Besonders beachtlich der geräumige *Dorfplatz* und zahlreiche Häuser, die teilweise bis ins 16. Jahrhundert zurückgehen. So das sogenannte *›Tellenhaus‹* von 1578, dessen Fresken aus der Hand von naiven Malern Szenen der Tellsage wiedergeben. Oder auch das *Sigristenhaus,* dessen Fassade und Stubendecke im Inneren bemalt sind (16. und 18. Jahrhundert), und das 1603 erbaute *Schinerhaus.* Hier erleben Sie die Schweiz wie aus dem Bilderbuch. Demgegenüber besitzt die relativ ungünstig umgebaute *Kirche* trotz romanischem Turm weniger Bedeutung, auch wenn sie im Inneren wertvoll ausgestattet ist.

Dafür entschädigen wird Sie schon bald **Reckingen** an der weiter ansteigenden Straße. Auch hier ein ganz individuelles Walliser Dorf, das mit dem ›*Taffinerhus*‹ von 1617 ein typisches Haus der Renaissance dieses Gebietes besitzt. Aber hier tritt dennoch alles zurück hinter der *Kirche,* die 1743–45 von den Vorarlberger Brüdern Pickel erbaut wurde und den Ruf hat, die schönste Barockkirche des Wallis überhaupt zu sein. Das Innere ist mit Stuck und Malereien angereichert. Werfen Sie vor der Weiterfahrt im Oberdorf noch einen Blick auf die Rue des Granges, eine in alter Tradition den Scheunen vorbehaltene Zweckgasse.

In dem ganz nahen **Münster** (nicht zu verwechseln mit Müstair/Münster in Graubünden; s. S. 222f.) sind Sie nun bereits 1390 m hoch. Längs des Münstigerbachs folgt ein sonnengeschwärztes Haus aus dem 15. oder 16. Jahrhundert dem anderen – ein bemerkenswerter Eindruck. Manches in diesem geschlossenen Dorf, dem Hauptort des ›Goms‹, wird Sie noch einmal an Ernen erinnern. Bemerkenswert der mächtige Heustadel ›*Z'Jülisch Stadel*‹. Aber Münsters wichtigstes Kunstwerk ist doch seine *Kirche,* deren Chor zwar noch aus dem späten Mittelalter stammt, die aber insgesamt barock ist. In ihr befindet sich als größte Sehenswürdigkeit ein geschnitzter Altar der Spätgotik, 1509 von dem Luzerner Jörg Keller geschaffen (Abb. 78). Achten Sie auf die Malerei: es sind Wiederholungen von Dürers ›Marienleben‹, die sich also bis hierher fortgepflanzt hatten ...

Eine neue Welt tut sich Ihnen auf, wenn Sie bis zur Paßhöhe weiterfahren und über den Grimselpaß ins Berner Oberland oder über die Furka nach Graubünden gelangen. Sie können allerdings auch – ähnlich der Strecke von Brig über den Simplon – oberhalb von Andermatt bei Hospental über den Gotthard ins Tessin absteigen. War fürs Wallis das angrenzende Italien nur eine Ahnung, so ist es fürs Tessin der verwandte Nachbar ...

Nachbarschaft des Südens – das Tessin

»Die italienische Schweiz ist zwangsläufig italienischer als die französische Schweiz französisch und die deutsche Schweiz deutsch ist. Denn die Wenigen können sich nur retten und erhalten, wenn sie viel wollen und viel gelten.«

Francesco Chiesa, bedeutendster Autor des Tessin

›Sonnenstube‹ der Schweiz ist eine der schönfärbenden und preisenden Bezeichnungen, die das Tessin erhalten hat. Seit vielen Jahrzehnten schon – und nicht erst in den letzten zwei, drei Jahrzehnten – ein Anziehungspunkt für deutsche Künstler, für den deutschen Drang nach dem Süden, der freilich nicht ganz bis nach Italien führt, sondern genau dort halt macht, wo italienische Leichtigkeit und Schweizer Solidität ein auch für den Mitteleuropäer sympathisches Miteinander gefunden haben. »Indem die Eidgenossenschaft mindestens an einer Stelle in größerem Stil als in den bündnerischen Südtälern über die Alpen hinausgegriffen hat, ist sie nicht allein um einen Kanton und eine Sprache reicher geworden, sondern auch um eine Lebensform und Kultur, die so vieles im Übermaß besitzt, was ihren Kerngebieten abgeht.« (Allemann).

Wo Thermometer und Vegetation so offenkundig wohlmeinend sind, fühlt sich auch die Kunst zu Hause. Aber das Tessin ist nun einmal eine der Natur so ungemein gelungene Mischung von Alpenwelt und Seenherrlichkeit, von urig steinerner Kraft und lieblich anmutiger Zartheit, daß die noch so stolz in den Himmel strebenden Campanili oder die da und dort in die Landschaft oder ins Ortsbild locker hineingestreuten Palazzi und Castelli, wie wir hier sagen müssen, auch wieder nur als eine recht nebensächliche Zutat empfunden werden. Manchmal muß auch erst der Blick für die steinerne Strenge der tessiner Architektur geschärft werden, bis man plötzlich erkennt, daß die Landschaft ohne ihre künstlerischen Bauten, ohne die beinahe selbstverständliche geschlossene Harmonie der Ortsbilder trotz viel Sonne und blauem Himmel nur halb so liebenswert wäre.

Noch immer führt der meist benützte Weg ins Tessin über den Gotthardpaß, dem Ticinofluß folgend, der im obersten Bedrettotal entspringt und in den Lago Maggiore mündet. Immer wieder befällt den Reisenden ein eigenes Gefühl, wenn er aus der Welt der Berge und viele Monate des Jahres auch von Schnee und Eis in rascher Folge die verschiedenen Stufen südlichen Klimas und südlicher Vegetation durchläuft, die das Tessin begleiten. Gebieten **Airolo** (Farbt. 24) oder **Quinto** mit seinem siebengeschossigen *Campanile* des 12. Jahrhunderts und den romanischen Tierplastiken den ersten Halt? Es wäre vielleicht zu früh. Denn auf halbem Wege zwischen Faido und Biasca

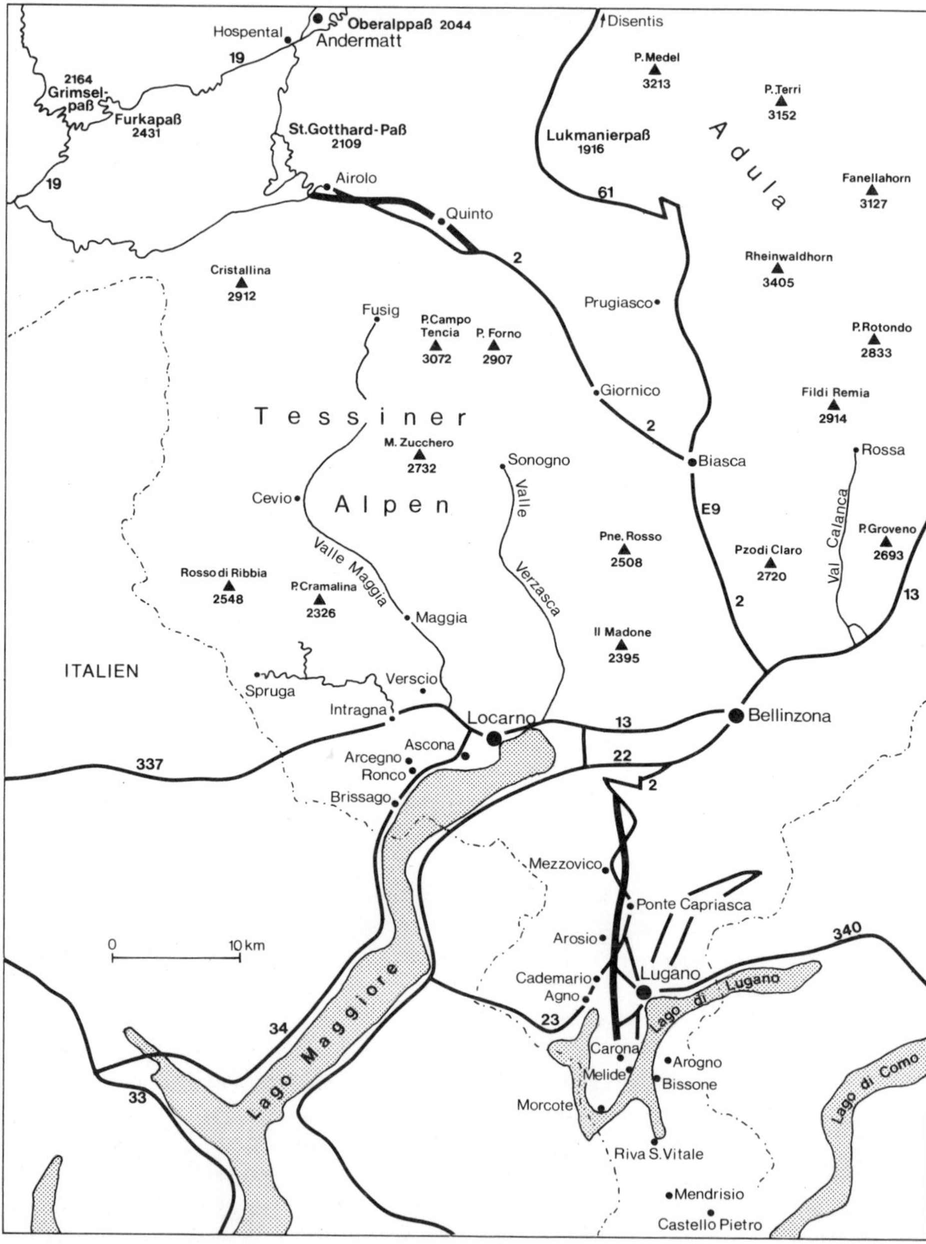

Übersichtskarte: Das Tessin

erwartet uns unter den vielen Kirchen, die das Tessin uns bescheren wird, die bedeutendste aus romanischer Zeit, *San Nicolao* bei dem Ort **Giornico** in der Levantina (Abb. 80, 81). Keine andere Kirche der Schweiz hat so rein den lombardisch-romanischen Stil bewahrt. Man nimmt an, daß der Bau 1168 geweiht wurde. Großartig die Fassade, die beinahe monumentale Ruhe ausstrahlt. Die Säulen des Portals wachsen aus Löwen. Bemerkenswert im Inneren die Krypta, die sich zum Schiff hin, das nur wenig höher ist, öffnet. Bezaubernd auch die figürlichen Motive der Kapitelle der Krypta: Tiere, aus dem Leben gegriffen. Tiere auch an dem Taufstein, der eine erkleckliche Zeit dem Dorf als Brunnen diente und dann wieder seiner ursprünglichen Bedeutung zugeführt werden konnte. Auch einige romanische und spätgotische Wandmalereien erregen Interesse.

Blick auf Giornico

Auch in **Biasca** stoßen wir auf eine romanische Kirche, die aufs 9. Jahrhundert zurückgeht, obwohl der heutige Bau der *Stiftskirche Santi Pietro e Paolo* oberhalb des Dorfes als romanische Pfeilerbasilika im 11./12. Jahrhundert entstand und – leider – durch Umbauten im 16. und 17. Jahrhundert recht verändert wurde. Zu den schönsten Bauteilen gehört der romanische Glockenturm, der das Tal überragt und den Bergen zuzustreben scheint. Allerdings macht sich der Kirchenneubau im Ort unterhalb in seinen übertriebenen Maßen störend auf das Gesamtbild in der Landschaft bemerkbar. Im Inneren der Kirche begegnen wir Resten von Tierskulpturen und interessanten Malereien.

In Biasca zweigt die Straße zum Lukmanierpaß ab, das erste der typischen Tessiner Seitentäler mit der Straße Nr. 61. Etwa 15 km Fahrt bringen Sie nach **Prugiasco** (Abzweigung bei Acquarossa), dessen in den Ruhestand versetzte einstige *Pfarrkirche* einsam 200 m oberhalb des Ortes liegt. Ihr Alter ist nicht genau feststellbar, erstmals wurde sie zwar 1224 erwähnt, geht aber erheblich weiter zurück. Nördlich der Kirche ein freistehender Campanile. Sie tun gut daran, sich in der Trattoria del Passo di Nara im unteren Dorf den Kirchenschlüssel anvertrauen zu lassen und dadurch die großartigen Kirchenausmalungen bewundern zu können, die im 15./16. Jahrhundert erfolgten. Eine Besonderheit stellt jedoch das Fresko-Fragment an der inneren Westwand aus der zweiten Hälfte des 11. Jahrhunderts dar, das deutlich lombardischen Stil zeigt.

Mit **Bellinzona** erreichen Sie auf der E 9 die Hauptstadt des Kantons Tessin. Ihre Bedeutung ist noch gewachsen, seit der Straßentunnel durch den St. Gotthard (16,8 km lang) den Verkehr vom Schnee unabhängig gemacht hat. Angesichts dieser technischen Neuerung der 80er Jahre verblassen die großen Pionierleistungen des 19. Jahrhunderts, obwohl sie damals den Weg ins Tessin eigentlich öffneten: die 1827–1830 entstandene Gotthardstraße und die 1882 beendete Bahnstrecke über den Gotthard.

Mit weniger als 20 000 Einwohnern ist Bellinzona keine große Stadt, aber eine wichtige, denn von hier geht der Weg zu den drei Alpenpässen Gotthard, Bernardino und Lukmanier aus. Zugleich war Bellinzona der Ort, von dem aus von 1503 bis 1798 die Vögte der drei Urkantone – die es anderen gegenüber mit der Freiheit à la Tell nicht so ganz genau nahmen – über das Tessiner Land herrschten, bis 1803 mit Napoleons Hilfe ein selbständiger Kanton Tessin entstand.

Auch heute wird das Stadtbild Bellinzonas von den drei Burgen bestimmt, von denen aus die helvetischen Vögte regierten (Abb. 82). Inmitten der Stadt liegt das einst von Uri besetzte *Castello Grande* oder auch *Castel Vecchio*. Der Festungsbau aus dem 13. Jahrhundert wurde mit seinem Vorwerk im späteren 15. Jahrhundert ausgebaut, wobei die beiden Türme Torre bianca und Torre nera (weißer und schwarzer Turm, wovon der schwarze schlanker ist) die Stadt optisch beherrschen. Nach Südosten, etwas höher, liegt das *Castello Montebello* des Kantons Schwyz, das zwar erst in der zweiten Hälfte des 15. Jahrhunderts entstand, aber der markanteste Festungsbau ist: in drei Teile Bergfried, Palas und Hof gegliedert. Noch höher befindet sich das

Castello di Sasso Corbaro, auch: *di Cima,* das dem Kanton Unterwalden gehörte. Die gut erhaltenen Burganlagen, die auf Initiative von Mailänder Herrschern entstanden, dienen heute dem friedlichen Zweck von *Museen:* Montebello mit einer archäologischen Sammlung, von 9–12 und 14–17 Uhr geöffnet. Sasso Corbaro mit folkloristischen Sammlungen, im Sommer von 9–12 und 14–18 Uhr zugänglich.

Selbstverständlich besitzt auch Bellinzona bedeutende Kirchen, auch wenn sie nicht sofort so eindrucksvoll wie die Burganlagen wirken. Drei sind es im wesentlichen. Die *Kollegiatkirche Santi Pietro e Stefano,* 1168 erwähnt, 1424 als Neubau geweiht, ein weiterer Umbau im 17. Jahrhundert erst abgeschlossen, wobei der Chor im 18. Jahrhundert abermals umgebaut wurde. Bemerkenswert ist die Westfassade, in der verschiedene Stilrichtungen zu einem Ganzen zusammenfließen: gotische Rosenfenster, Renaissance-Seitenportale und ein barockes Hauptportal verbunden. Auf die Fassade führt eine gegliederte Treppe. *Santa Maria delle Grazie* stammt von einem früheren Franziskanerkloster, das 1848 aufgehoben wurde. Die Kirche ist der Franziskanerkirche Luganos recht ähnlich. Sehenswert durch den Lettner mit einem über sechzehn Felder ausgedehnten Freskogemälde aus dem Leben Christi, das dem Schaubedürfnis Rechnung trägt und möglicherweise erst im Anschluß an das Lettner-Fresko von Lugano (siehe S. 188) entstand. Schließlich in dem eingemeindeten Ravecchia *San Giagio* an der Straße nach Lugano. Die kleine romanische Pfeilerbasilika aus dem 13. Jahrhundert bedeutet eine Weiterbildung der Kirche von Biasca. Das Äußere ist zwar schmucklos, aber im Inneren sind italienische Einflüsse unverkennbar, wobei man auch an Biasca denken wird. Achten Sie auf die Bemalung des Westportals.

In Bellinzona müssen Sie sich entscheiden, ob Sie zuerst zum Schweizer Teil des Lago Maggiore (mit Locarno und Ascona) oder nach Lugano zu dem danach benannten See fahren wollen. Hier teilen sich die Straßen, und Sie erkennen daraus auch die strategische Bedeutung, die dieses Straßenkreuz bereits im Mittelalter besaß. Von den beiden Seen ist der Lago Maggiore – wie bereits der Name sagt, ›größerer See‹ – mit 216 qkm mehr als viermal so groß wie der Luganer See (48,7 qkm), gehört allerdings nur mit seinem nordöstlichen Teil, insgesamt einem Fünftel, zur Schweiz, weiter südlich zu Italien. An beiden See-Ufern des Lago Maggiore erreicht man schon bald die Grenze.

Hauptort des Lago Maggiore ist **Locarno,** keine große, aber eine als Kurort bedeutende Stadt, die ihren politischen Ruf von dem 1925 geschlossenen Locarno-Vertrag ableitet, der Deutschlands Aufnahme in den Völkerbund bewirkte. Locarnos Altstadt ist reich an Sehenswürdigkeiten und Kunstschätzen.

Beherrscht wird die Stadt von ihrem *Schloß,* obwohl es schon 1532 zu einem großen Teil abgetragen worden war. Erhalten ist nur der einstige Eckflügel der 1342 errichteten Kastell-Anlage, die im 15. Jahrhundert einen mächtigen Ausbau erfahren hatte. Immerhin handelt es sich um den stattlichsten Schloßbau des ganzen Tessin. Weitere weltliche Bauten von Interesse finden Sie an der *Piazza Grande* und in anderen Teilen der *Alt-*

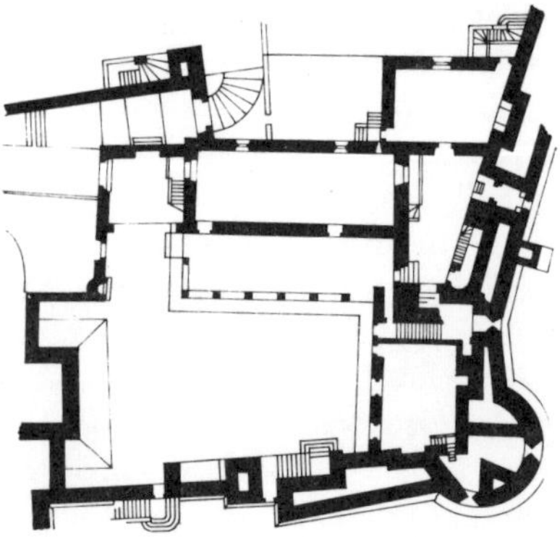

Locarno, Grundriß des Schlosses

stadt, wobei Sie vor allem Ausschau nach den typischen Innenhöfen und Loggien halten sollten.

Reich ist Locarnos Angebot an Kirchen. Nachdem Sie die romanische Kirche von Giornico (S. 181) besucht haben, finden Sie im Vorort Muralto mit der *Stiftskirche San Vittore* ein annähernd ebenbürtiges Gegenstück, das sich die Mailänder Kirche Sant' Ambrogio als Vorbild nahm. Vermutlich entstand San Vittore im späten 11. oder frühen 12. Jahrhundert, wobei zahlreiche Veränderungen bis hinein ins 19. Jahrhundert erfolgten. Der südöstliche Turm, der 1524 begonnen worden war, erhielt seinen Abschluß gar erst 1932! Die wertvollsten Bauteile finden Sie in der Krypta, deren Kapitelle ausdrucksstarke Menschen- und Tierköpfe aufweisen und die als schönste der Schweiz einzustufen ist.

Schon kurz nach dem Tod von Franz von Assisi im Jahr 1226 kamen Franziskaner nach Locarno, und 1230 und 1316 wurden Gotteshäuser geweiht. Jedoch geht die heutige *Kirche San Francesco* der ›fratres minores‹ (Minoriten = Franziskaner) auf die Mitte des 16. Jahrhunderts zurück, wobei die Westfassade mit romanischen Anklängen aus Steinen entstand, die bei der Abtragung eines Teiles vom Schloß anfielen. Ausgebaut wurde die Kirche in der zweiten Hälfte des 17. Jahrhunderts (Abb. 84).

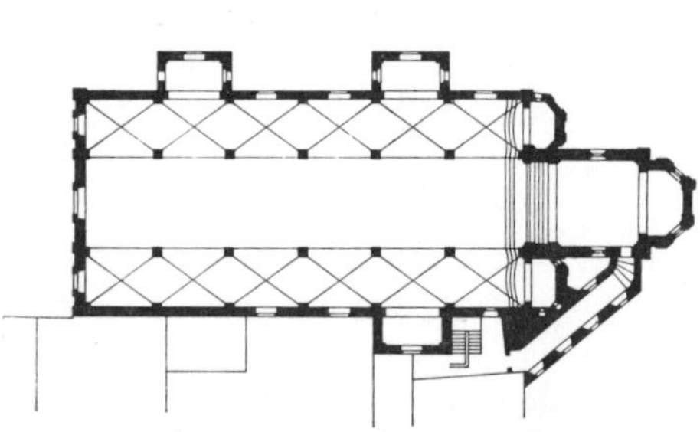

Locarno, Grundriß der Kirche S. Francesco

In der *Pfarrkirche Sant' Antonio* des 17. Jahrhunderts, die nach einem Einsturz um 1888 erweitert wurde, befindet sich im Querschiff eindrucksvolle Illusionsmalerei von Giuseppe Antonio Felice Orelli von 1742. Von kunstgeschichtlicher Bedeutung sind auch die Fresken der im 14. Jahrhundert erbauten *Friedhofskapelle Santa Maria in Selva,* die sich im Chor befinden und um 1400 entstanden. Schließlich befindet sich oberhalb von Locarno noch die *Wallfahrtskirche Madonna del Sasso,* die ein Franziskanermönch im späten 15. Jahrhundert auf Grund einer Wundererscheinung errichtete und die später mit einem Kloster verbunden war (Farbt. 25). Die auf steilem Felsplateau stehende, mit Bergbahn erreichbare Kirche wurde 1616 eingeweiht und enthält als Höhepunkt ein Altarbild von der Flucht nach Ägypten des Malers ›Il Bramantino‹ von 1520.

Ascona, Lithographie von Andreas Jawlensky, 1922

Über Solduno (mit seiner typisch ländlichen barocken Kirche aus dem 18. Jahrhundert) gelangen wir nach **Ascona** (Abb. 85), seit längerer Zeit berühmt als Urlaubsort, obwohl seine Anfänge als Refugium bereits vor 1900 liegen, als das kleine und weithin unbekannte Städtchen von einer Gruppe von vegetarischen Lebensreformern unter Führung des begüterten belgischen Arztes Dr. Ödenkoven ›entdeckt‹ worden war. Die ›Naturmenschen‹ des sog. ›Monte Verità‹ wurden nach dem Ersten Weltkrieg durch Künstler abgelöst. Karl Hofer und Kandinsky malten hier, Hermann Hesse erhielt Anregungen für sein ›Glasperlenspiel‹, bis nach 1933 Ascona echte Zuflucht für deutsche Künstler wurde, die ihr Heimatland verlassen mußten. Ascona selbst hat durch die üppig sprießende Bautätigkeit inzwischen viel von seinem verwunschenen ›Flair‹ eingebüßt.

Nichts zum Glück vom Zauber seiner Altstadt, deren 1620 entstandene *Casa Serodine* die für einen weltlichen Bau aufwendigste Fassade der ganzen Schweiz besitzt: Stuckverzierungen, die sich an Michelangelo (Cappella Medici von Florenz) orientiert haben (Abb. 87). Der Name des Hauses verrät zugleich die Künstler – Maler und Stuckmeister –, die es schufen. An der Grenze vom religiösen zum weltlichen Bau steht das *Collegio Ponteficio Papio* von 1584, dessen wunderschöner Innenhof mit zweigeschossigen Loggien kurz vor und um 1600 entstand.

Von Asconas beiden Kirchen – *Santi Pietro e Paolo* von 1534 und *Santa Maria della Misericordia* – ist die letztere, die 1442 geweiht wurde, die bedeutendere. Nicht zuletzt deshalb, weil sich in ihr eine Vielzahl von Fresken des 15. und 16. Jahrhunderts und ein bemalter Hochaltar von 1519 befinden.

Das *Museum Marianne Werefkin* gilt einer Künstlerin, die zwischen 1918 und 1938 hier lebte und zur Gruppe des ›Blauen Reiters‹ gehörte. Besichtigung von April bis Oktober am Dienstag, Donnerstag und Samstag 15–18 Uhr.

Wenn wir uns bei der Weiterfahrt nicht direkt am See entlang, sondern an der Berghöhe bewegen, gelangen wir zu zwei interessanten Orten. **Arcegno** ist trotz der Nähe der ›großen Welt‹ von Ascona und Locarno ein verwunschener Bergort mit den typischen unverputzten Steinhäusern des Tessin geblieben, deren Dachstühle von Kastanienholz mit Gneisplatten gedeckt sind. Nicht ›schön‹, aber von malerischer Urigkeit. **Ronco** demgegenüber ist ganz weltoffen, und seine *Pfarrkirche San Martino* in großartiger Lage oberhalb des Lago Maggiore entstand 1583 mit Umbauten 300 Jahre später. Der Chor zeigt Fresken. Aber hier sollten Sie in erster Linie die Kirche als Teil der ›Sakrallandschaft‹ (siehe S. 169) auf sich wirken lassen.

Mit **Brissago** sind Sie der italienischen Grenze nahe. Seine *Kirche Madonna del Ponte* liegt nahe dem See, ein achteckiger Kuppelbau von 1528, zu dem 1545 der hohe viereckige Campanile kam. Das Dorf besitzt einen *Palazzo*, der im 18. Jahrhundert entstand.

Auch im Hinterland des Sees gibt es einiges zu sehen. Sie fahren dazu von Ascona oder Locarno aus auf der Straße Nr. 69 in Richtung Domodossola, was der Strecke zum Centovalli entspricht. In **Verscio** beachten Sie die *Kirche*, deren heutiger Bau von 1738 stammt, die aber im Inneren als Relikt eines romanischen Baus an dieser Stelle zwei Freskenteile enthält, die vermutlich aus dem 11./12. Jahrhundert stammen. Außerdem im Chor um 1500 entstandene Fresken von Antonio da Tradate, die zu den besten des Tessin zu zählen sind.

Kurz darauf **Intragna,** dem Sie besondere Aufmerksamkeit widmen sollten. Das Dorf liegt nicht nur in einer bemerkenswerten Terrassensituation und besitzt an der Piazza mit der Kirche einen malerischen Ortskern, sondern erlaubt auch vom 70 m hohen *Campanile,* dem höchsten des Tessin überhaupt, einen guten Überblick. Der zur *Pfarrkirche San Gottardo,* die um 1730 entstand, gehörende Turm wurde zwischen 1765 und 1775 errichtet und erinnert an Asconas Campanile. Übrigens kam aus Intragna mit Francesco Antonio Bustelli der ab 1761 tätige künstlerische Leiter der

Nymphenburger Porzellanmanufaktur. Ungewöhnlich ist der Eindruck, den Sie 2 km westlich von Intragna an dem über die Melezza führenden *Ponte Romanico* gewinnen. Die Brücke, die ohne allen Zweifel bereits im Mittelalter entstand, überspannt kühn und dennoch elegant das wilde und kaum zugängliche Tal.

Ebenfalls von Locarno aus – Abzweigung von Straße Nr. 69 bei Ponte Brolla – gelangen Sie ins Maggia-Tal, Val Maggia. Das größte und eines der lohnendsten Tessiner Täler im Umkreis von Locarno. Nach **Maggia** selbst, dem Haufendorf mit einem gut gegliederten Dorfplatz, ist es nicht weit. Vor dem Ort bereits stoßen Sie auf die *Kapelle Santa Maria delle Grazie* mit einem niedrigen, durch Balken gebildeten Innenraum, der durch die umfassende Ausmalung mit Fresken von drei Meistern im Jahr 1528 einen eigenen Reiz erhält. Die Kapelle gehört wohl zu den ältesten Kirchen des Tals und ist im Kern romanisch.

Weiter aufwärts im Tal bietet **Cevio** Ihnen nicht nur eine weitere *Kapelle* im Ortsteil Rovana, die in der Nähe der Einmündung der Rovana-Schlucht ins Maggiatal erbaut wurde. Der als Stiftung einer Adelsfamilie entstandene Bau geht auf die Zeit ums Jahr 1600 zurück und weist im Inneren reiche Stuckdekorationen, teilweise als Umrahmung von Malereien, auf. Den Namen der gleichen Adelsfamilie Franzoni trägt auch ein *Palazzo* aus dem 17. Jahrhundert, in dem ein *Museum* die folkloristische Eigenart des Maggia-Tals widerspiegelt.

Der Weg zum Luganer See führt von Locarno zunächst auf die N 2 (E 9) zurück, die Sie noch vor Lugano einige Male verlassen sollten. Zuerst bei **Mezzovico** zur *Kirche Sant' Abbondio* von 1423, deren Glockenturm aus dem 14./15. Jahrhundert stammt und die eindrucksvolle Hügellage der Kirche noch unterstreicht. Dann etwas östlich nach **Ponte Capriasca,** das ebenso seines malerischen Dorfcharakters mit Häusern des 16. und 17. Jahrhunderts wie seiner *Kirche Sant' Ambrogio* wegen den Abstecher rechtfertigt. Der klassizistischen Kirchenbau des 19. Jahrhunderts mag Sie zuerst enttäuschen, aber die Kirche enthält den Westteil und den Turm eines früheren Baus aus dem Mittelalter. Vor allem aber werden Sie zu Ihrer Überraschung – wer fährt da nicht alles ahnungs- und achtlos nahebei vorüber! – in der Kirche eine kurz nach 1567 entstandene Kopie von Leonardos ›Abendmahl‹ (aus Santa Maria delle Grazie in Mailand, wo es erheblich gelitten hat) finden, die die ursprüngliche Farbigkeit des Bildes bewahrt und die Namen der Apostel angegeben hat, was im Original früher auch der Fall war. Hier hilft eine Kopie, den Eindruck des Originals der Gegenwart deutlicher zu vermitteln als das Original selbst. Ein einzigartiges malerisches Dokument!

Ihre nächste Abzweigstelle gilt **Arosio** – wieder, wie so oft im Tessin, eine Kirche: *San Michele,* im 13. Jahrhundert errichtet und im 17. umgebaut. Aber 1948 entdeckte man die Reste einer prächtigen Ausmalung der Kirche, die aufs Jahr 1508 zurückgeht. Der Meister war Antonio da Tradate, der bedeutendste der spätgotischen Maler im Tessin. Besonders im Chor blieb allerlei gut erhalten. Die spätgotische Wandmalerei des Tessin besitzt hier eines ihrer stärksten Werke.

Man übertreibt kaum, wenn man **Lugano** als einen Invaliden der Touristik bezeichnet. Zwar ist die unvergleichliche Lage am Luganer See und vor den Bergen nicht zu zerstören, aber die Neubauten moderner Hotels, der Siedlungen am Monte Brè und der Abriß von wertvollen alten Gebäuden haben Lugano in den letzten zwanzig, dreißig Jahren bedauernswert verkrüppelt. Hier zeichnen sich – wie natürlich auch anderswo – Tendenzen ab, die viele sensible Schweizer zu Warnungen und Protesten veranlaßt haben und möglicherweise zu einem landesweiten Echo führen.

Abgesehen von einigen traditionellen Wohnbauten ist die Kunst – im Gegensatz zur Landschaft – einigermaßen verschont geblieben. Zu allererst natürlich Luganos *Kathedrale San Lorenzo.* Die 875 erstmals genannte Kirche geht auf drei wesentliche Bauabschnitte zurück. Eine romanische Grundlage des 11./12. Jahrhunderts wurde Ende des 13. Jahrhunderts umgebaut. Entscheidend aber wurde die zu Beginn des 16. Jahrhunderts erfolgende Umgestaltung der Fassade, die als Schauwand im Stil der Renaissance vorgesetzt wurde. Damit entstand das wichtigste Frührenaissance-Werk des Tessin, aus lombardischer Baugesinnung wachsend. Der Turm wurde 1640 verändert und erhöht. Das Innere der Kirche weist gotische Wandmalereien auf.

Luganos zweite Kirche von Rang ist die *Ehemalige Franziskanerkirche Santa Maria degli Angioli* des 1490 begründeten und 1848 aufgehobenen Minoritenklosters. Die Kirche wurde 1515 geweiht und enthält auf der Lettnerwand eine 1529 entstandene großartige Wiedergabe der ›Passion‹ durch Bernardino Luini, der Schüler von Leonardo da Vinci war und hier sein Hauptwerk lieferte. Die Schweiz besitzt kein wertvolleres Wandbild der Renaissance, das sich würdig in lombardische Maltradition einfügt.

Außer der *Kirche Sant' Antonio* – 1676 beendet – und der *Wallfahrtskapelle Madonna di Loreto,* die aus einer mittelalterlichen Wegkapelle mit einem wundertätigen Altarbild entstand und bei verschiedenen Ausbauten eine sehr gefällige Arkadenvorhalle erhielt (Abb. 88), werden Ihnen weltliche Bauten auffallen. Mittelpunkt die Piazza della Riforma mit dem klassizistischen *Municipio,* dem 1844 vollendeten Regierungsgebäude bzw. heutigen Stadthaus, das frei steht und monumentale Maße aufweist, außerdem einen Innenhof. Dazu kommen mehrere Palazzi, so der im 18. Jahrhundert erbaute *Palazzo Riva,* in dem heute die Banca della Svizzera italiana arbeitet, das heute von der Kantonalbank verwendete *Pretorio,* bis ins 15. Jahrhundert zurückgehend, die *Casa Albertolli* von 1815. Sehr reizvoll *La Piccionaia,* ein Renaissancebau von Ende des 15. Jahrhunderts.

Von den Museen der Stadt beherbergt die *Villa Ciani* am See eine Gemäldesammlung Schweizer und ausländischer Künstler – geöffnet außer Montag täglich 9–12 und 14–18 Uhr. In der *Villa Favorita* in Castagnola die private Kunstsammlung Schloß Rohoncz von Baron Thyßen-Bornemisza, die reich an Schätzen ist. Geöffnet zwischen März und Oktober am Freitag und Samstag 10–12, 14–17 Uhr und am Sonntag 14–17 Uhr.

Um Lugano und den Luganer See häufen sich die künstlerischen Eindrücke, die den harmonischen Glanz der Landschaft kontrapunktisch ergänzen. Am nächsten an Lugano **Agno** mit seiner *Barockkirche,* die bereits die Nähe des Klassizismus durchklingen läßt. Nördlich von Agno **Cademario** mit den Fresken seiner *Friedhofskapelle,* die ums Jahr 1200 entstanden. Auf der in den See hineinragenden Halbinsel **Melide** muß man nicht nur die Swiss en miniature betrachten mit Modellen wichtiger Schweizer Bauten im Maßstab 1:25, sondern findet auch mit Carona und Morcote architektonische Schätze in voller Größe und ewiger Schönheit. Dieser Trip von Lugano aus ist unumgänglich.

Mit **Carona** erleben wir ein Bergdorf, das allein durch seinen Häuserbestand ein liebenswertes Kolorit aufweist. Der Blick von der Aussichtshöhe oberhalb des Sees tut das seine hinzu. Kein Wunder, daß hier Künstler heranwuchsen. Die Familien Solari, Casella, Aprile, Scala und Petrini kamen von hier, wobei der Maler Giuseppe Antonio Petrini (1677–1759) und der Architekt Pietro Solari, der bedeutende venezianische Bauten errichtete, die berühmtesten geworden sind. Petrini ist mit seinem Hauptwerk in Form von Fresken in der *Wallfahrtskirche Madonna d'Ongero* im Walde des nahen Monte Arbostora vertreten. Hauptkirche von Carona ist die *Pfarrkirche San Giorgio,* die aus romanischem und gotischem Stil Ende des 16. Jahrhunderts mit dem typischen Barockturm des 18. Jahrhundert auf Spätrenaissance umfunktioniert wurde. Eine Galerie von Loggien verbindet die Kirche mit dem Pfarrhaus. Was die Kirche aber auszeichnet, das sind die plastischen Werke in Reliefform von Ende des 15. Jahrhunderts, die starken italienischen Einfluß erkennen lassen. Aber auch die Wandgemälde von 1585 haben hohen Rang.

Über **Morcote,** das sich in den hochgelegenen Ort und das durch eine Treppe abwärts erreichbare Fischerstädtchen gliedert, sind genug Lobeshymnen angestimmt worden. Auch ›Schmuckkästchen‹ des Tessin hat man es genannt – sicher einer der schönsten Plätze und eines der geschlossensten Ortsbilder der Schweiz, auch wenn Touristenstrom und Neubauten eifrig an der Harmonie kratzen.

Überragt wird Morcote von der *Wallfahrtskirche Santa Maria* aus dem 13. Jahrhundert, die 1462 und 1758 erneuert und abgeändert wurde. Der Blick von hier oben ist wirklich traumhaft und erfaßt die ganze Eigenart des Luganer Sees. Von weitem zieht bereits der freistehende Turm die Aufmerksamkeit auf sich, bei dem man sorgsam mit der gegliederten Ausschmückung gewartet hat, bis der ursprünglich spätromanische, im 16. Jahrhundert vollendete Campanile die Höhe des Kirchendachs überragt. Wer den Blick in die Weite von hier oben genossen hatte, wird die Betrachtung des Kircheninneren nicht bereuen. Das Mittelschiff ist mit frühen Gewölbe- und Wandmalereien (1513) verziert, ebenso Seitenschiff (1525) und Chorkapelle (1595). Die Malereien in der Kuppel sollen von Gian Andrea Carlone aus dem 17. Jahrhundert stammen. Ebenso hoch wie die Wallfahrtskirche liegt nach Westen zu die 1682 errichtete *Kapelle Sant' Antonio di Padova* mit beachtlichem Stuck und Kuppelmalerei.

Auch im nahen Vico Morcote steht mit der *Pfarrkirche San Fedele* ein wichtiges Werk der Steinmetzkünste der von der Lombardei bestimmten Frührenaissance (Farbt. 26). Auch diese Kirche begeistert zusätzlich durch ihre Lage oberhalb des Sees.

Vergessen Sie nicht etwa, daß im alten Fischerstädtchen beachtliche Häuser stehen: sie gehen aufs 15. und 16. Jahrhundert zurück, darunter der *Palazzo Paleari,* die *Casa Iselli* von 1483 mit barockem Umbau, die *Casa Bazurri* aus dem 16. Jahrhundert, die der Familie Fossati gehörte, von der zwei Baumeister an der Hagia Sophia von Konstantinopel tätig waren – wir erinnern uns, daß die ›ticinesi‹, die Tessiner, in vielen Ländern Europas als Künstler begehrt und aktiv waren.

Von der Halbinsel Melide über den durch den See führenden Damm – sonst müßten wir den Umweg über Italien machen – nach Bissone und Arogno. **Arogno** hoch in den Bergen mit einer wiederum über dem Ort gelegenen *Kirche,* deren Fassade reich gegliedert ist – sie entstand in der heutigen Form 1581 und 1630. **Bissone** entzückt sofort durch seine *Piazza.* Kein Wunder, könnte man kühn behaupten, daß hier mit Carlo Maderna und seinem Schüler Francesco Borromini (1599–1667) zwei bedeutende Tessiner Architekten geboren wurden. Insbesondere Borromini, dessen Porträt mit einer von ihm erbauten römischen Kirche Sie auf einer 100-Franken-Note betrachten können, hatte in Rom großen Erfolg. Von den beiden Kirchen des Dorfes ist *San Capoforo,* ein frühbarocker Bau mit großartigen Stuck- und Freskoverzierungen, von einem dritten Künstler aus Bissone: Carpoforo Tencalla.

Wenn Sie einen Blick auf die Karte werfen, dann werden Sie merken, wie hier im italiennahen südlichen Zipfel des Tessin die künstlerischen Begabungen und die Orte mit Bauten in künstlerischer Ausprägung sich häufen, wie die Kunstlandschaft sich verdichtet, wie die Impulse von Italien her geradezu wuchernd um sich greifen. Die im ganzen Tessin spürbare Ahnung des Südens wird hier im Umkreis des Luganer Sees zur Verflechtung mit südlicher Leidenschaft für die Kunst. Kaum ein Dorf, in dem sich das nicht manifestiert – man muß sie selbst entdecken und kann sie gar nicht alle aufzählen.

Greifen wir nun einige noch heraus. Zuerst (noch am See) **Riva San Vitale,** das schon als Dorfbild mit dem zum Hang orientierten alten Teil auffällt. In ihm stehen dann zwei Bauten, die ungewöhnlich sind. Da liegt neben der Kirche der Bau des *Baptisteriums* aus der frühchristlichen Zeit des zu Ende gehenden 5. Jahrhunderts. Tatsächlich begegnen wir damit dem ältesten kirchlichen Bauwerk der Schweiz. Der quadratisch-würfelige Bau ist achteckig gegliedert, in seiner Mitte das zum Eintauchen des Täuflings geeignete Becken. Die erkennbaren Reste von Wandmalereien reichen bis in die ottonische Zeit um 1000 zurück, sind teilweise aber auch spätromanisch. Die Wurzeln solcher Baptisterien liegen im Orient, an der Adria, auch in der Provence. Die hier Ende des 16. Jahrhunderts erbaute Kirche scheint vom ›genius loci‹ angeregt: auch in *Santa Croce* dominieren Quadrat und Achteck in einem Kuppelbau, der sich ähnlichen Werken der Renaissance verwandt fühlt.

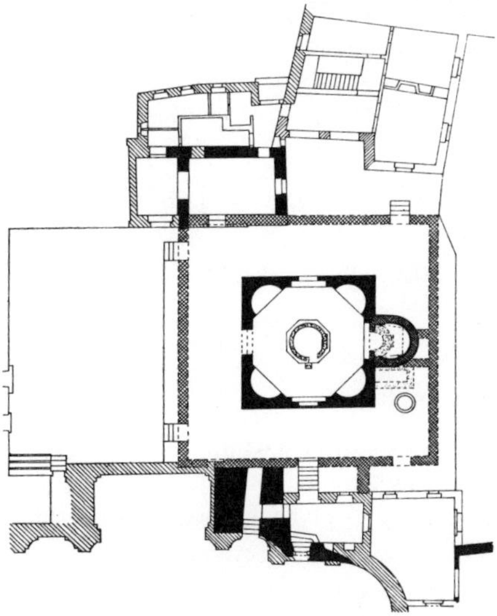

Riva San Vitale,
◁ *Grundriß des Baptisteriums*

Riva San Vitale,
Grundriß der Kirche S. Croce

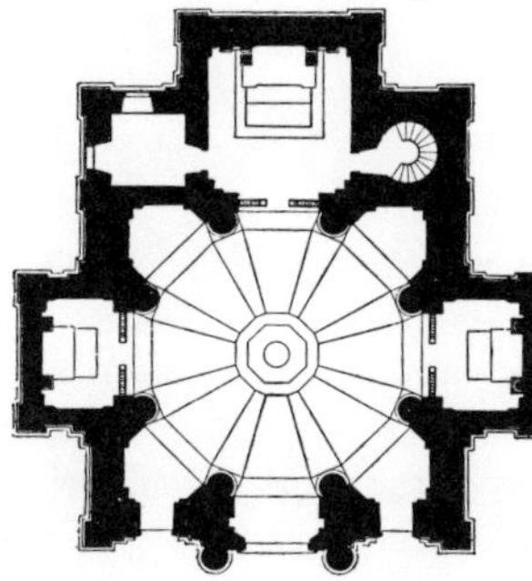

An der südlich nach Chiasso und weiter nach Como in Italien führenden Straße folgen noch einige reizvolle Orte. So **Mendrisio,** das sowohl Palazzi aus früheren Jahrhunderten aufweist, als auch im 19. Jahrhundert baulich bereichert wurde. Leider ist der *Palazzo Pollini,* ein Barockbau von 1720, für eine Restaurierung mehr als reif, die hoffentlich bald erfolgt. Als Relikt eines früheren Servitenklosters, das Mitte des 19. Jahrhunderts aufgehoben wurde, finden wir den von toskanischen Säulen geprägten *Kreuzgang* aus dem 16. Jahrhundert und insbesondere die *Kirche San Giovanni Battista* aus der Zeit um 1730, deren Turm noch auf den Anfang des 16. Jahrhunderts zurückgeht und die eine der geschlossensten spätbarocken Kirchen des Tessin darstellt.

Obwohl auch Morbio Inferiore und Superiore, das untere und obere, und dicht an der Grenze Balerna (mit dem Palazzo Nunziale für den Empfang des aus Italien in die Schweiz kommenden Nuntius aus dem Jahr 1752) ihre reizvollen Bauten haben, soll als letztes noch **Castel San Pietro** genannt werden. Mit der *Kirche San Pietro,* der ›Cappella Rossa‹ (Rote Kapelle), ist die Geschichte eines Blutbades verbunden, das Weihnachten 1390 stattfand. Familiäre Konflikte zwischen einer Familie von hier und von Mendrisio, die letztlich aus einer verschmähten Werbung entstanden, veranlaßten die Busionis aus Mendrisio, die in der Kirche zur Weihnachtsfeier Versammelten zu überfallen und mehr als hundert von ihnen, den Priester eingeschlossen, zu töten. Künstlerisch besteht der Rang dieser Kirche in ihrer reichen Freskenausmalung in guter Erhaltung aus der zweiten Hälfte des 14. Jahrhunderts. Zweite Kirche des Ortes ist die *Pfarrkirche Sant' Eusebio,* die als barocker Bau um 1675 entstand und auch im Inneren mit der 1759 durch Francesco Pozzi ausgearbeiteten Rokokostukkatur sehr reizvoll wirkt.

In Graubünden spricht man noch rätoromanisch

»Hier ist es schön und still und kühl, daß man die Rätsel des Daseins vergißt und sich an die klare Offenbarung der Schönheit hält.«

Conrad Ferdinand Meyer, 1866

Lassen Sie sich vom Namen dieses Kantons nicht irreleiten! Das ›Grau‹ in ihm könnte an Düsternis denken lassen. Weit gefehlt. Graubündens Berglandschaft mit dem strahlend lichtvollen Engadin strebt zur Sonne mit jedem einzelnen seiner Gipfel und den weiten Tälern. Kein Wunder, daß Max Rieple am Schluß eines enthusiastischen Buches über Graubünden beinahe triumphierend die Schlußfolgerung gezogen hat: »Graubünden ist nicht grau.« Er hat recht.

Der Name entstand bereits im Mittelalter, als geistliche und weltliche Herrscher sich im 14. und 15. Jahrhundert mit kleinräumigen Ländereien zu Bünden zusammenschlossen. Gotteshausbund hieß einer, Zehngerichtenbund ein anderer. Den dritten, den Grauen Bund nämlich, der zeitweise auch Oberer Bund genannt wurde, schloß der Abt von Dissentis mit den Gemeinden am Vorder- und Hinterrhein. Aus diesen Bünden und ihrer Vereinigung wuchs das, was heute Graubünden heißt. Ein Abbild der Schweiz in sich: einziger Kanton, der über die Alpen die Brücke von Nord nach Süd schlägt, einziger mit – immerhin – drei der Landessprachen in seinem Gebiet und durch seine Entstehung aus Bünden ein Modell der aus Kantonen wachsenden gesamten Eidgenossenschaft.

Wer seinen Conrad Ferdinand Meyer gelesen hat, der entsinnt sich wohl der ›Bündner Wirren‹, die das Land just in den Jahren erschütterten, als weiter nördlich der Dreißigjährige Krieg wütete. Ihre Leitgestalt der Held des Schweizer Dichters: Jürg Jenatsch. Im Kampf gegen fremde Mächte, die es beherrschen wollten, konnte Graubünden sich behaupten.

Der 1569 geborene Engadiner Pfarrerssohn Georg (Jürg) Jenatsch ist eine schillernde Gestalt der Schweizer und Graubündener Geschichte. Ursprünglich protestantischer Pfarrer, entschied er sich für ein kämpferisches Leben in Politik und Krieg. Um die fremden Mächte, Spanier und Franzosen, aus Graubünden zu vertreiben und das besetzte Veltlin zu befreien, spielte Jenatsch der Reihe nach einen gegen den anderen aus, ohne Skrupel, gerissen und überlegt. Sein großer Gegenspieler Richelieu empfand den Erfolg von Jenatsch als »größten Kummer, den er in seiner Laufbahn erlitten« habe. Aber ehe noch Jenatsch die Früchte seiner Taktik ernten konnte, wurde er am 24. Januar 1639 von den Anhängern der spanischen Partei ermordet.

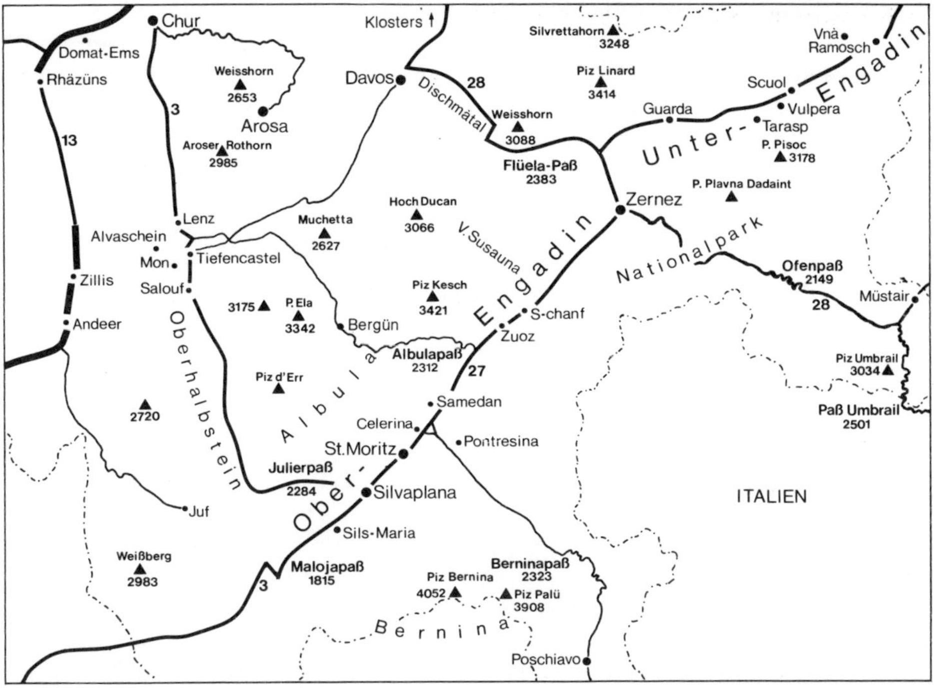

Übersichtskarte: Graubünden

Um Conrad Ferdinand Meyer zu ergänzen, läßt sich heute darauf verweisen, daß 1959 in der Kathedrale von Chur das (bis dahin unbekannte) Grab Jenatschs aufgefunden wurde. Die prunkvolle Uniform, in der er begraben worden war, und der gespaltene Schädel der gut erhaltenen Leiche bestätigten die historische Überlieferung über das tragische Ende des »bündnerischen Wallenstein«, wie ihn Meyer nannte. Seine Darstellung freilich nähert sich im Zuge dichterischer Freiheit der geschichtlichen Wahrheit bestenfalls an: aus dem skrupellos-ehrgeizigen Krieger wurde bei Meyer eine Art Graubündener Wilhelm Tell, Nationalheld und Volksfreund zugleich ... Dennoch: es hat viel für sich, vor oder während einer Reise durch Graubünden den ›Jürg Jenatsch‹ zur Hand zu nehmen.

So vielgliedrig wie die Ursprünge Graubündens ist auch die Landschaft, beinahe verwirrend. Sogar von einem Labyrinth sprechen viele, weil zwar Pässe die Alpenkette zwischen Nord und Süd durchziehen, aber zugleich die Bergriegel immer wieder Täler im Nichts enden lassen und damit vom Reisenden beschwerliche Umwege verlangen, die die Übersicht beeinträchtigen. Das gilt ganz besonders in langen Wintermonaten, wenn viele Pässe unpassierbar und geschlossen sind.

»Fast kein Thal«, schrieb P. C. von Tscharner in der Reihe ›Gemälde der Schweiz‹, »gleicht dem anderen, und der Wanderer, der diesen Irrgarten durchläuft, tritt, so oft er seinen Fuß in ein neues Thal setzt, auch in einen anderen Himmelsstrich, in einen Kreis andrer Naturbilder, in die Mitte eines andern Völkleins. So wird das vielgestaltete Land zu einem Sammelbild des mannigfaltigsten Wechsels, der – wie in einem Kaleidoskop – vor dem Blicke des Wandrers in jedem Einzelbild mit einer neuen Physiognomie entgegentritt.« Von den Rheintälern bis an die italienische Grenze reicht dieser größte schweizerische Kanton, der mit seinen 7109 qkm ein Sechstel der Schweiz umfaßt und mit 19 Einwohnern je qkm der am dünnsten besiedelte ist. Noch einen Superlativ könnte er nach weit verbreiteter Auffassung für sich beanspruchen: daß er auch der schönste sei.

Immerhin gehören zu Graubünden – rätoromanisch Grischuns und italienisch Grigioni benannt – mit St. Moritz und Pontresina, Davos und Arosa, Lenzerheide und Flims einige der besuchtesten Klimakur- und Wintersportorte der Schweiz. Hier regierte der ›König der Bernina‹, wie Jakob Christoph Heer seinen Roman über den Gemsenjäger Colani nannte, hier zeigte der Film die ›Weiße Hölle vom Piz Palü‹, hier fanden zweimal (1928 und 1948 in St. Moritz) Olympische Winterspiele statt. Ja, in Graubünden wurde der Reiz des winterlichen Aufenthalts in der Bergwelt überhaupt erst ›entdeckt‹: als nämlich auf Grund einer Wette 1865 vier englische Gäste des ›Kulm-Hotels‹ von St. Moritz tollkühn überwinterten. Hier führte auch 1883/84 der – nicht eidgenössische, sondern sächsische – Apotheker Wilhelm Paulcke den Skilauf in der Schweiz ein. »Wie wir hören« – so zu lesen in der Davoser Zeitung vom 24. November 1883 – »gedenkt man in Davos diesen Winter auch Versuche mit dem norwegischen Sport des Skilaufs zu machen. Die Skier sind bekanntlich eine Art mehr als meterlanger Schneeschuhe, mit denen man sich im weichen Schnee sehr rasch bewegen und sowohl bergauf wie bergab fahren kann.« Auch dies ein Meilenstein der touristischen Entwicklung Graubündens.

Abgeschlossenheit, bedingt durch die Bergmassive, und Weltoffenheit als Gewinn der Pässe, die sie durchziehen, lassen Graubünden seit jeher ein Janusgesicht zeigen. Denn schon im Mittelalter rollten über den heute so gut wie vergessenen Paß des Septimer die ersten Karren, die die entfernten Siedlungen des Heiligen Römischen Reichs deutscher Nation in Handelsbeziehungen und Kriegsgeschehen verbanden. So durchlässig das von vielen Flüssen durchlaufene Graubünden auch zu sein scheint, erhielten sich doch in seinen stillen Tälern Relikte aus früher Vergangenheit, deren typischstes die bis heute bewahrte rätoromanische Sprache ist: Idiom von nur 0.9% aller Schweizer und dennoch seit 1938 vierte anerkannte Landessprache. Immerhin spricht etwa ein Drittel aller Graubündener diese selbständige, aus dem Lateinischen gewachsene Sprache, die sogar noch dialektbedingte Abwandlungen aufweist. Freilich scheint ihre Verbreitung allmählich doch zurückzugehen: verdrängt vor allem von der deutschen Sprache, wozu Schule, die Medien und der Fremdenverkehr gemeinsam beitragen. Dennoch lesen Sie alle Ortsnamen Graubündens in mehrfacher Version, entsprechend der Statistik, daß 54% der Graubündener deutsch, 31% rätoromanisch und 14% italienisch sprechen. Viele davon mehreres zugleich!

Zwei Wege kommen für den Schweiz-Reisenden vor allem in Betracht, um nach Graubünden zu gelangen. Der erste führt vom Bodensee her durch einen Zipfel Österreichs nach Chur. Damit ist bereits die erste Station einer kunstsuchenden Reise genannt. Der zweite führt von München über Garmisch-Partenkirchen nach Österreich und, dem Lauf des Inn folgend, über Landeck ins Engadin. Auf den ersten Blick ein Eintritt nach Graubünden, in dem die Landschaft die Kunst zu verdrängen, zu erdrücken scheint. Aber der flüchtige Eindruck trügt. Auch hier stehen Landschaft und Kunstwerke gleichberechtigt nebeneinander, ergänzen sie sich, gehören sie zueinander. Auch wenn – zugegeben – nicht alle Reisenden das erkennen.

Von Chur bis zum Julier

Aber bleiben wir zuerst in **Chur,** mit etwas über 30 000 Einwohnern Graubündens Hauptstadt (Farbt. 27). Nicht am Rhein gelegen, wie man glauben könnte, sondern an der Plessur, die freilich dicht bei der Stadt doch in den Rhein mündet. Kelten wohnten zuerst hier, dann Römer, die Curia Raetorum – so der römische Stadtname – schon Ende des 4. Jahrhunderts mit dem Christentum vertraut machten. Bereits in der ersten Hälfte des 5. Jahrhunderts war Chur Sitz eines Bischofs, der über viele Jahrhunderte zugleich der Landesherr von Churrätien war. Churs Altstadt geht auf die von den frühen Bischöfen errichteten Bauten zurück. Von den hier bereits im 5. Jahrhundert begonnenen Kirchenbauten über die von Bischof Tello im 8. Jahrhundert begründete Kathedrale, die in ihrer heutigen Gestalt aus dem 12./13. Jahrhundert stammt, bis zu der in unseren Tagen, 1969, eingeweihten *Heiligkreuz-Kirche* ist ein weiter Weg. Mancher mag das eine ebenso leidenschaftlich bejahen, wie er das andere (den Kirchenneubau) ablehnt.

Aber auch für Churs Kirche der Gegenwart, ein Werk des Baseler Architekten Walter M. Förderer, ließe sich anführen, was Besançons Erzbischof 1955 in Ronchamp von Le Corbusiers Pionierwerk sagte: »Diese Kirche ist ein Akt der Hoffnung, eine Gebärde des Mutes, ein Zeichen der Kühnheit und eine Probe der Meisterschaft.« Beton ist im 20. Jahrhundert an die Stelle von Naturstein getreten. Verwirrende Vielfalt im Inneren wie im Äußeren an die Stelle vertrauter Gliederung. Wer Kunst nicht lediglich als historisierende Bewunderung des Alten, sondern auch als Auseinandersetzung mit dem Neuen, Gewagten, vielleicht auf den ersten Blick Unverständlichen ansieht, wird sich in Chur nicht nur für die altehrwürdige Kathedrale Zeit nehmen müssen. Wobei lediglich angemerkt sei, daß auch der Baumeister der Kathedrale zu seiner Zeit auf einiges Kopfschütteln seiner Mitbürger gestoßen sein dürfte, weil der Chor gleich zweimal vom rechten Winkel abweicht: freilich wohl weniger aus avantgardistisch-künstlerischem Gesichtspunkt, eher durch das Baugelände bedingt.

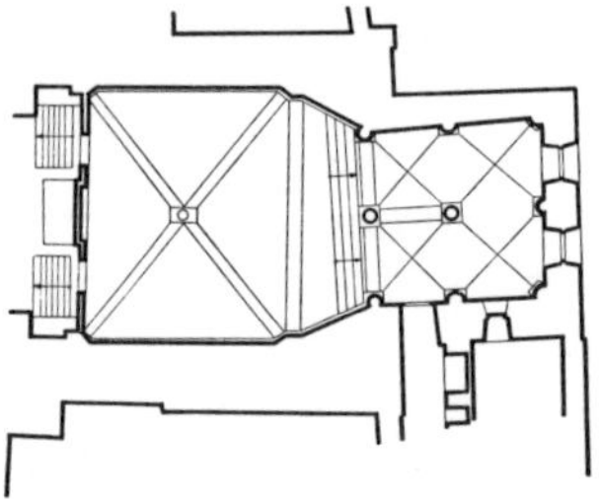

Chur, Kathedrale: Grundriß der Krypta

Muß sich mit der Heiligkreuz-Kirche jeder auf seine Weise auseinandersetzen, so öffnet sich uns die *Kathedrale Mariae Himmelfahrt* ohne jegliche Beklemmung mit ihrem 1829 von einer Kuppelhaube abgeschlossenen Nordturm und ihrem westlichen Hauptportal mit dem großen spätromanischen Rundbogenfenster. Von Italien, Frankreich und Deutschland zeigt sich der Baumeister des 12. Jahrhunderts beeinflußt. Ältester Bauteil die *Krypta,* die durch Stützpfeiler und Säulen Eigenart erhält. Die Apostel der vier Säulen am Kryptaeingang (Abb. 89) stehen auf dem Rücken eines liegenden Löwen. Ihre Gesichter erinnern an die Skulpturen in Arles. Auch in der Kirche selbst sind die Kapitelle der Pfeiler meist figürlich geschmückt, was sich auch in der Innenausstattung – Chorschranken, Reliquiar – fortsetzt (Abb. 91, 92). Dem Betrachter erschließt sich mit Löwen, Bären, Fischen und ähnlichem ein ganzer Tierpark, der Schaulust der mittelalterlichen Kirchenbesucher entsprechend.

Späteren Datums, nämlich erst Ende des 15. Jahrhunderts entstanden, ist der Hochaltar eines aus Ravensburg stammenden Meisters. Nirgends in der Schweiz werden Sie einen schöneren spätgotischen Schnitzaltar bewundern können. Auch der im *Museum* der Kathedrale aufbewahrte Kirchenschatz steckt voller wertvoller Kunstwerke. Die Öffnungszeiten sind begrenzt: Montag bis Samstag 9–12 und 15–17 Uhr, Sonntag nur 15–17 Uhr.

Ein weiteres Museum des Kantons umfaßt seit über 100 Jahren alles, was Graubünden an Besonderem aufweist. Das *Rätische Museum* ist die beste Einstimmung in Frühgeschichte, Kultur, Volkstum und Kunst. Öffnungszeiten Montag bis Samstag 9–12 und 14–17 Uhr (Winter: 16 Uhr), Sonntag 10–12 Uhr.

Im Bereich der Churer Altstadt begegnen Ihnen nach Westen und nach Norden, von der Kathedrale aus gesehen, noch zwei weitere Kirchen von Rang: westlich die bereits im 8. Jahrhundert erwähnte *Pfarrkirche St. Martin,* die inzwischen erhebliche Veränderungen erlebte. Die heute sichtbaren Bauten – das vierjochige Langhaus mit dem nördlichen Seitenschiff und einem nach drei Seiten geschlossenen Chor – entstanden im 15. Jahrhundert.

Jüngeren Datums ist die *einstige Klosterkirche St. Luzius,* obwohl ihre Krypta auch schon im 8. Jahrhundert entstanden ist. In der heutigen Kirche sind Bauteile aus dem 8. Jahrhundert enthalten. Die Kirche bewahrt in einem Sarkophag die Gebeine des Namensheiligen der Kirche, des Heiligen Luzius; gegenüber in der Grabkammer seine

Schwester, die ebenfalls heilige Emerita. Beide lebten und wirkten schon ums Jahr 200. In der Kirche begegnen sich Romanik und Gotik.

Wenn die Churer die Zeit ablesen wollen, dann richten sie den Blick auf die *Kirche St. Martin,* die auch aufs 8. Jahrhundert zurückzuverfolgen ist: alte Bauteile im Rätischen Museum. An der Westseite des Turms erblicken Sie ein Relief des Heiligen Martin, und vor der Kirche steht ein Martinsbrunnen.

Ein Spaziergang durch die Churer Altstadt vermittelt reiche Eindrücke. Da stoßen Sie nahe der Kathedrale auf das *Schloß der Bischöfe,* das in mehreren Bauabschnitten im 17. und 18. Jahrhundert aufwuchs (Abb. 93). Das *Rathaus,* dessen Saal eine gotische Decke von 1494 aufweist, entstand im 15. Jahrhundert. Die zahlreichen sehenswerten Wohnbauten zeigen ihre ganze Eigenart eigentlich nur, wenn man sie auch von innen betrachten kann, was verständlicherweise nur selten möglich ist. Dennoch achten Sie in der Poststraße 14 auf das barocke ›*Alte Gebäu*‹, 1727 begonnen und heute Gerichtsgebäude, und in der Reichsgasse 35 auf das ›*Neue Gebäu*‹ von 1751/52.

Chur, für viele nur eine Station auf der Durchfahrt zum Rheintal oder zu einem der sieben Pässe, die Sie von hier aus anlaufen können, bedeutet mehr als Pforte nach Graubünden. Seit sich 1471 die drei Bünde zusammenschlossen, war Chur ihr Hauptort und blieb es, als 1803 der Kanton Graubünden entstand. So ist hier in vielen Jahrhunderten alles zusammengeflossen, was die geistig-kulturelle Substanz des Gebietes ausmachte. Wer Chur kennengelernt hat, kennt zwar Graubünden noch nicht. Aber er enthält ein Bild von den Kräften, die hier wirkten. Dazu trägt auch ein Besuch in dem um die Jahrhundertwende begründeten *Kunsthaus* bei, das Werke von Graubündener Künstlern zwischen 18. und 20. Jahrhundert zeigt. Darunter die in Chur geborene Angelika Kauffmann, die mit Goethe, Klopstock und Winckelmann in Verbindung stand, und Giovanni Segantini, dessen Hauptwerk in St. Moritz zu betrachten ist. Auch ein Deutscher ist hier vertreten: der Expressionist Ernst Ludwig Kirchner, der 1917 in die Nähe von Davos übersiedelte und viele Landschaften dieses Gebiets gemalt hat: 1938 gab er sich in der Erwartung eines Nazi-Angriffs auf die Schweiz selbst den Tod, nachdem seine Bilder in Deutschland beschlagnahmt und aus den Galerien entfernt worden waren.

Von Chur ist der Weg nicht weit nach **Domat/Ems,** das Sie nach 22 km in Richtung Thusis oder Flims erreichen. Oberhalb des betriebsamen Dorfes steht die romanische *Pfarrkirche St. Johannes Baptist,* die ab 1504 gotisiert wurde. Der ursprüngliche Bau läßt den Nebenzweck der Kirche, als Wehrturm zur Sicherung des Rheinübergangs zu dienen, noch erkennen. Darüber hinaus aber stoßen Sie auf zwei Kunstwerke von Rang: im Chor der Kirche ein Schnitzaltar von 1504 und in der seitlich von der Kirche stehenden Heiliggrabkapelle von 1693 einen fast lebensgroßen Christus mit den zwei Marien aus der Zeit um 1300 in ergreifender Schlichtheit und dramatischer Gegensätzlichkeit.

In Richtung Thusis (E 61) stoßen Sie schon bald auf den Ort **Rhäzüns,** 655 m hoch, der für viele nur Talstation einer Luftseilbahn nach dem Urlaubsort Feldis ist. Ein wenig außerhalb des Ortes aber liegt auf einem Hügel über dem Hinterrhein eine von der Sage verklärte *Kirche*. Es geht um den Heiligen Georg, dessen Name die Kirche trägt. Nach der Legende soll er auf dem jenseitigen Flußufer durch einen Überfall bedroht worden sein. Sein Pferd aber sprang mit einem gewaltigen Satz über die Schlucht, wobei es seine Hufeisen verlor. Wo des Heiligen Pferd sicher aufsetzte, wurde eine Kapelle errichtet.

Die heutige Kirche beruht mit ihrem Langhaus möglicherweise auf einem Bau des Jahres 960, während der viereckige Chor erst zu Beginn des 14. Jahrhunderts entstand. Schiff und Chor der Kirche sind nun von großartigen, gut erhaltenen Fresken bedeckt, die der Waltenburger Meister um 1340 schuf (Abb. 94, 95). Höhepunkt die dramatischen Bilder vom Pferdesprung des Heiligen Georg und von seinem Kampf mit dem Drachen. Die Malereien im Schiff von Ende des 14. Jahrhunderts stammen von einem anderen Meister.

Wenn Sie schon hier sind, werden Sie auf hohem Felsen über dem Hinterrhein auch das *Schloß* in Augenschein nehmen, das in seinem Ursprung aus dem 13. Jahrhundert stammt und von 1497 bis 1819 den Habsburgern gehörte. Der Turm, der Ende des 16. Jahrhunderts in den Wohntrakt einbezogen wurde, ist der älteste Teil des heutigen Baus – er blickt nach Westen.

Der Weg über Flims hinaus könnte für Sie ein Umweg sein, falls Sie rasch ins südliche Graubünden wollen. Wenn Sie es aber irgendwie einrichten können, lassen Sie sich **Disentis** nicht entgehen, das Sie auf dem Weg zum Oberalp-Paß und Lukmanier treffen. Hier entstand bereits Ende des 7. und Anfang des 8. Jahrhunderts das älteste *Benediktinerkloster* der Schweiz. Der mächtige Baukomplex von heute stammt freilich aus der Zeit zwischen 1695 und 1712 (Abb. 96). Allerdings haben Ausgrabungen auch die Reste von drei älteren Kirchen im Klosterbereich, westlich der Kirche, zutage gefördert. Von ihnen gehörte eine Rundkrypta vermutlich zu der ersten um 750 gebauten Kirche, die durch die Sarazenen verwüstet wurde. Baumeister von Kirche und Kloster in heutiger Gestalt war der Vorarlberger Kaspar Moosbrugger, aber auch Franz Beer und Christian Thumb hatten an den Plänen Anteil. Dabei versetzte man gegenüber den älteren Anlagen die Kirche nach Osten, wobei die doppeltürmige Fassade zum Tal zeigt.

Obwohl Disentis, rätoromanisch Mustèr, 1150 m hoch liegt, steigen hinter der Abtei nach Nordosten die Berge auf und schließen den Klosterkomplex ab. Kloster und Kirche sind zu einer blockartigen strengen Einheit zusammengefügt. Die *Kirche* freilich

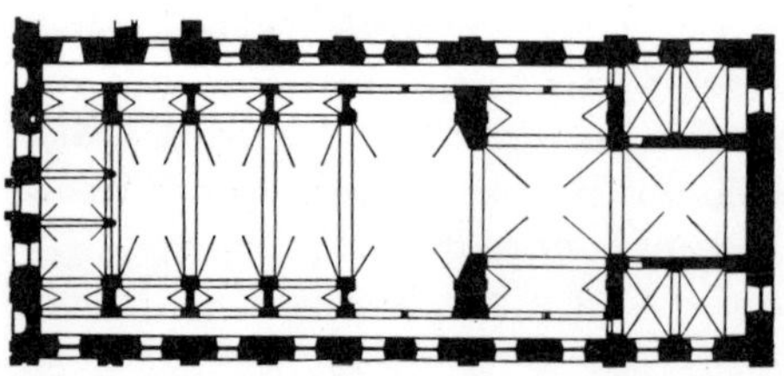

Disentis, Grundriß der Abteikirche

öffnet sich dem Licht und ist mit einem 1656 in Deggendorf in Bayern entstandenen Hochaltar und dem aus der einstigen Klosterkirche erhaltenen Castelbergschen Votivaltar ausgestattet. Die Gemälde der Brüder Frosch entstanden nach Vorlagen Dürers. Auch die im rechten Winkel von der Klosterkirche zur Marienkirche führende Rosenkranzstiege ist eine Nachahmung: die Scala regia des Vatikanpalastes in Rom stand Pate.

Südlich von Chur hinter Thusis und der durch John Knittels Roman bekannten ›Via mala‹, die manchen schon zu einem Abstecher veranlaßt hat, stoßen Sie auf ein kleines, 947 m hoch gelegenes Dorf namens **Zillis** (Abb. 97), dessen aufs 9. Jahrhundert zurückgehende *Martinskirche* einen ziemlich einmaligen Schatz beherbergt: eine um 1130/40 bemalte romanische Decke, die in 153 Bildern mit 43 Randfeldern Leben und Passion Christi und Episoden aus dem Leben des Heiligen Martin darstellt (Farbt. 28–32; Abb. 98). Es gibt nur noch eine zweite solchermaßen bemalte romanische Decke,

Zillis, Grundriß der Martinskirche

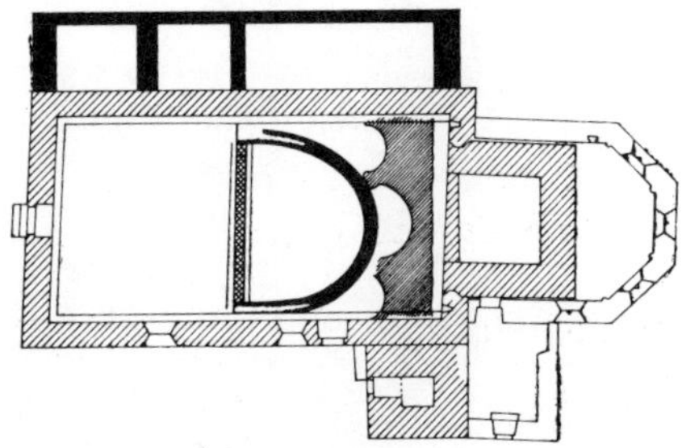

die erhalten blieb: in Hildesheims St. Michael. Die Randbilder haben mit Tier- und Meeresabbildungen allegorische Bedeutung (Farbt. 31). Die Kunsthistoriker sind nicht sicher, ob die Decke in dieser Form für Zillis bemalt wurde oder von einer anderen Kirche hierher kam. Auffällig ist, daß in dem reichhaltigen Bilderzyklus Kreuzigung und Kreuzabnahme fehlen. Der schlank in den Himmel steigende, mit hoher spitzer Haube versehene Turm der Martinskirche, der Anfang des 12. Jahrhunderts entstand, scheint die Umwelt geradezu auf die ungewöhnliche Kostbarkeit im Kircheninneren aufmerksam machen zu wollen (siehe das Schema der Decke S. 200).

Nur ein Katzensprung ist es von Zillis noch nach **Andeer.** In dem kleinen Ferienort erhalten Sie einen guten Begriff von der Eigenart der Graubündener Häuser, von denen etwas später ausführlich die Rede sein wird. Andeers *Haus Pedrun,* 400 Jahre alt, gehört mit seiner überreichen Sgraffito-Verzierung zu den am meisten fotografierten und damit bekannten Vertretern dieser bodenständigen Kunst (Abb. 105). Noch einige andere Häuser dieser Art, so das *Haus Capol* von 1599, lassen sich im Heilbad Andeer beschauen.

1	2	3	4	5	6	7	8	9
48	49	50	51	52	53	54	55	10
47	56	57	58	59	60	61	62	11
46	63	64	65	66	67	68	69	12
45	70	71	72	73	74	75	76	13
44	77	78	79	80	81	82	83	14
43	84	85	86	87	88	89	90	15
42	91	92	93	94	95	96	97	16
41	98	99	100	101	102	103	104	17
40	105	106	107	108	109	110	111	18
39	112	113	114	115	116	117	118	19
38	119	120	121	122	123	124	125	20
37	126	127	128	129	130	131	132	21
36	133	134	135	136	137	138	139	22
35	140	141	142	143	144	145	146	23
34	147	148	149	150	151	152	153	24
33	32	31	30	29	28	27	26	25

Zillis, Martinskirche: Schema der Decke (Osten oben)

In den Randbildern (1–48) Tier- und Meeresbilder, in den Ecken die personifizierten Winde. Im Bilderzyklus: Christi Vorfahren (49–51), Synagoge und Ecclesia (52–53), Verkündigung an Maria (54–55), Josefs Zweifel (56–57), Heimsuchung (58), Verkündigung an die Hirten (59), Geburt Christi (60–62), Zug der Hl. Drei Könige zu Herodes (63–66), die Hl. Drei Könige bei Herodes (67–69), Anbetung durch die Hl. Drei Könige (70–73), Heimkehr der Hl. Drei Könige (74–77), Mariä Reinigungsopfer (78), Darstellung im Tempel (79), Josefs Traum (80), Flucht nach Ägypten (81–83), Hl. Familie (84), Kindermord zu Bethlehem (85–90), Belebung der tönernen Vögel (91), der zwölfjährige Jesus im Tempel (92–93), Johannes predigt in der Wüste (94–97), Taufe Jesu (98), Versuchung Christi (99–102), Hochzeit zu Kana (103–104), Christus und der Hauptmann von Kapernaum (105), Heilung eines Sohnes (106), Heilung des Besessenen von Gerasa (107–108), Heilung eines Mädchens (109), Heilung am Teich Bethesda (110–111), Heilung eines Krüppels (112), Auferweckung des Lazarus (113–115), Christus und die Samariterin (116), Christus lehrt in der Schule von Nazareth (117–118), Christus und die Kinder (119), Aussendung der Apostel (120–122), Christi Verklärung (123–125), Einzug in Jerusalem (126–130), Tempelreinigung (131–132), Bestechung des Judas (133–134), Fußwaschung (135), Abendmahl (136–137), Christus in Gethsemane (138–139), Gefangennahme (140–143), Christus vor Pilatus (144), Verspottung (145), Dornenkrönung (146), der Hl. Martin teilt seinen Mantel mit dem Bettler (147–148), Martin wird von St. Hilarius zum Akolyten geweiht (149), Martin erweckt einen Toten (150), dem Hl. Martin erscheint der Teufel in Königsgestalt (151–153)

Kehren wir noch einmal nach Chur zurück. In Serpentinen steil nach Churwalden ansteigend führt die wichtigste Ausfahrtstraße – neben der nicht ganz bequemen Strecke nach Arosa – Nummer 3 auf den Julierpaß zu, einer von den wenigen, die ganzjährig passierbar sind. Appetitanregend hängen in Churwalden und den umliegenden Orten

79 VENTHONE Oberhalb Sierre, mit Kirche (um 1665) und Wohnturm (13. Jh.)

81 GIORNICO S. Nicolao, wichtigste romanische Kirche des Tessin, Inneres

◁ 80 GIORNICO S. Nicolao, Westportal 82 BELLINZONA Castello Grande von 1242 ▷

83 Bellinzona Loggien im Rathaushof

84 Locarno S. Francesco, 1528, Innenraum

85 Ascona am Lago Maggiore

86 Lugano In der Altstadt

87 ASCONA Casa Serodine mit frühbarocker Fassade von 1620

88 LUGANO Arkadenvorhalle (1630) der Kapelle Madonna di Loreto

89 CHUR Petruskopf von einer Apostelsäule der Kathedrale; um 1200, an die Skulpturen in Arles erinnernd

90 CHUR Heiligengestalt des Chorgestühls der Kathedrale (von 1340)

91, 92 CHUR Romanisches Säulenkapitell und Löwe am nördlichen Choraufstieg der Kathedrale

93 CHUR Das Bischöfliche Palais, 17./18. Jh.

94, 95 Rhäzüns Spätromanische Wandmalereien in der St. Georgskirche
Oben: Der Kampf des Hl. Georg mit dem Drachen; rechts: Gottvater erschafft die Welt

96 DISENTIS/MUSTÈR Barocke Benediktinerabtei von 1700

97 ZILLIS Das Dorf mit der Martinskirche (Anfang 12. Jh.)

98 ZILLIS Ausschnitt aus der Deckenmalerei der Martinskirche: Heilung des Besessenen von Gerasa, Heilung eines Mädchens, Auferweckung des Lazarus, Christus und die Samariterin, Aussendung der Apostel, Christi Verklärung

99 MON Wandmalerei im Chor der Kirche St. Kosmas und St. Damian (vor 1000 entstanden) aus der zweiten Hälfte des 15. Jh.: Einzug in Jerusalem

100 MISTAIL Fresko in der Mittelapsis von St. Peter, 1397

101 Mon über Tiefencastel Kirche St. Kosmas und St. Damian, Turm Ende 14. Jh.

102 Mistail Uralte Kirche St. Peter (8. Jh.)

103 Müstair/Münster Teil der Klosterkirche

104 Celerina Kirche S. Gian des 11. Jh.

105 ANDEER Mit Sgraffiti verzierte Fassade des Hauses Pedrun

106 SAMEDAN Das Plantahaus vom Ende des 18. Jh.

die Rinderschinken zum Trocknen in der Luft, die die köstliche und kostbare Delikatesse des landschaftstypischen Bündner Fleischs ergeben, das – hauchdünn geschnitten – beliebte Vespermahlzeit oder Vorspeise ist. Daß auch die Schweiz – neben den Orten mit den altvertrauten Namen – neu gewachsene Ferienorte kennt, beweist das Beispiel von Lenzerheide, das etwa von der Jahrhundertwende an entwickelt wurde – in 1500 m Höhe, beinahe nebelfrei. Zuerst mit Hotels und Gasthäusern. Später mit Ferienhäusern. Und einer Luftseilbahn aufs 2863 m hohe Parpaner Rothorn mit einer überwältigenden Gipfelsicht ringsum.

Bei der Fahrt in Richtung Julier passieren Sie auch das ursprüngliche Dorf **Lenz,** an dessen *Kirche* – außerhalb des Ortes – nur selten ein Auto Halt macht. Sie sollten es dennoch tun. Immerhin wurde hier schon im Jahre 831 ein Kirchlein gebaut, von dem auch das heutige Kirchenschiff wohl noch etwas zehrt. Chor und Wölbung des Schiffs folgten kurz nach 1500 durch Peter von Bamberg. Der Turm, gedrungen und den Landschaftsraum beherrschend, geht aufs 12. Jahrhundert zurück. Am Christophorus gleich rechts vom Eingang vorüber können Sie im Kircheninneren spätgotische Fresken voll lebendiger Ausdruckskraft betrachten, die eine Parallele zu den späteren Ausmalungen der Schiffswände von St. Georg in Rhäzüns bedeuten.

Rasch abwärts nach **Tiefencastel** stehen Sie an einem Drehkreuz vieler Straßen, beinahe im Mittelpunkt Graubündens. Außer Chur und Julierpaß haben Sie Davos und Klosters, Thusis und den Hinterrhein sowie die Fahrt über den Albulapaß ins Engadin zur Auswahl. Tiefencastels *Pfarrkirche St. Stephan* wurde von Künstlern italienischen Namens des Misox um 1650/60 an der höchsten Stelle des in der Talsohle gelegenen Ortes erbaut. Der Name des Ortes läßt es ahnen: hier hatten bereits die Römer ein Kastell. Während davon keine Spuren erhalten blieben, finden Sie auf der Höhe des Julierpasses die Reste zweier römischer Säulen – entweder eine Art Wegweiser für den Paß oder Überbleibsel eines römischen Tempels.

Aber auch auf der Fahrt von Tiefencastel, 894 m, zur Paßhöhe, 2284 m, gibt es noch ein paar empfehlenswerte Abzweigungen. Gleich hinter Tiefencastel, nahe der Albulastraße, das Dörfchen **Mon,** dessen *Kirche* hoch über dem Tal der Julia (die dem Paß den Namen gab) vermutlich noch vor dem Jahr 1000 entstand und mit einem gewaltigen Turm aus dem 14./15. Jahrhundert beeindruckt (Abb. 99, 101). Auch in dieser Kirche sind Freskenreste eines Meisters von St. Georg in Rhäzüns zu finden und zwar im Schiff, während die Chorfresken von Ende des 15. Jahrhunderts besser erhalten sind. Wenn Sie sich hier umschauen, begreifen Sie ohne viele Worte, wie eng Landschaft und Kunst zusammengehören.

Zwischen Tiefencastel und dem durch viele Ferienhäuser zu frischer Blüte gelangten Savognin sollten Sie noch den Weg nach **Salouf** nehmen. Die *Georgskirche* geht mit ihrem Netzrippengewölbe von 1500 – wie Lenz – auf Peter von Bamberg zurück. Zur gleichen Zeit entstand auch der Hochaltar aus der Werkstatt Jörg Syrlins, dessen Figuren in naiver Unbefangenheit zum Betrachter sprechen.

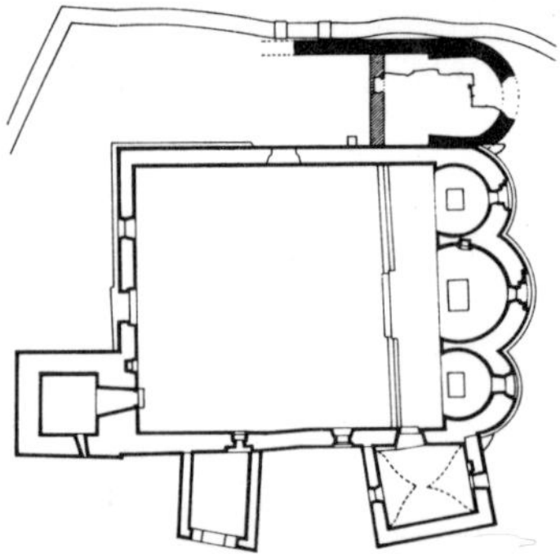

Mistail, Grundriß der Kirche St. Peter

Sollten Sie über Thusis auf der Straße Nr. 63 nach Tiefencastel gefahren sein, dann haben Sie die Gemeinde **Alvaschein** mit der karolingischen *Kirche St. Peter von Mistail* bereits passiert. Sonst leisten Sie sich unbedingt von Tiefencastel aus den Abstecher in Richtung Thusis, um diese bemerkenswerte Kirche zu erleben (Abb. 100, 102). Sie ist eine der wenigen Schweizer Kirchen, die noch Teile ihres Mauerwerks aus dem Jahr 786 bewahrt hat. Nirgends anderswo begegnen Sie einer so typischen Ausprägung der drei an den Kirchensaal gefügten Apsiden, wobei eine vierte Apside nach Norden, die einst angefügt war, 1943 durch Ausgrabungen entdeckt wurde. Die einsam gelegene Kirche ist der einzige Überrest eines hier einst stehenden Frauenklosters am Wege zum früher benützten Septimerpaß, das allerdings schon im frühen Mittelalter aufgehoben wurde. Nach einer Neuweihung der Kirche im Jahr 1397 entstand der schlanke Turm, wurde die Sakristei angebaut und malte man das Kircheninnere aus. Die Holzdecke des Schiffs ist noch jünger, sie wurde 1642 hinzugefügt. Über alle kunsthistorischen Einzelheiten hinaus ist Mistail eine Kirche, die aus der Kraft ihrer langen Geschichte trotz oder wegen ihrer sinnfälligen Schlichtheit und ihrer Verbindung mit der Landschaft unmittelbar zum Herzen spricht.

Im Sonnenglanz des Engadin

Das Schweizer Inn-Tal, rätoromanisch Engadin genannt, gehört zu den wichtigsten Längstälern der Alpen und reicht von der österreichischen Grenze nördlich von Nauders bis nach Maloja in einer Länge von etwas über 90 km. Die englischen Touristen, die es als erste ›entdeckten‹, haben ihm den etwas irreführenden Namen ›Dach Europas‹ gegeben. »Das Engadin«, hat der Engadiner Professor, in Celerina geboren, Reto Bezzola einmal geschrieben, »ist keine weite, ausgedehnte Hochebene, es ist aber auch kein abgelegenes Bergtal, es ist ein Durchgangsland par excellence. ... Es gleicht keiner anderen Gegend der Schweiz noch Europas – und nicht nur landschaftlich. ... Die Berge erdrücken einen nicht, sie lassen freier atmen in ihrer kristallhellen Luft.« Und, fügen wir hinzu, unter einer Sonne, die kaum irgendwo in der Schweiz, das Tessin einbegriffen, so intensiv strahlt wie hier in einer ›Talhöhe‹ von 1400 bis 1850 m. Umrahmt von der Bergwelt der Drei- und Viertausender (Piz Bernina 4049 m), von denen die Gletscher talwärts lecken.

Die so oft gemalte und fotografierte Bilderbuchlandschaft des Engadin mag zwar manchen Besucher gleichsam erdrücken und gar nicht erst an äquivalente Kunst denken lassen. Dennoch schrieb schon 1560 der Reformator Filip Galizius-Saluz in der Einleitung einer ersten Übersetzung des Neuen Testaments ins Rätoromanische durch Jachiam Bifrun von Samedan der Engadiner Jugend zur Beherzigung: »Obwohl unser Engadin ein hochgelegenes und wildes Land ist, so hat es doch immer höchst menschliche Leute hervorgebracht und die Köpfe, geeignet für jegliche Ämter und andere schöne Sachen.«

Ob im Unterengadin, das bis Zernez reicht, oder im Oberengadin zwischen Zernez und Maloja – die »anderen schönen Sachen« bieten sich als Kontrapunkt zur Landschaft an. Bis zur Grenzkontrolle beim 1034 m hohen Martina fahren Sie von Vinadi durch ein 6 km langes bereits schweizerisches Niemandsland. **Ramosch** – zwischen Martina und Scuol – läßt zum ersten Mal den Zweiklang von Kirche und Burg auftauchen: die *Burgruine Tschanüff,* 1256 erbaut, liegt westlich vom Ort oberhalb des Inntals. Sie können heute auf der Felskuppe ein spätromanisches doppeltürmiges Tor erblicken. Die *Kirche* wurde im 9. Jahrhundert erstmals als Grabstätte für den Heiligen Florinus errichtet, erhielt aber ihre heutige Gestalt um 1520 durch Bernhard von Puschlav in der typischen Ausprägung der Spätgotik im Bündener Land. Wenn Sie von Ramosch nach dem oberhalb gelegenen Dörflein **Vnà** fahren, stoßen Sie am Nordende des Dorfes auf das originell dekorierte *Haus Barblan* von 1777.

Einen ersten Höhepunkt Ihrer Engadinfahrt erleben Sie mit dem drei Orte umfassenden Kur- und Badegebiet von **Scuol** – **Tarasp** – **Vulpera,** in dem 35 Glaubersalz-Quellen zum Wohl der Gäste fließen. Scuol ist der dörfliche Herkunftsort mit Kureinrichtungen, Tarasp hat Badecharakter, während in Vulpera Hotels, Villen sowie das Kurhaus mit dem Kurpark vereinigt sind.

Über dem Tal aber ragt gegen Himmel und Berge auf einem Felskegel das *Schloß* der Herren von Tarasp, das im Jahre 1200 entstand (Farbt. 33). Freilich stammen die meisten der heute sichtbaren Gebäude aus dem 17. Jahrhundert. Damals beherrschte die Burg dräuend das Tal. Wohnturm und Burgkapelle blieben aus dem Mittelalter erhalten. Daß Sie das Schloß jedoch heute so stattlich und unversehrt erblicken, verdanken Sie dem Mann, der sonst mit dem von ihm entwickelten Odol in aller Munde ist: dem Dresdener Fabrikanten und Mäzen Dr. Lingner. Nachdem er im Jahr 1900 die damals verfallende Schloßruine für 20 000 Franken erworben hatte, widmete er sich der Aufgabe, das Bauwerk wieder in seine ursprüngliche Gestalt zu bringen. Schweizer Fachleute kamen ihm zu Hilfe. Außer der Wiederherstellung des Äußeren ließ Lingner für die Innenausstattung herbeischaffen, was typisch und wertvoll war, einschließlich einer stolzen Orgel. Dennoch übertrifft der Blick aus dem Schloß, das heute im Besitz des Großherzogs von Hessen ist, auf Berge und Inntal zu jeder Jahreszeit an Glanz alle hier zusammengetragenen Kostbarkeiten.

Traurige Ironie des Schicksals, daß der Bewahrer und Neuschöpfer von Schloß Tarasp sein Werk nicht vollendet erleben durfte: mitten in die geschäftigen Vorbereitungen einer strahlenden Einweihungsfeier trotz des Kriegsjahrs 1916 brach die Nachricht von seinem unerwarteten Tode. Um das Schloß nicht nur von außen, sondern auch innen zu bewundern, müssen Sie sich an die Stunde der täglichen Führungen halten: 1.–30. Juni Montag bis Samstag um 16.15 Uhr, 15. Juli bis 31. August 14.45 und 16.15 Uhr und ab 1.–20. September 14.45 Uhr.

Burgen und Kirchen, stellten wir fest, bilden einen Zweiklang. Aber ein dritter Ton kommt hinzu. Sie werden ihm auf der Fahrt durchs Engadin (wie schon früher in Andeer) immer häufiger begegnen. Es sind die typischen Bündner Häuser, die manchem Engadiner Ort das Gesicht geben. Aus ihnen spricht eine eigene Wohnkultur. Den ersten Eindruck erhalten Sie in dem rechts der Strecke liegenden, 1653 m hoch gelegenen Dorf **Guarda,** in dem durch eine sorgfältige Restauration das alte Ortsbild erfreulich echt erhalten blieb. Neben vielen einzelnen Häusern (Abb. 3) werden Sie u. a. in Zuoz, La Punt oder Samedan geschlossene Ortsteile in der alten Bauweise erleben, so daß man gelegentlich glauben könnte, durch ein Freilichtmuseum zu spazieren. Zur bodenständigen Behaglichkeit des Engadiner Lebens tragen diese Häuser maßgeblich bei.

Mancher Betrachter glaubt, in ihnen ursprüngliche Bündener Bauernhäuser zu erblicken. Das stimmt freilich nicht. Einst, im 17. und 18. Jahrhundert, wohnten in diesen Häusern die Notabeln, Patrizier, bischöfliche Beamte. Aber sie entwickelten den Stil ihrer Häuser in der Tat von den Engadiner Bauern her und nicht etwa, was ja dazumal sehr nahe gelegen hätte, von italienischen Palazzo-Vorbildern. Was dieses Haus in sich schließt, hat der bereits erwähnte Professor Bezzola so umschrieben: »Ein bäuerliches Berghaus in seiner Grundauffassung, Wohnhaus, Scheune und Stall unter einem Dach vereinigend, hinter kräftigen Mauern gegen Sturm, Kälte und Schnee geschützt und doch durchdrungen von einer raffinierten städtischen Wohnkultur in seiner äußeren Ornamentik und in seiner inneren behaglichen und nicht engen Häuslichkeit.«

Der Weg ins Haus führt durch ein stattliches Portal in den sogenannten Sulér, deutsch: Söller, durch den auch die Heuwagen noch fahren können, um die Scheune und den darunter gelegenen Stall zu erreichen. Längs des Sulér finden wir die mit Arvenholz getäfelte Stube, eine gewölbte Küche mit ebenfalls gewölbtem Speise- und Vorratsraum. Treppen führen ins Obergeschoß zum (niedrigen und nicht allzu großen und dadurch Wärme bewahrenden) Schlafraum sowie nach unten.

Auch wer keine Gelegenheit findet, sich im Inneren eines solchen Hauses mit seinen meterdicken Wänden, tiefen Fensternischen, vergitterten Fenstern oder Erkern umzuschauen, der wird immer noch genug an den Dekorationen der Fassaden zu betrachten haben. Die dabei angewandte Sgraffito-Technik, die im Pedrun-Haus von Andeer gipfelte, scheint vom 16. Jahrhundert ab aus Italien hierher gekommen zu sein. Sobald die Hausmauer roh verputzt ist, wird sie mit einem feinen Kalkputz überzogen, der einerseits glatt bleiben, anderseits aber leicht gewellt sein soll, was durch richtige Behandlung mit Hilfe der Kelle erreicht wird und dem Putz eine über Jahrhunderte reichende Dauer gab. Auf diesen frischen Putz strich man nun dick angerührte Kalkmilch und schabte aus dem hellen Anstrich die Ornamente heraus, so daß sie dunkel hervortraten – ohne dabei freilich allzu stark zu kontrastieren. »Ein Sgraffito« erläuterte der erfolgreiche Restaurator Engadiner Häuser (so in Guarda), der Architekt Könz, »zerschneidet die Fläche nicht, sondern streut ein leichtes Ornament darüber.« In den Ornamenten selbst drückt sich eine ebenso volkstümliche wie dennoch kunstvolle Gestaltungskraft aus, wobei mit Vorliebe Formen der Natur – Weinreben sind es beim Haus Pedrun – mit abstrakten Rankengebilden verbunden werden. Häufig finden sich Vögel, Blumen und Tiere als Hausschmuck. Selbst in der an liebevoll ausgestalteten Bauern- und Bürgerhäusern reichen Schweiz stellen die Engadiner Häuser einen Höhepunkt dar, der eine gründliche vergleichende Betrachtung wert ist. Sollten Sie Gelegenheit haben, eines dieser urtümlichen Häuser innen zu besichtigen, lassen Sie sich auch das ›Seelenläufterli‹ zeigen: eine Öffnung im Balkenwerk, die beim Tod eines Hausbewohners freigemacht wurde, damit die Seele ins Freie gelangen konnte.

Nachdem in Susch die Abfahrt zum Flüelapaß (2383 m) unterhalb des Weißhorns (3085 m) nach Davos geführt hat, erreichen Sie auf der Weiterfahrt das recht stattliche Dorf **Zernez.** Hier verdienen nicht nur die auf leichter Anhöhe liegende, von Rudolf von Planta gestiftete frühbarocke *Kirche* von 1607/09 mit dem romanischen Turm ihrer Vorgängerin und das darunter stehende *Schloß Planta-Wildenburg* aus dem 17. Jahrhundert Beachtung. Zernez ist nämlich jener Punkt, an dem Sie für einen großartigen Abstecher das Inntal verlassen und über den Ofenpaß (2149 m) ins Val Müstair, Münstertal, fahren müssen.

Sie passieren dabei das Gebiet des *Schweizerischen Nationalparks.* Im Jahre 1909 – in dem auch in Deutschland der Gedanke der Naturschutzparks feste Formen annahm! – wurde hier die Grundlage für diesen Park geschaffen, der im Umfang von 170 qkm (gewachsen aus den anfänglichen 20 qkm vor dem ersten Weltkrieg) bis zum Ofenpaß reicht. Außer der Paßstraße nach Italien ist das eine Naturlandschaft zum Wandern, in der Tiere und Bäume, Pflanzen und Pilze wachsen, wie es ihnen gefällt – vom Menschen und vor dem Menschen geschützt. Hier kann man gar nicht genug Zeit haben, denn es ist das urwüchsigste, ungewöhnlichste Schweizer Landschaftsrevier. Daß es hier freilich früher auch einmal geschäftiger zuging, beweist bereits der Name des Passes, dem Sie zustreben: ›Il Fuorn‹ oder Ofenpaß in Erinnerung an den Erzschmelzofen, der einst hier betrieben wurde. Hinter dem Paß öffnet sich Ihnen das Münstertal, in ihm nach 13 km der Ort **Santa Maria** mit einer kleinen gotischen Kirche mit Rippengewölben, die einen Blick ins Innere lohnt. Noch auffallender als der spitze Kirchturm sind freilich die weiß getünchten, mit Sgraffiti verzierten Häuser, wie sie für

Graubünden typisch sind. Aber halten Sie sich hier nicht unnötig lange auf. 4 km weiter erwartet Sie in **Müstair** die größte Sehenswürdigkeit des Tales und – eine der wichtigsten Kirchen der ganzen Schweiz (Abb. 103).

Es beginnt mit der Legende. Sie will wissen, daß Karl der Große auf dem Weg vom Veltlin über den Umbrailpaß in ein schweres Unwetter geriet und das Gelöbnis tat, an dem Punkt, an dem er sicher das Tal erreichte, ein Kloster zu errichten. Auch die Historiker vermuten, daß das Benediktinerkloster von Müstair schon vor dem Jahr 800 von Karl dem Großen begründet wurde – der Namenstag Karl (28. Januar) wird daher hier auch feierlich begangen. Auch ein Ortsname wie Scharltal läßt an Verbindungen zum kaiserlichen Karl denken. Jedenfalls hat sich die *Klosterkirche* nur wenig verändert.

Schlank und kräftig zugleich steht sie zu Füßen der Berge, der Giebelteil des Kirchensaals durch drei hufeisenförmige Apsiden – ähnlich wie Mistail! – beinahe elegant gegliedert. Dabei entstanden allerdings der schlanke Glockenturm und ein mit Zinnen versehener Wohnturm für die Äbtissin von Planta erst in späteren Jahrhunderten, nachdem die Kirche Ende des 15. Jahrhunderts gotische Abwandlungen erfahren hatte.

Eine Überraschung eigener Art hatte die Kirche freilich über viele Jahrhunderte verborgen und gab sie erst 1896 annähernd preis, bis sie um 1950 vollends enthüllt wurde. Unter den sichtbaren Fresken entdeckte man die ursprünglichen, um 800 entstandenen der Karolingerzeit und stand einer Bilderfolge des frühen Mittelalters von großartiger Vielfalt gegenüber. Beinahe amüsant kann man die Tatsache nennen, daß in den Apsiden zwar die karolingischen Bilder des Jahres 800 durch romanische der Salzburger Schule in der zweiten Hälfte des 12. Jahrhunderts übermalt wurden, der Künstler sich aber im Thema an die Vergangenheit anlehnte und auch ohne Bedenken Motive und Bildinhalte von seinem beinahe 400 Jahre älteren Vorgänger übernahm. »Die Fresken aus romanischer Zeit (ein wunderbares Gegenstück zu der romanischen

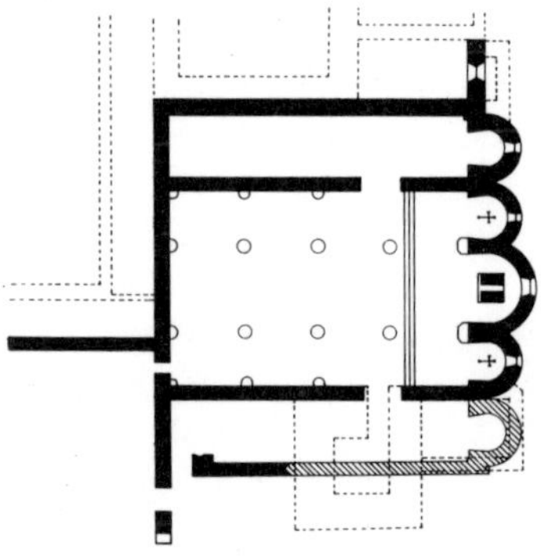

Müstair, Grundriß der Klosterkirche

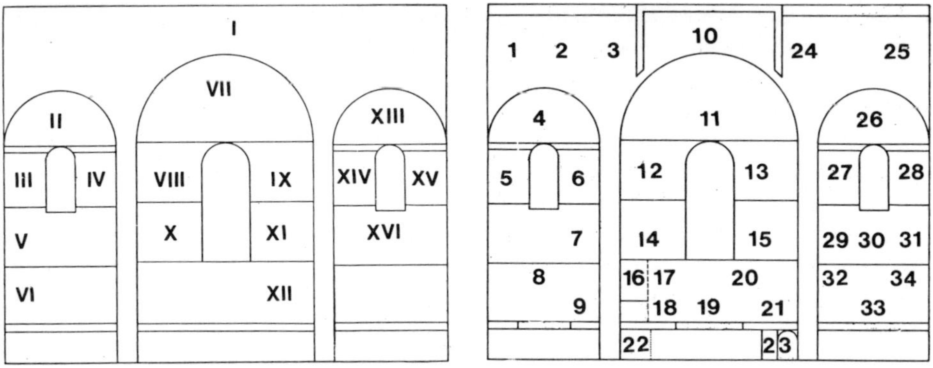

Müstair, Klosterkirche: Bildprogramm der karolingischen (I–XVI) und der romanischen Fresken des 12. Jh. (1–34)

I Himmelfahrt Christi II Traditio Legis III Begegnung von Petrus und Paulus in Rom IV Paulus im Streit mit Juden und Heidenchristen V Simon Magus im Streit mit Petrus und Paulus vor Nero VI Nero und sein Hof bei der Kreuzigung Petri VII Majestas Domini, Evangelistensymbole, Engelschöre VIII Verkündigung an Zacharias, Zacharias vor dem Volk IX Geburt des Täufers X Gefangennahme des Täufers XI Johannes im Gefängnis von zwei Jüngern besucht XII Trauernde XIII Theophanie der crux clipeata XIV Weihe des Stephanus XV Liturgische Szene XVI Synagoge und Libertiner

1 Johannes der Täufer 2 Lamm mit Kreuz im Medaillon 3 Johannes der Evangelist 4 Traditio Legis 5 Simon Magus im Streit mit Petrus und Paulus 6 Petrus füttert Hunde mit geweihtem Brot 7 Sturz des Simon Magus 8 Kreuzigung Petri, Enthauptung Pauli 9 Grablegung der Apostelfürsten 10 Opfer Kains und Abels 11 Majestas Domini 12, 13 je sechs Apostel 14 Christus empfängt die klugen Jungfrauen 15 die törichten Jungfrauen vor verschlossener Tür 16 Fresko von 1597 17 Tanz der Salome 18 Enthauptung des Johannes 19 Gastmahl des Herodes 20 Leichenzug des Täufers 21 Grablegung des Täufers 22 Stifterfigur 23 Atlant und Stifterin 24 Sündenfall 25 Vertreibung aus dem Paradies 26 Himmelfahrt 27 Maria und Apostel 28 Engel und Apostel 29 Petrus weiht Stephanus zum Diakon 30 Stephanus vor dem Hohen Rat 31 Verstoßung Stephans aus der Stadt 32 Steinigung Stephans 33 Leichenzug 34 Grablegung Stephans

Holzdecke mit ihren über 150 Quadratbildern in der Kirche von Zillis ...)«, so urteilt Hans Eberhard Friedrich, »... gehören sowohl stofflich-malerisch als auch in ihrer erstaunlichen Ornamentierung zu den besten und interessantesten romanischen Fresko-Zyklen in Europa.«

Karl der Große steht selbst in der Kirche ›seines‹ Klosters. Freilich, die lebensgroße Plastik unter dem steinernen Baldachin, die den Kaiser mit Reichsapfel und Zepter in langem Gewand zeigt, entstand keinesfalls schon zu seinen Lebzeiten oder kurz danach und ist auch nicht karolingisch, sondern erst um die Zeit seiner Heiligsprechung um das Jahr 1165 entstanden. Denken Sie bei der Betrachtung daran, daß der Stuck früher bemalt und das Standbild farbig war! Aber auch heute gehört dieses Standbild zu den eindrucksvollsten Darstellungen des großen Kaisers, der hier zwischen Deutschland und Italien einen symbolischen Platz gefunden hat: immerhin war er in Mailand auch als König der Lombardei gekrönt worden.

Das *Kloster* selbst, ursprünglich für Mönche bestimmt, seit 1163 durch Nonnen bewohnt, tritt hinter der Kirche an Bedeutung zurück. Aber wer sich genauer umsehen will, findet auch hier in Verbindung mit den beiden Höfen aus dem 11. Jahrhundert zwei beachtliche Kapellen, die beide um 1160 entstanden sind. Wie Kirche und Kloster in die Landschaft eingefügt sind – in die grüne oder schneeweiße, versteht sich –, macht den Besuch auch für den zu einem Erlebnis, der künstlerischen Feinheiten weniger Beachtung schenkt. Die Fahrt von 70 km hin und zurück von Zernez sind reichlich gerechtfertigt.

Haben Sie auf ihrer bisherigen Fahrt durchs Engadin – außer Guarda – nur einzelne der typischen Häuser erblickt, so treten sie mit **S-chanf** und **Zuoz** im Oberengadin in ein Gebiet, in dem ganze Dörfer von ihnen geprägt sind. Der häufig fotografierte *Dorfplatz* von Zuoz in 1700 m Höhe vermittelt die ganze anmutige Geborgenheit, die von den Engadiner ›Dorfpalästen‹ ausgeht (Abb. 107). Immerhin ist auch Zuoz nach Chur die bedeutendste stilvoll erhaltene Ortschaft Graubündens. Typisch für den Ort sind die Planta-Häuser, die den Wahlspruch des Geschlechts ›Mehr sein als scheinen‹ in ihrer geradlinigen Schlichtheit durchaus rechtfertigen könnten. Freilich, daß auch das ›Scheinen‹ gelegentlich eine Rolle spielte, beweist mindestens das Rokokogeländer aus Granit, das als verspielte Arabeske die Treppe des unteren Plantahauses einfaßt. Respektfordernd spannen sich zwischen *Plantahaus* und dem *Plantaturm* aus dem 13. Jahrhundert drei steinerne, überdachte Bogen über die Straße.

Wer das Engadin ohne den Trubel großer Hotels und ohne die Betriebsamkeit viel besuchter Urlaubsorte – und auch etwas preiswerter! – erleben will, um vor allem seinen Geist und seine Eigenart zu spüren, der ist in und um Zuoz gut aufgehoben: ob in S-chanf oder Madulain, in La Punt oder Bevers. Vielleicht findet er sogar in einem

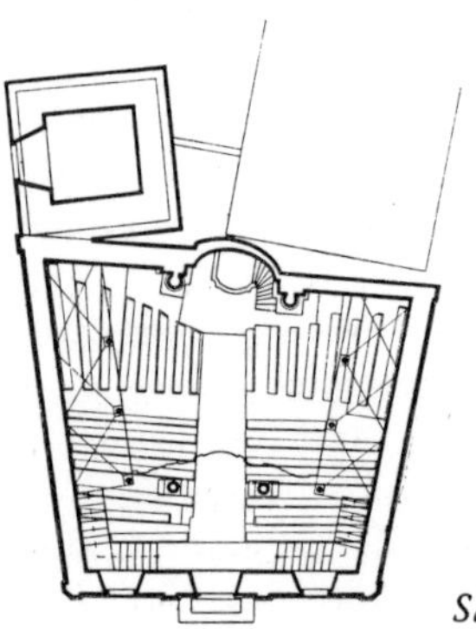

Samedan, Grundriß der protestantischen Kirche

der stämmigen Häuser selbst Quartier: nicht immer mit allem Komfort, aber gewiß behaglicher und individueller als in einer der Karawansereien von St. Moritz oder Pontresina.

Einen Übergang zwischen der großen Welt und Engadiner Beschaulichkeit bildet **Samedan,** das eine Anzahl von beachtlichen Häusern aufweist, darunter das *Plantahaus am ›Plazzet‹*, das als Doppelhaus Ende des 18. Jahrhunderts entstand und heute eine bedeutende Bücherei in rätoromanischer Sprache beherbergt (Abb. 106). Neben der spätgotischen *Kirche St. Peter*, von den Bündner Baumeistern Klain und Bühler um 1491/92 errichtet, entstand um 1771/72 eine reformierte *protestantische Kirche*, die trotz der Nüchternheit ihres Glaubens das Formenspiel von Barock und Rokoko mitmachte – einschließlich der im Inneren befindlichen Rokoko-Orgel.

Beherrscht wird die Landschaft vor St. Moritz von der lange beliebten Aussichtsterrasse des Muottas Muragl, die Sie mit einer Zahnradbahn erreichen. Der Ausblick umfaßt die Bergwelt des Engadin mit ihrem Hochtal. Dabei wird Ihr Blick auch auf die zwischen Pontresina und **Celerina** einsam in der Landschaft gelegene *Kirche San Gian* stoßen (Abb. 104). Sie gehört zu den ältesten Gotteshäusern des Tals, wobei Chor, Turm und Ostteil des Schiffs bereits im 11. Jahrhundert entstanden. 1478 wurde der Bau erweitert, wobei das verlängerte Schiff zugleich seine geschnitzte und bemalte Holzdecke erhielt. Ursprünglich war es eine Kirche, die für Taufen und Begräbnisse diente. Die Fresken im Chor gehen auf einen Maler von Ende des 15. Jahrhunderts zurück, der offensichtlich aus Italien gekommen war.

Erst später erhielt das nahe **Pontresina** seine Kirche, die den Ort hoch überragt: *Santa Maria*. Der Turm aus der ersten Hälfte des 12. Jahrhunderts ist der älteste Bauteil, der kleine Saalbau wurde ein paar Jahrzehnte später angefügt. Auch hier malte ein oberitalienischer Meister um 1500 – also nach San Gian! – die Fresken im Schiff und in der Apsis. Allerdings sind auch Reste romanischer Wandmalerei aus der Zeit des Baues zu entdecken. Die Kirche überstand den gewaltigen Brand Pontresinas im Jahr 1720, durch den der Ort heute weit ärmer an alten Häusern ist als etwa Samedan oder Zuoz. Einige blieben zum Glück erhalten. Dafür war der Ort die Heimat des ›Königs der Bernina‹, des Gemsenjägers Colani, an den der Grabstein auf dem Friedhof und eine Inschrift am Colanihaus erinnern.

Wenn Sie über Pontresina hiuaus an den Skibergen Diavolezza und Lagalb (mit Bergbahnen) vorüberfahren und den Berninapaß (2330 m, Hospiz 2309 m) im Banne einer kaum überbietbaren Bergkulisse mit Gletschern und Bergseen durch Kehren abwärts gelangen (im Winter freilich meist gesperrt), treten Sie in die Landschaft von Poschiavo ein und nähern sich dem Veltlin. Um es rätoromanisch zu sagen: von Puntraschigna nach Puschlav. Von der Berghöhe ins Tal, gen Süden. Von den Engadiner breit ausladenden Bauten zu italienisch anmutenden Landhäusern, steil gestaffelt. Nach Chur und Davos bildet **Poschiavo** Graubündens drittgrößte Siedlung mit knapp 4000 Einwohnern. »Die bauliche Struktur des Ortes«, charakterisierte es Wolfgang

Hildesheimer, der in Poschiavo seine Wahlheimat fand, »ist so vielfältig wie die topographische Struktur des Tals.«

Beim Anblick des Turms der *Kirche San Vittore* könnten Sie glauben, im Tessin zu sein. Zwar wurde die Kirche ums Jahr 1500 errichtet, aber der Turm gab es schon vorher. Er stammte von einem früheren romanischen Kirchenbau und wirkt durch seine geöffneten Arkaden, deren Zahl wechselt, so lebendig. Zugleich markiert er die Mitte der Stadt mit dem Gemeindeplatz. Jedoch ist das nicht Poschiavos einzige Kirche. Jede von ihnen hat ihren Reiz. Die *Kirche Santa Maria Assunta* ist barock, um 1711 erbaut. An ihr entzückt besonders das Innere. Die Renaissancekanzel mit ihren Schnitzereien ist älter als die Kirche. 1634 geschaffen, gehörte sie ursprünglich in die Stiftskirche und gelangte nach einem überraschenden Umweg über Deutschland wieder nach Poschiavo. Überschäumend verziert sind Kuppel und seitliche Kapellen. Auch die bei der Stiftskirche gelegene *Kapelle Oratorio Santa Anna* von 1732 verdient mit ihrer farbenprächtig ausgemalten Kuppel einen Besuch.

Wer von Graubünden spricht, wer ins Engadin fährt, denkt immer auch an **St. Moritz,** das übrigens auf seiner zweiten Silbe betont werden möchte. San Murezzan lautet der rätoromanische Name. Man tut dem traditionellen Schweizer Wintersportort unrecht, wenn man ihn lediglich als Tummelplatz des Jet Set charakterisiert und diffamiert. Die meisten Gäste von St. Moritz, durchaus nicht alle in Luxushotels wohnend, sind sportlich veranlagt und stapfen des Morgens zu den Pisten der Umgebung, die ein Netz von Bergbahnen und Lifts erschlossen hat. Piz Nair oder Corvatsch sind nur zwei der Namen, die die Herzen der Abfahrer höher schlagen lassen.

Wer seinen Spaß an der Kulturgeschichte von Hotels hat, der kann sich hier satt sehen. Etwa an Johannes Badrutts bereits 1858 durch Umbau entstandenes *Hotel ›Kulm‹*, zugleich die Wiege von St. Moritz als Winterort, übrigens auch später mehrfach gewachsen und verändert. Oder an dem 1893 entstandenen *Palace-Hotel* in einem touristikromantischen Schloßstil. Dazu die Neubauten der letzten Jahre, die das Bild abrunden. Der Hotelforscher, der noch ein Stück weiter nach Maloja fährt, kann mit dem längst nicht mehr als Hotel betriebenen, um 1883 konzipierten *einstigen Palace-Hotel* die ganze alte Pracht des ausgehenden 19. Jahrhunderts genießen. Der belgische Architekt Jules Rau schuf sich damit ein architektonisch nicht zukunftsträchtiges Denkmal. Das vom stolzen Hotelbauherrn Graf Renaisse hier ebenfalls in Angriff genommene Schloß Belvedere blieb unvollendet ...

Noch befinden wir uns in St. Moritz. Bekannteste Sehenswürdigkeit des Ortes ist der *schiefe Turm,* der zu der schon im vorigen Jahrhundert abgetragenen Mauritiuskapelle von 1500 gehörte und mit seinem romanischen Unterbau und seinem 1672 zugefügten barocken Oberbau um 1930 gegen weitere Neigung gesichert wurde. Boshafte St. Moritzer erzählen, der Turm habe sich einst vor einer Jungfrau ehrerbietig geneigt und werde erst angesichts der nächsten Jungfrau wieder in die Senkrechte gehen ...

Zweiter Besuchspunkt von St. Moritz ist Giovanni Segantini. Ein Italiener vom oberen Gardasee (Arco), der in der zweiten Hälfte des vorigen Jahrhunderts seine

Liebe zur graubündener Landschaft entdeckte und zuerst neun Jahre in Savognin am Julierpaß und ab 1894 in Maloja lebte, bis er 1899 im Alter von erst 41 Jahren starb. In St. Moritz erhielt er 1909 ein *Museum*, das die symbolhafte, vom Licht beschwingte Überhöhung der Berglandschaft vieler seiner Bilder zeigt. Besichtigung Montag bis Samstag von 9.30–12 und 14–17 Uhr (im Winter: 16 Uhr), Sonntag 11–12. Historisch und volkskundlich Interessierte werden in St. Moritz außerdem das *Engadiner Museum*, das freilich nur von Juni bis September (etwa gleiche Besuchszeiten wie Segantini-Museum) geöffnet ist, besuchen.

Auf der Straße von St. Moritz nach Maloja mündet bei Silvaplana die Straße über den Julierpaß ins Engadin. Das macht den ziemlich dörflich gebliebenen Ort betriebsam. Die Fahrt nach Maloja führt an den Seen des Hochtals entlang an **Sils Maria** vorüber. Kein Ort, um ungewöhnliche Kunstdenkmäler zu erwarten, aber eng verbunden mit dem Namen von Friedrich Nietzsche, der hier mehrere Male längeren Aufenthalt nahm. »Nun, dies Sils Maria will ich mir zu erhalten suchen«, schrieb er 1881. Ein *Nietzschehaus* erinnert heute an ihn.

Wenn Sie in Maloja angekommen sind und die Paßstraße dieses Passes, der eigentlich keiner ist, in zahllosen Serpentinen nach unten führt, auf Chiavenna – bereits in Italien – zu, liegt das Engadin hinter Ihnen.

Kultur der großen Städte

»Endlich ein Gesicht, ein Stadtgesicht und, trotz aller Eingriffe, von welcher Abstammung und Beharrlichkeit.«

Rainer Maria Rilke

Was Rainer Maria Rilke, der Wahl-Walliser (siehe S. 169), über Bern äußerte, hat eigentlich auch für alle anderen Großstädte der Schweiz Gültigkeit. Wir haben gesehen und gemerkt, daß Kunst in der Schweiz weithin eine Kunst aus der Landschaft heraus ist, eine Kunst, die viele ihrer Wurzeln und wesentliche Ausdruckszüge im Dorf gefunden hat. Dennoch sind auch die Städte und unter ihnen nicht zum mindesten die Großstädte reich an künstlerischer Substanz. Keine der Schweizer Großstädte ist ›seelenlos‹. Jede hat ihr im Laufe von Jahrhunderten gewachsenes und nicht durch den Zwang zum Neubau entstelltes Gesicht. Vermutlich oder sogar sicher ist das der Grund, warum der deutsche Besucher sich in den Großstädten der Schweiz so schnell heimisch fühlt.

Die sechs Schweizer Großstädte – sie seien der Größe nach hier aufgeführt: Zürich, Basel, Genf, Bern, Lausanne und Winterthur – haben so in ihren ›Mauern‹ viel von ihrer Vergangenheit bewahrt. Es sind ›reiche‹ Städte, wobei dieses Adjektiv nicht den – überdies vorhandenen – materiellen Wohlstand betrifft. Ihren Reichtum hier umfassend auszubreiten, müßte den Rahmen dieses Buches sprengen. Zumal da der Kunstbestand dieser Städte als hinreichend bekannt und gewürdigt vorausgesetzt werden kann, während das, was übers Land verstreut ist, viel eher Gefahr läuft, dem suchenden Blick zu entschlüpfen und übersehen zu werden. Es können also nur Stichworte gegeben, nur Beispiele näher erläutert werden. In diese Städte muß nicht mehr ›geführt‹ werden. Sie stehen ohnehin im Programm des Schweiz-Reisenden, und er tut gut, sich für diejenige Stadt, die er zu etwas längerem Aufenthalt ausgewählt hat, speziellere Unterlagen zu besorgen und zu studieren, wobei ja einzelne Bauten bereits in ausführlichen Monographien behandelt sind. Vielleicht aber macht auch der nur kursorische Überblick dem, der die eine oder andere Stadt nicht kennt, Appetit darauf, nicht nur den Schweizer Luftkur- oder Wintersportort aufzusuchen, der im Mittelpunkt der Reise steht, sondern auch das Erlebnis einer Stadt in den Reiseplan mit einzubauen. Das ist – oft schon aus Verkehrsgründen – nicht in Stunden möglich, wenn man mehr als unverbindlich-oberflächliches Sightseeing sucht. Jede der sechs Großstädte braucht ihre Zeit, die kaum reichlich genug bemessen sein kann. Wer sie sich auch nur einigermaßen nimmt, könnte der Schweiz ein neues ›Stadtgefühl‹ verdanken.

Respekt vor dem Alter: Basel

Als die Basler – denen Schweizer on dit, wie auch den Bernern, eine gewisse Langsamkeit des Denkens nachsagt – Anno 1957 ihre Zweitausendjahrfeier begingen, waren sie so vorwitzig, das Jahr 43 vor Christus als Gründungsjahr ihrer Stadt anzunehmen, weil in diesem Jahr die Römer unter Caesar die Colonia Augusta Raurica (siehe S. 127) begründet hatten. Nun mag man zu Entfernungen nach damaligem und heutigem Maßstab stehen, wie man will: immerhin liegt diese Kolonie, aus der die Stadt Augst wuchs, mindestens 10 km von Basels Zentrum entfernt. Wenn zu einem späteren Zeitpunkt die Schlüsselstellung von Augst auf Basel überging – was einige Jahrhunderte später geschah und durch den Umzug der Bischöfe in die Civitas Vasiliensis ums Jahr 400 n. Chr. sinnfällig geworden ist –, so hatte das mehrere Ursachen: günstigere Verteidigungsmöglichkeiten, trockenere Lage, Zusammenlaufen wichtiger Straßen. Basel bleibt, auch ohne daß man sich an die 2000 Jahre klammert, die älteste der großen Städte. Ihre Entwicklung ist bewegt. Kurz nach dem Jahr 1000 bis zum Jahr 1501 im Besitz des deutschen Reichs und durch ein Konzil (1431–1447), als frühe Stadt des Buchdrucks, durch Künstler wie Konrad Witz und Hans Holbein sowie durch Erasmus von Rotterdam und die humanistischen Bestrebungen der Kultur verbunden. 1501 schloß Basel (siehe S. 26) sich dem ewigen Bund der Eidgenossen an und erhielt durch die 1529 übernommene Reformation entscheidende wirtschaftliche Anstöße, bis das 19. Jahrhundert Basel mit Persönlichkeiten wie Johann Jakob Bachofen (romantischer Mythologe und Entdecker des Mutterrechts) und Jacob Burckhardt (Ranke-Schüler und Kulturkritiker) neue geistige Impulse gab. Das macht auch deutlich, daß Basel und die Basler ihrer schon 1460 begründeten Universität mehr demokratische Kulturpflege verdanken, als sie andere Städte oder Kantone der Eidgenossen besitzen.

Um Basel kennenzulernen, müssen Sie sich auf drei Betrachtungsebenen bewegen: Sie müssen aus seinen *Befestigungen* ablesen, wie die alte Stadt verlief. Sie müssen aus der Vielzahl bedeutender *kirchlicher Bauten* – mehr als ein Dutzend – diejenigen aussuchen, die von hervorragender Wichtigkeit und Bedeutung sind, wobei natürlich das Münster eine ›Bank‹ darstellt, auf die keiner verzichten kann. Schließlich tun Sie gut, auch den *weltlichen Bauten* vom Rathaus über Patrizier- und Bürgerhäuser bis zu den zahlreichen Brunnen Aufmerksamkeit zu schenken. Wobei Allemann auf die Schattenseite auch des Basler Stadt-Daseins hinweist, daß manches stilvolle alte Haus modernen Großbauten weichen mußte. »Was einst den Reiz des Basler Stadtbildes ausmachte, findet sich alles in allem auf ein paar Gassen und Plätze außerhalb des großen Verkehrs in ein innerstädtisches Inseldasein abgedrängt. Selbst wo die meist sehr schlichten, nur ganz ausnahmsweise zu barocker Prachtentfaltung gesteigerten Fassaden der Palais und der Bürgerhäuser erhalten geblieben sind, ist vielfach das Leben aus ihnen gewichen.« Freilich: nur dem fällt es auf, der den Vergleich ziehen kann. Der Basel-Besucher tummelt sich genießerisch in den Gassen, die zum Münsterhof führen oder im Umkreis anderer Kirchen liegen. Er macht sich angesichts der mittelalterlichen Bauten

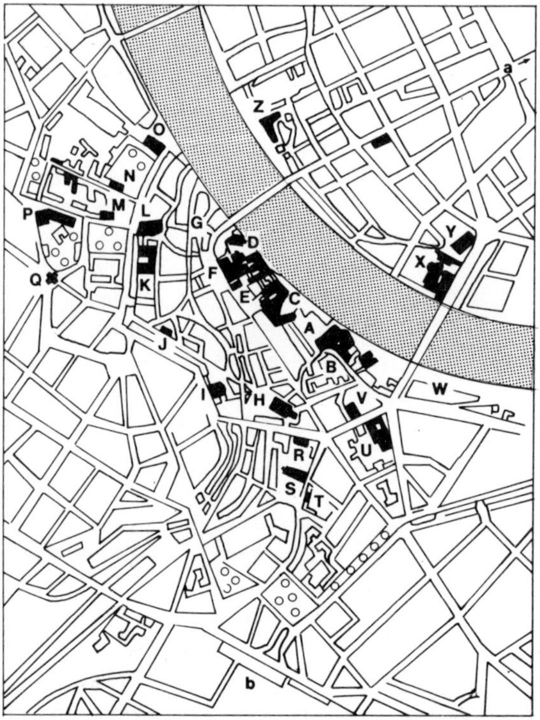

Plan von Basel

A Münster und Münsterplatz B Rittergasse C Augustinergasse, Museum für Natur- und Völkerkunde D Martinskirche E Geltenzunft (1568) F Rathaus G Fischmarktbrunnen H Barfüßerkirche, Historisches Museum I St. Leonhardskirche J Spießhof und Oberer Heuberg K Schöner Hof und Zerkindenhof L St. Peterskirche M Wildtsches Haus N Hebelstraße, Holsteinerhof O Predigerkirche P Universitätsbibliothek Q Spalentor R Kunsthalle S Elisabethenkirche T Kirschgartenmuseum U Kunstmuseum, Öffentliche Kunstsammlung V Antikenmuseum W St. Albanvorstadt X Ehemalige Kartause Y St. Theodorkirche Z Ehemaliges Kloster Klingental (Stadt- u. Münstermuseum); a zum deutschen Bahnhof b Bahnhof SBB/SNCF

bewußt, daß Basel vor 300 Jahren noch ganz die Merkmale der späten Gotik zeigte, bis Renaissance und Barock allmählich mit ihren Bauten neue Akzente setzten. Als Höhepunkt etwa das *Wildtsche Haus* am Petersplatz, das 1764 vollendet war. Basels *Münsterplatz* ist nach wie vor in den seit der Römerzeit gesetzten Begrenzungen eine architektonische Einheit des nachmittelalterlichen Städtebaus.

Wer nur wenig Zeit für Basel hat, sollte außer dem Münster (und dieser oder jener anderen Kirche) unbedingt das *Rathaus* einbeziehen (Abb. 28). Der nach dem Erdbeben von 1356 drei Jahre später errichtete Rathausbau wurde zunächst im 15. Jahrhundert und danach durch einen groß angelegten Neubau erweitert. Aber auch später, so im ersten Jahrzehnt des 17. und am Ende des 19. Jahrhunderts, erfolgten Umbauten. Nur der Kunsthistoriker ist heute imstande, genau zu entscheiden, was zum ursprünglichen Bau gehörte, was nur restauriert oder im 19. Jahrhundert frei hinzugefügt wurde. In der 1504 entstandenen Rathausfassade fließen jedenfalls Bauprinzipien der Gotik mit denen der Renaissance sozusagen nahtlos ineinander. Dachreiter und Glockentürmchen geben dem sonst streng wirkenden Bau zusammen mit dem wappengeschmückten Zinnenkreuz den Eindruck leichter Eleganz. Leider hatte die alte Bemalung durch Hans Bock (1608/09) und seine Söhne so stark gelitten, daß man zu Beginn unseres Jahrhunderts kaum noch restaurieren, sondern weithin neu schaffen mußte. Höhepunkt des Rathaus-Inneren sind der Regierungsratssaal mit der geschnitzten Decke (1512–14, Meister Hans) und der Vorraum dazu. Achten Sie an der Südwand des Ratssaals auf die 1595 geschnitzte Tür zur einstigen Kanzlei.

Bevor wir uns näher mit dem Münster beschäftigen und auf die eine oder andere Kirche eingehen, ein Hinweis auf die Museen. Rund zehn sind es. Gesehen haben sollten Sie das *Kunstmuseum*, denn es enthält immerhin die größte Sammlung von Konrad Witz und dem jüngeren Hans Holbein und eine großartige Schau der Kubisten unseres Jahrhunderts. Aber auch dazwischen viel Sehenswertes aus der Schweiz und Deutschland und Frankreich. Geöffnet von Juni bis September 10–17 Uhr, von Oktober bis Mai 10.30–12.30 und 14–17 Uhr, dazu durchgehend jeden Mittwoch auch 20–22 Uhr. Außerdem zeigen das *Schweizerische Museum für Volkskunde* einheimische Folklore und das *Kirschgarten-Museum* Basler Wohnkultur.

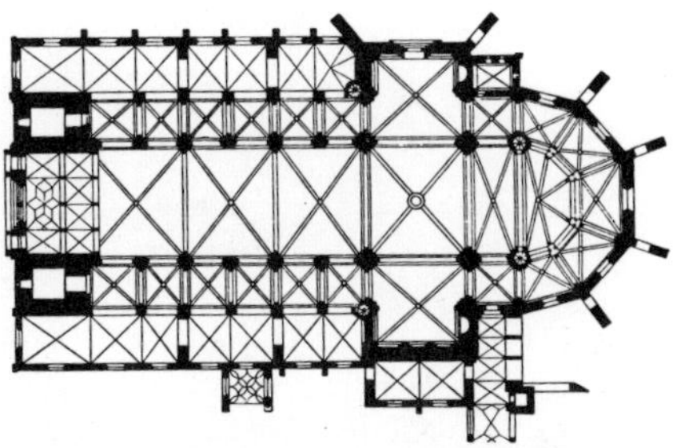

Basel, Grundriß des Münsters

Das *Münster* hat die übliche unsichere Vorgeschichte: der erste Bau entstand wohl in Anlehnung an die Mauer des alten Kastells. Einen karolingischen Bau dürften die Ungarn bei ihrem Einfall 917 zerstört haben. Unter Kaiser Heinrich II. wurde ein Neubau geweiht, an den die unteren Teile des Georgsturms erinnern. Das Münster von heute (Abb. 29–35) aber geht auf den Bau zurück, der in den ersten Jahrzehnten des 13. Jahrhunderts vollendet wurde, nachdem ein Brand im Jahr 1185 die Kirche zerstört hatte. Schon bald erwies sich eine Erweiterung der Krypta als notwendig. Der spätromanische Bau erhielt 1428 auf dem alten Unterbau den Georgsturm, der südliche Martinsturm folgte bis 1500. In der Zwischenzeit hatte es freilich noch eine Naturkatastrophe gegeben: durch das Erdbeben des Jahres 1356 waren das Gewölbe des Mittelschiffs und die Türme eingestürzt und mußten wiederhergestellt werden. »Das heutige Aussehen des Münsters gründet also auf dem bedeutenden spätgotischen-oberrheinischen Bau mit hochgotischem Choraufbau und spätgotischen Westtürmen. Der spätromanische Bau ist von ausgezeichneter Qualität und zumindest in der Chor-Krypta-Anlage ein Unikum.« (Reinhard Hootz). Am Querhaus befindet sich mit der Galluspforte das vermutlich älteste Portal mit Figuren des deutschen Gebiets, bei dem – analog zum französischen St. Gilles – die Gestalten der Nischen in kleinen Feldern nach Art der roma-

nischen Bronzetüren ein Sonderdasein führen (Abb. 30). »Wie bezeichnend und wie deutsch, daß die Tugend-Laster-Mythen, die architektonischen plastischen Gestalten der französischen Portale, in Basel in kleine Szenen umgewandelt sind und in ganz menschlicher Weise die Tugenden der Barmherzigkeit dadurch demonstrieren, daß eine weibliche Gestalt Kranke pflegt, Hungrige speist, Dürstende tränkt usw.« (Richard Hamann). Bei der Plastik des Westportals muß man berücksichtigen, daß es sich um einen nach dem Erdbeben verwendeten Rest der ursprünglichen Figuren handelt, die 1270–1300 entstanden waren. Unbedingt sollten Sie auch das Innere aufsuchen. In ihm u. a. Kanzel und Taufstein aus dem 15. Jahrhundert, Grabmale und ein 1432 kunstvoll geschnitztes Chorgestühl. Südlich des Münsters befindet sich ein großer und dabei noch ein kleinerer Kreuzgang. Beide stammen aus dem 15. Jahrhundert, nur ein Rest des romanischen Kreuzgangs blieb erhalten.

Es ist schwer, Ihnen einen Rat zu geben, welche der Kirchen Sie noch in Ihr Programm aufnehmen könnten. Die *einstige Barfüßerkirche der Franziskaner,* heute Museum, entstand in der ersten Hälfte des 14. Jahrhunderts, monumentalster Schweizer Bau des Bettelordens mit einem prachtvollen hochgotischen Chor. *St. Alban* war die Klosterkirche der Benediktiner, die um 1300 entstanden war, wobei das Kloster selbst nach der Reformation verödete. Die Kirche wurde Mitte des vorigen Jahrhunderts völlig umgebaut, aber der Chor mit seinem Maßwerk hat sich ohne wesentlichen Eingriff erhalten. Einen Besuch lohnt auch die in Kleinbasel gelegene *einstige Kartause St. Margarethental,* 1401 gegründet und die Kirche um 1415 vollendet. Mönchschor mit Lettner sind heute zugänglich, und manche Einzelheit wie das Zscheckenbürlizimmer von 1509 sind wirklich sehenswert.

Sie dürfen Basel nicht verlassen, aber natürlich sind Sie längst darüber ›gestolpert‹, ohne seine *Tore* bewundert zu haben. Von ihnen ist das *Spalentor* von Ende des 14. Jahrhunderts das schönste und bedeutendste mittelalterliche Stadttor der Schweiz, auch wenn die Spitzdächer der Flankentürme 1842 zu ihrem Nachteil verändert wurden. Man könnte es als südliches Gegenstück zu Lübecks, freilich rund 75 Jahre jüngerem Holstentor ansehen und reizvolle Vergleiche zwischen den Auffassungen süddeutscher (Schweizer) Bauweise und der norddeutschen Backsteingotik ziehen. Basels Tor strebt nach oben, das von Lübeck in die Breite.

Ganz baslerisch sind nicht nur die ›Leckerli‹, ein beliebter Honigkuchen, sondern auch die *Basler Fasnacht,* die man freilich erst eine Woche nach unserem Fastnachtsdienstag erleben kann und die am Montag um 4 Uhr in der Frühe mit dem ›Morgenstraich‹ anhebt – folkloristisch bis zu ihrem Ende am Donnerstag 4 Uhr durch bunte Umzüge und Maskenbälle ebenso reizvoll wie Ausdruck künstlerischer Gestaltung (Farbt. 11–14).

◁ *Basel, das Spalentor*

Äußere und innere Größe: Zürich

Was viele Schweizbesucher mitnichten wissen: Zürich ist keinesfalls die Hauptstadt der Schweiz. Das ist immer noch (seit 1848) Bern. Aber rund eine halbe Million Einwohner hat nur Zürich aufzuweisen.

Über die schöne Lage Zürichs an ›seinem‹ See ist vielerlei gesagt worden. Goethe scheint bei seinem ersten Aufenthalt in der Stadt im Jahr 1775 zunächst nicht sehr beeindruckt zu sein, denn er registriert als erstes nur, daß ihm der Anblick des Sees bei der Niederschrift von ›Dichtung und Wahrheit‹ »noch gegenwärtig« sei. Erst als er aus Bodmers Haus oberhalb der Limmat hinausblickt, erhält seine Schilderung Wärme: »Man übersah vieles von dem, was sich von der großen Stadt nach der Tiefe senkte, die kleinere Stadt über der Limmat, sowie die Fruchtbarkeit des Sihlfeldes gegen Abend, rückwärts links einen Teil des Zürich-Sees mit seiner glänzend bewegten Fläche und seiner unendlichen Mannigfaltigkeit von abwechselnden Berg- und Talufern, Erhöhungen, dem Auge unfaßlichen Mannigfaltigkeiten, worauf man denn, geblendet von allem diesen, in der Ferne die blaue Reihe der höhern Gebirgsrücken, deren Gipfel zu benamsen man sich getraute, mit größter Sehnsucht zu schauen hatte.«

Aus bronzezeitlichen, keltischen und römischen Anfängen, wobei die Lage des römischen Kastells links der Limmat an der Fortunagasse feststeht, entstand die eigentliche mittelalterliche Besiedlung um die Mitte des 9. Jahrhunders im Bereich des heutigen Fraumünsters, aber über sie ist wenig bekannt. Nachdem ursprünglich die Zähringer Zürich gefördert hatten, wurde nach ihrem Aussterben Zürich freie Reichsstadt, abhängig allerdings von der Äbtissin der Fraumünsterabtei. Im 13. Jahrhundert übernehmen Adel und kaufmännische Großbürger die Leitung der Stadt, und Befestigungen werden angelegt. Auf Zürcher Boden entstand aber auch die Minneliedersammlung der Manessischen Handschrift. Mit Ulrich Zwingli setzte sich zu Beginn des 16. Jahrhunderts die Reformation in Zürich durch. Zusammen mit neuen Befestigungen entstanden die Bauten von Renaissance und Barock, während die Gotik erst spät nach Zürich gekommen war und sich auch nicht allzu lange halten konnte. Im 18. Jahrhundert bedeuteten die Züricher Geister einen entscheidenden Impuls für die deutsche Literatur: Johann Jakob Bodmer (1698–1783), Johann Jakob Breitinger (1701–76) luden 1750 Klopstock ein, der hier seine Ode ›Der Zürcher See‹ dichtete. Johann Kaspar Lavater (1741–1801) stand in enger Verbindung mit Goethe. Salomon Geßner (1730–88) gewann mit seinen gemalten Idyllen Sympathie für die Landschaft der Schweiz. Lebhafte kulturelle Strömungen verbanden Zürich mit dem deutschen Geistesleben. Namen wie die von Gottfried Keller, Zürcher Staatsschreiber, Conrad Ferdinand Meyer, Gottfried Semper und Richard Wagner, der zwischen 1849 und 1859 in Zürich Zuflucht fand, setzten diese Entwicklung im 19. Jahrhundert fort. Soll man es Zürich anlasten oder gutschreiben, daß Lenin von hier aus seinen Weg in die Tage antrat, die die Welt veränderten?!

Zürich, Ausschnitt aus dem Stadtplan von 1576, nach Jost Murer

Zwei große Kirchen mit uralter Tradition – Großmünster und Fraumünster –, das Rathaus und eine stattliche Zahl von Zunfthäusern prägen das Gesicht der Stadt. Wobei natürlich aber auch jene Straße nicht vergessen sei, von der auch der Nicht-Züricher rechtzeitig hört und die zu begehen zur selbstverständlichen Pflicht jedes Zürich-Besuchs gehört: die *Bahnhofstraße* zwischen Bahnhof und See – zwar ›nur‹ eine Anlage der Mitte des vorigen Jahrhunderts, aber in ihren 1,2 Kilometern mit Geschäftshäusern und Gastbetrieben Zürichs weltstädtische Paradestraße.

Bleiben wir in der ferneren Vergangenheit. Das *Großmünster* ist Zürichs markanteste Kirche (Abb. 110) – im geschichtlichen Ablauf steht es zwischen dem älteren ursprünglichen und dem jüngeren heutigen Basler Münster. Man hat das Großmünster in beziehungsreichem Sinne altertümlich genannt, weil es in seinem Stil unsicher wirkt. An ihm ist immer wieder herumgebaut worden, wobei die Pläne mehrfach geändert wurden, bis Mitte des 13. Jahrhunderts der Bau endlich abgeschlossen war. Beispiels-

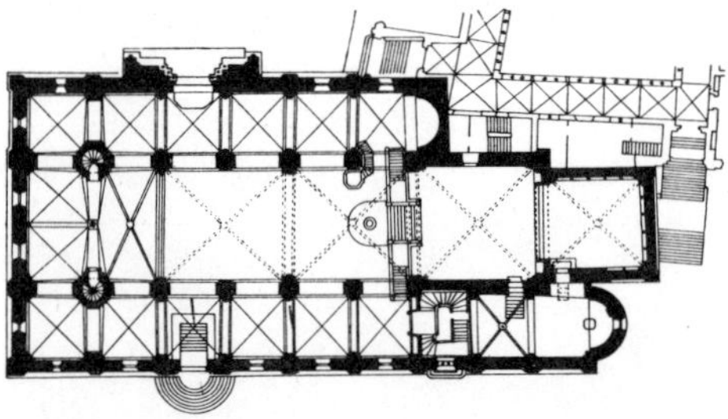

Zürich, Grundriß des Großmünsters

weise entdeckte man, daß in der ursprünglichen Planung das Mittelschiff allzu dunkel geraten war, so daß man es um 1230 erhöhen und mit eigenen Obergadenfenstern versehen mußte. Das heutige, 1180 entstandene Nordportal war eigentlich für die Westseite vorgesehen. Schon im 15. Jahrhundert erneuerte man die Westfassade und baute Ende des Jahrhunderts die Turmgeschosse aus. Allerdings gehen die Helme der heutigen Türme auf eine Ende des 18. Jahrhundert nach einem Brand notwendige Wiederherstellung zurück.

Zu den Höhepunkten dieser Kirche gehören die Skulpturen am 1180 entstandenen Nordportal (teilweise heute Kopien), das vor allem mit seinen Kapitellen sehr lebendig ist, und im Nordosten der Kirche der aus der Zeit um 1200 stammende romanische *Kreuzgang*, der einen Höhepunkt für diese Zeit darstellt und Mitte des vorigen Jahrhunderts restauriert wurde.

Für die Gründung des *Fraumünsters* muß man die Legende heranziehen. Danach soll 853 Ludwig der Deutsche das Kloster seiner (drei Jahre später gestorbenen) Tochter Hildegard übergeben haben. Abermals eine Königstochter errichtete 874 eine neue Kirche. Die wissenschaftliche Forschung hat insgesamt fünf Bauperioden für die Frühzeit festgestellt, bis um 1250 der Neubau beginnt, mit dem wir es heute zu tun haben, wobei sich die Bauarbeiten Stück für Stück vollzogen: Chor 1250–1270, Querschiff Ende des 13., Langhaus 14., Einwölbung der Seitenschiffe erste Hälfte des 15. Jahrhunderts. So ist denn der Chor romanisch, das Langhaus gotisch. Der Chor enthält seit wenigen Jahren Glasgemälde Chagalls.

Auch Zürich hat eine Anzahl Kirchen, die durchweg aufs Mittelalter zurückgehen. Zu den originellsten gehört die *Wasserkirche*, die ursprünglich auf einer Insel in der Limmat stand, als Folge einer Verlagerung des Flußlaufs jetzt aber auf das rechte Ufer ›gerutscht‹ ist. Ihre Ursprünge reichen bis auf etwa 1000 zurück, der heutige Bau erfolgte um 1480 und ist spätgotisch. Zürichs *St. Peter* geht in den Ursprüngen bis auf die Mitte des 9. Jahrhunderts zurück und weist als einzigen Bestandteil mittelalterlicher Herkunft heute den Turm – Anfang des 13. Jahrhunderts – auf, dessen Uhr-Zifferblätter einen Durchmesser von 8,70 m haben und damit die größten Europas sind. Sie entstanden bereits 1538. Aus St. Peter stammt übrigens auch die älteste Züricher Glocke aus dem Jahr 1294, die freilich nicht mehr in der Kirche hängt, sondern ins Landesmuseum kam.

Damit ist das Stichwort für Zürichs Museen gefallen. Das bereits erwähnte *Landesmuseum* in der Nähe des Hauptbahnhofs zeigt Schweizer Kultur und Geschichte in historischer Entwicklung – das ideale Museum für einen vorbereitenden Besuch auf der Reise in die Schweiz. Es ist am Montag von 12–17 Uhr, an den übrigen Tagen der Woche von 10–17 Uhr zugänglich. Kunstfreunde werden das *Kunsthaus Zürich* am Heimplatz aufsuchen, das abendländische Malerei und Plastik vom Mittelalter bis zur Gegenwart vermittelt. Beispielsweise befindet sich darin das Porträt Gottfried Kellers von Böcklin. Geöffnet Montag 14–17 Uhr, sonst 10–12 Uhr. Moderne Kunst zeigen das *Atelier Hermann Haller* (der Bildhauer starb 1950) und in der Nähe das *Centre Le Corbusier,* das als moderner Bau das Werk des Architekten würdigt. Freunde fran-

Plan von Zürich
A Großmünster B Fraumünster C Wasserkirche und Helmhaus (Museum) D Zur Meise E Münsterhof F St. Peter G Augustinerkirche H Lindenhof I Schipfe J Landesmuseum K Eidgen. Technische Hochschule L Universität M Haus zum Oberen Schönenberg (Thomas-Mann-Archiv) N Stockargut O Zentralbibliothek und Predigerkirche P Zum Rechberg Q Zur Eintracht, Rindermarkt und Neumarkt R Rathaus S Zur Saffran T Zum Rüden U Zur Zimmerleuten V Kunsthaus W Opernhaus X Zum Beckenhof a Bahnhof

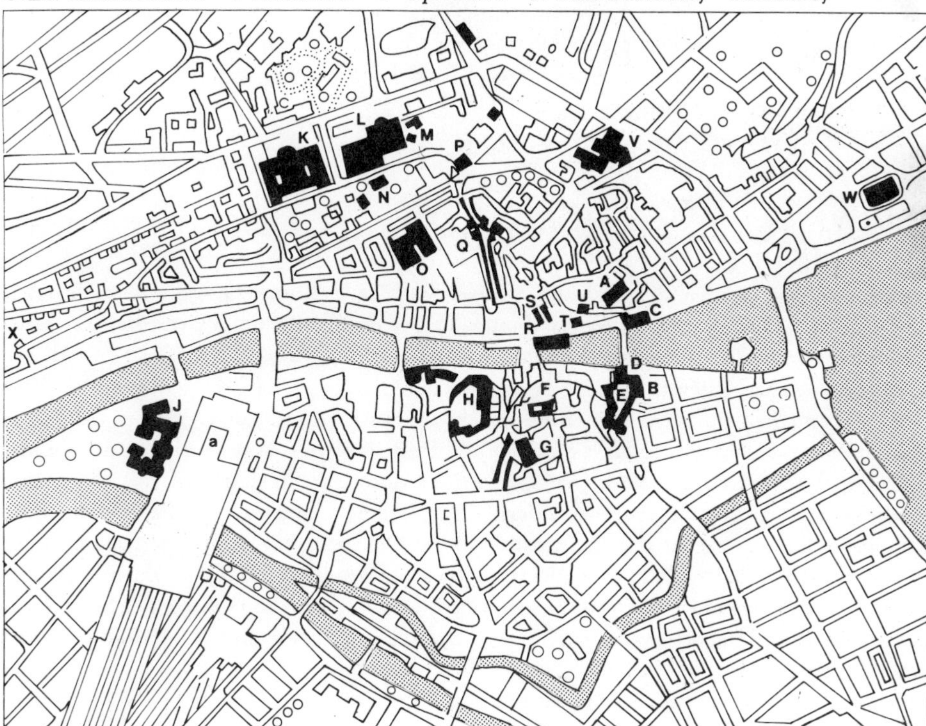

Zürich, nach Merian, 1654

zösischer Kunst sollten die *Stiftung Sammlung E. G. Bührle* (Zollikerstr. 172) aufsuchen, die (Dienstag bis Freitag 14–17 Uhr) französische Kunst des 19. und 20. Jahrhunderts vermittelt.

Zürichs *Rathaus* stammt von Ende des 17. Jahrhunderts und bringt die Atmosphäre eines italienischen Spätrenaissance-Palasts in die nüchterne Stadt (Abb. 111). Es liegt unübersehbar am Limmatquai, besonders eindrucksvoll mit Wasser davor zu betrachten. Der Bau wurde 1698 eingeweiht und in unserem Jahrhundert renoviert. Das Äußere blieb einigermaßen unverändert, innen jedoch erfolgten erhebliche Umbauten. Das gilt insbesondere für das Erdgeschoß. Gegenüber dem Eingang stoßen Sie auf eine Büste, die Gottfried Keller – von Richard Kissling geschaffen – zeigt. Zu den sehenswertesten Innenräumen Zürichs gehört der ›Festsaal‹ aus dem Barock. Er ist reich ausgestattet und weist eine bedeutende Stuckdecke auf. Auch die anderen Säle lohnen einen Besuch.

Versäumen Sie, wenn Sie in Zürich sind, unter gar keinen Umständen einen Besuch der verschiedenen *Zunfthäuser*, von denen sich einige – wie das Rathaus – am Limmatquai befinden. Jedes von ihnen spiegelt handwerklichen Bürgerstolz und läßt erkennen, daß man an nichts gespart hat ... Sie gehen gewöhnlich bis ins 13./14. Jahrhundert zurück und erhielten ihre heutige Form durch Erweiterungs- oder Umbauten. Die wichtigsten dieser Zunfthäuser, von denen eigentlich jedes eine Würdigung seiner künstlerischen Qualitäten und Eigenheiten verdiente, sind:

Zur Schmiden, Marktgasse 20 / Rindermarkt
Zur Zimmerleuten, Limmatquai 40
Zum Rüden, Limmatquai 42
Zur Saffran, Limmatquai 54 / Krebsgasse 4
Die Eintracht (früher: *Zur Schuhmachern)*, Neumarkt 5, heute Theater und Restaurant
Zur Meise, Münsterhof 20 (Abb. 113)
Zur Waag, Münsterhof 8

Verständlicherweise besitzt Zürich auch eine Anzahl stattlicher privater und öffentlicher Bauten der Vergangenheit, die sich sehen lassen können. So das 1770 vollendete *Haus zum Rechberg*, das heute die juristischen Seminare der Universität beherbergt – um 1800 das vornehmste Privathaus der Stadt, damals ›Zur Krone‹ benannt. Schauen Sie sich außer der eindrucksvollen Fassade auch die ziemlich ursprünglich erhaltenen Räume an. Auch das *Stockargut* aus dem 17. Jahrhundert (Gartenpavillon 1730) gehört jetzt zur Universität. Bedeutsam ist auch der früher weit außerhalb der Stadt befindliche *Beckenhof* mit dem Kleinen Herrschaftshaus von 1718 und dem Großen Herrschaftshaus von 1740. Von Gottfried Semper als sein einziges für einen privaten Auftraggeber erstelltes Bauwerk stammt das *Geschäftshaus zum Sonnenbühl* von 1865–68. Zu den wichtigsten Werken Sempers in Zürich gehört der Bau des *Polytechnikums*, das zwischen 1861 und 1864 entstand und das Formen von Renaissance und Barock aufweist. Die Sgraffiti der Nordfassade wurden von Semper selbst entworfen.

Es wäre schön, wenn Sie sich die Zeit nehmen könnten, die sogenannte *Schipfe* zu besuchen, die Sie auf der linken Seite der Limmat finden, genauer gesagt am Ufer zwischen Rathaus- und Uraniabrücke. Hier hat sich ein beschauliches Stück von Alt-Zürich erhalten. Früher war hier der Bereich der Badestuben und Schiffsländen. Die meisten Häuser des Gebiets stammen aus dem 17. und 18. Jahrhundert, wobei eine wohlmeinende Renovierung in der ersten Hälfte des Jahrhunderts erfreulicherweise Eigenart und Charakter der Bauten aufgefrischt und erhalten hat.

Museen erhöhen eine Stadt: Winterthur

Ob Winterthur nun noch nicht ganz oder eben gerade Großstadt ist, soll uns wenig kümmern. Die durchaus nicht junge Stadt – sie wurde immerhin bereits um 1150 von den Kyburgern begründet und besitzt eine unverkennbare Altstadt – steht zwangs-

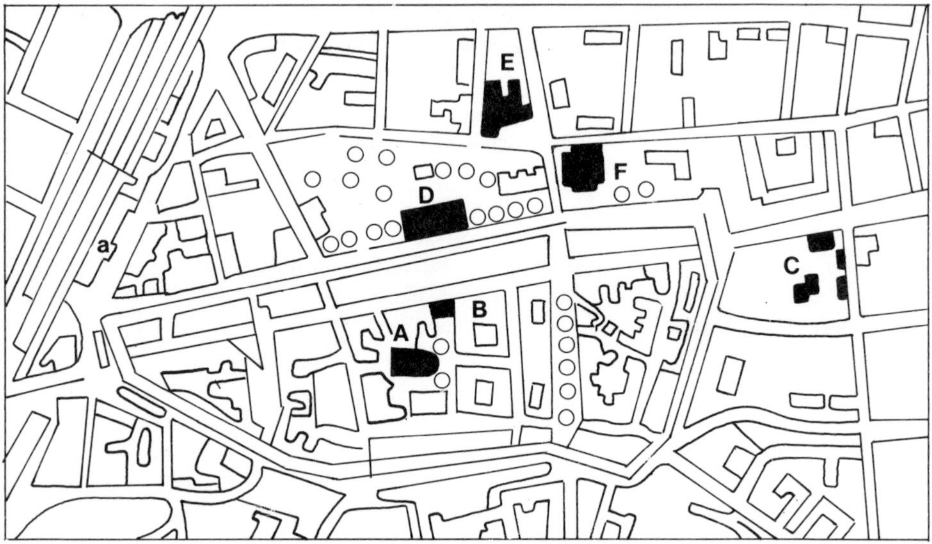

Plan von Winterthur
A Stadtkirche B Waaghaus C Lindengut, Historisches Museum D Stiftung Oskar Reinhart E Kunstmuseum F Stadthaus a Bahnhof

läufig mehr oder minder im Schatten des nicht mehr als 25 km entfernten Zürichs. Und wer würde, nachdem er Zürich betrachtet und erlebt hat, denn wohl auch daran denken, nun auch noch nach Winterthur zu fahren?!

Dennoch: Sie sollten es tatsächlich tun. Und sei es auch nur, um die Bekanntschaft mit zwei Kunstmuseen zu machen, die auch in der Nähe Zürichs ihren Rang behaupten. Einmal das *Kunstmuseum des Kunstvereins* (Museumsstr. 52), das überwiegend den Winterthurer und Zürcher Malern aus dem 17. und 18. und insgesamt der Schweizer Malerei des 19. und 20. Jahrhunderts gewidmet ist. Zum anderen aber die *Stiftung Oskar Reinhart* (Stadthausstr. 6), ursprünglich eine der reichsten Privatsammlungen der Welt, verbunden mit der Sammlung Oskar Reinhart (am Römerholz). Die Stiftung wurde von Dr. Reinhart 1958 der Schweizerischen Eidgenossenschaft geschenkt. Jeder Eindruck von bildender Kunst der Schweiz ist für den unvollkommen, der diese Winterthurer Sammlungen nicht betrachtet hat. Hier sind Superlative wahrhaft berechtigt. Dank dieser Sammlung läßt sich ein einzigartiger Überblick über fünf Jahrhunderte europäischer Malerei gewinnen, wobei ein leichtes Schwergewicht zugunsten der Franzosen zu erkennen ist, die besonders vollzählig vertreten sind. Die Besuchszeiten sind Dienstag bis Sonntag 10–12 und 14–17 Uhr, Montag 14–17 Uhr.

Zugegeben, daß Sie damit Winterthurs wichtigste Kulturstätten kennengelernt haben. Aber durchaus noch nicht alle. Denn Winterthur besitzt mit dem von Gottfried Semper 1865–68 erbauten *Stadthaus* einen mit Säulen und Freitreppe großzügig bedachten Bau eines europäischen Historismus, außerdem mit dem 200 Jahre alten *Rathaus* einen der wichtigsten Schweizer klassizistischen Bauten. Das Erdgeschoß wurde vor 100 Jahren umgebaut in eine Ladenpassage mit Hof.

Immerhin bewahrt Winterthur auch zwei gotische Kirchen und zwar die inmitten der Altstadt gelegene *Stadtkirche St. Laurentius,* deren heute vorhandener Chor auf das Jahr 1313 zurückgeht, obwohl auch Teile des niedrigeren gotischen Chors erhalten blieben. Die Basilika weist kein Querschiff auf. Die Türme von 1313 (Nordturm) und 1490 (Südturm) erhielten 1659 ihre barocken Turmhelme, wobei Zofingen aus dem Aargau wohl als Vorbild gedient hat. Die *Kirche St. Arbogast* von Oberwinterthur ist ursprünglich auf dem Mauerwerk eines spätrömischen Kastells errichtet worden. Sie wurde im 12. Jahrhundert zu einer Pfeilerbasilika ausgebaut. Höhepunkt dieser Kirche sind die Fresken an den Wänden des Mittelschiffs, die um 1330/40 entstanden und deren unbekannter Künstler mit Sicherheit mit der Manessischen Handschrift zu tun gehabt hatte: die Ornamentik beider Werke weist Übereinstimmungen auf. Leider ist die Erhaltung der Fresken nicht gut, aber ihr Inhalt ist überaus mannigfaltig.

Wichtigste Straße der Stadt ist die *Marktgasse,* an der sich außer wichtigen öffentlichen Gebäuden auch einige historische Bürgerhäuser befinden, so das auf die Gotik zurückgehende, 1503 erbaute *Waaghaus,* während andere Häuser dieser Gasse – *Geduld, Berna* (früher: Ceder), *Steinadler, Geist* – den Stil von Barock oder Rokoko bewahren.

Winterthur liegt übrigens in einem Kranz von Burgen, deren Besuch mit einer Stadtbesichtigung gut verbunden werden kann. Nordöstlich bei **Hegi** zuerst eine *ehemalige Wasserburg,* die zugleich einen guten Eindruck von einer vollständig erhaltenen mittelalterlichen Burganlage vermittelt. Der in unserem Jahrhundert restaurierte Bau geht auf die Zeit um 1200 zurück. Beinahe nördlich von Winterthur finden wir den mittelalterlichen Wohnturm der **Mörsburg,** die zu den ältesten Zürcher Burgen der Kyburger gehört und heute als *Museum* besichtigt werden kann: 1. März bis 31. Oktober außer Montag täglich 9–12 und 14–17 Uhr. Westlich von Winterthur im Ortsteil **Wülflingen** liegt der heute als *Restaurant* dienende Bau eines Herrensitzes aus dem 17. Jahrhundert. Vielleicht die bedeutendste dieser Winterthur umrahmenden Burgen aber ist wohl südlich der Stadt die **Kyburg,** zugleich die größte mittelalterliche Burganlage der ganzen Ostschweiz. Sie war die Stammburg der Grafen Kyburg, die freilich schon 1264 ausstarben. Die Kyburg wird schon 1027 erwähnt. Später kam die Burg an die Habsburger und ist heute im Besitz des Kantons Zürich als Museum, geöffnet vom 1. März bis 31. Oktober außer Montag täglich von 9–12 und 13–17 Uhr.

Hauptstadt mit Brunnen und Laubengängen: Bern

Drei Zitate zu Beginn, die das Wesen von Bern deutlich machen. 1877 meinte Carl Hilty in seinen ›Berner Staatsgedanken‹: »Jeder, der diese Stadt betritt, fühlt sogleich, daß sie nicht als eine Stätte des Lebensgenusses, infolge günstiger Lage, glücklichen Klimas, gegründet wurde oder an natürlichen großen Verkehrswegen seit uraltersher den Handel von Nationen vermittelt hat. Diese Stadt ist vielmehr ... durch die Kraft eines politischen Gedankens erbaut worden.« Von Maria Waser, der Berner Dichterin (1878–1939), stammt der Satz: »In ihrer gesammelten Form aber verkörpert die Stadt recht eigentlich die Landschaft, deren Herz sie ist, dieses großartig hingelegte, weitgebaute bernische Land, das in all seinen Teilen von der feierlichen Dreieinigkeit seiner Gipfelkönige, in denen das Gezacke und Geflacker der Alpenkette sich sammelt, auswirkt, verklärt bis hinunter zu den stolz gefügten Misthaufen seiner Bauernhöfe von Ordnung regiert, von Maß und gesetzlicher Kraft.« In ähnlichem Sinne meint Richard Zürcher: »Bern ruht wie wenige andere Städte in sich selber und strahlt ein Gesetz aus in die Landschaft, aus der es ihrerseits immer wieder seine Kraft schöpft.«

Nach vorangegangenen keltischen und römischen Siedlungen gründete der Herzog Berchtold V. von Zähringen um 1190/91 die Stadt, die nach dem Aussterben der Zähringer freie Reichsstadt wurde. Im Einflußgebiet von Habsburgern, Kyburgern und Savoyern lehnt sich Bern zeitweise an Savoyen an, ohne sich aber dabei aufzugeben. 1353 tritt Bern der Eidgenossenschaft bei. Als die Berner die Waadt erobert haben, werden sie 1536 zum größten Stadtstaat nördlich der Alpen. 1528 bereits übernahm Bern die Reformation. Absolutistisch regiert von Bern aus eine Patrizierschicht, gegen die sich 1653 die Bauern, 1749 aber die Bürger der Stadt erheben. Als 1798 der Einzug der Franzosen die Stadt kapitulieren ließ, kam die Wende, die von der Eidgenossenschaft gleichsam atemlos verfolgt wurde. Berns Patrizier wurden gestürzt, der Kanton Bern in seinem Besitzstand geschmälert. 1848 wurde Bern zur Bundeshauptstadt und zum Sitz der Zentralgewalt in der Eidgenossenschaft bestimmt. Dennoch herrschen auch heute noch im Berner Staatswesen patriarchalische Züge wie etwa im Fortbestand der dreizehn handwerklichen Zünfte, in deren Händen soziale Aufgaben für alle Bürger liegen.

Nicht wenige Besucher der Schweiz – und ich gehöre zu ihnen – haben den Eindruck, daß trotz Basel und Zürich mit ihren unbestreitbaren Glanzpunkten Bern eben doch die schweizerischste unter den Schweizer Großstädten ist, daß Berns Stadtbild, bei dem man von einer Stadtlandschaft gesprochen hat, das originellste und geschlossenste zugleich ist, daß der konservativ-patrizische Zug Berns – Jeremias Gotthelf, der Urschweizer, setzte dem oberflächlichen Zeitgeist den beständigen Bernergeist antipodisch gegenüber! – das Entstehen einer euphorisch-behaglichen Stimmung des Heimischseins begünstigt. In Bern kann der fremde Besucher, der die Gerechtigkeitsgasse – schon dieser Name für die Hauptachse der Stadt ist typisch Berner Art! – entlangschlendert, sich rasch zu Hause fühlen.

Sicher ist, daß zu diesem Geborgenheitsgefühl bei Bern die *Lauben* eine wesentliche Rolle spielen (Abb. 127). Natürlich hat man sie auch anderswo in der Schweiz und in Süddeutschland. Aber nirgends bestimmen sie so entscheidend das Bild der Straßen- bzw. Gassenfronten wie hier. Dazu muß man wissen, daß zuerst die Häuser standen.

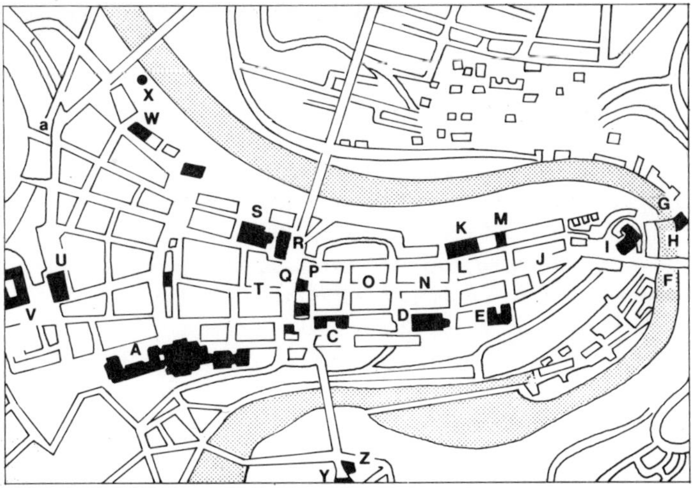

Plan von Bern

A Bundeshaus B Hôtel de Musique, Café du Théâtre C Kantonsbibliothek D Münster und Münsterplatz E Erlacherhof F Nydeggbrücke G Alte Nydeggbrücke H Felsenburg I Nydeggkirche J Gerechtigkeitsgasse K Rathaus L Vennerbrunnen M Antonierkapelle N Kramgasse O Zähringerbrunnen P Zeitglockenturm Q Kindlifresserbrunnen R Ehemaliges Kornhaus S Prediger- (Französische) Kirche T Marktgasse U Heiliggeistkirche V Bürgerspital W Kunstmuseum X Blutturm Y Bernisches Historisches Museum Z Kunsthalle a Bahnhof

Daß man danach den Bürgern die Erlaubnis gab, vor den Häusern steinerne Bogen zu errichten, über die die Hausfront vorgezogen werden konnte – eine Art zusätzlicher Wohnraumgewinnung, wie man es auch in der Architektur z. B. Ungarns häufig findet, daß die höheren Stockwerke vorragen, um den Raum möglichst großzügig auszunützen. Dabei blieben jedoch die Gehflächen unter den Lauben – die ja zugleich einen Wetterschutz boten! – Eigentum der Stadt und öffentliche Wege. Aber ähnlich, wie wir es heute in den autofreien Einkaufzonen unserer Großstädte erleben, wo die Läden ihre Waren unter freien Himmel rücken, so gingen auch die Bewohner der Laubenhäuser dazu über, diese Flächen unter den Bögen für ihre Geschäfte zu verwenden. Man muß einmal versuchen, sich das Gewimmel im Mittelalter vorzustellen. Da arbeiteten unter den Lauben Handwerker, da wurde Handel getrieben, da hielt man sich Tiere, die hier mehr Luft als im Hinterhof hatten. Typisch ist ein Erlaß des Rats der Stadt Bern aus dem Jahr 1615, daß keinesfalls Schweine unter den Lauben gehalten werden dürften. Eines seltenen Einzelfalls wegen hätte der Rat solches sicher nicht ausdrücklich verfügt. Jedenfalls war es bald selbstverständlich, daß der Laubengang in die Architektur des Hauses eingegliedert wurde, wie man es heute in Bern allenthalben sehen kann.

Auch wenn Bern mit dem dominierenden Münster einen kirchlichen Bau besitzt, der das Stadtbild entscheidend beherrscht, so sind es doch die *bürgerlichen Wohnhäuser*, die für Bern bestimmend sind. Dabei wechseln einfach-schlichte Bauten mit solchen von bestechender reicher Eleganz ab. Das 18. Jahrhundert war dabei maßgebend für das Gesicht der Altstadt von heute. Wer durch eine Reihe der bernischen Gassen mit offenen Augen geschlendert ist, kann mit gutem Recht – wenn auch nicht ganz zutreffend – meinen, daß er Bern nun kenne. Die Namen dieser Gassen sind – die Gerechtigkeitsgasse nannte ich bereits – Kram- und Marktgasse, Junkerngasse, Spitalgasse, Kesslergasse (Abb. 127), Kirchgasse und Münsterplatz. Das sind nicht alle, aber die anderen werden Ihnen auf dem Weg ohnehin begegnen.

Berns wirtschaftlicher Mittelpunkt vom 13. Jahrhundert ab war die heutige *Kramgasse,* die Fortsetzung der Gerechtigkeitsgasse. Kram hatte früher nicht die heutige Bedeutung, sondern stand für ›Marktstand‹. Hier wurde verkauft und gekauft, gehandelt und gewandelt. Man hat sie »die schönste Gass in der Stadt« genannt. Jedenfalls bietet sie ein geschlossenes Bild mit Häusern, die bis ins 15. Jahrhundert (Nr. 1 und Pfeiler zwischen 19 und 21) zurückreichen, obwohl spätere Jahrhunderte reichlicher vertreten sind. So aus dem 18. Jahrhundert die Häuser Nr. 77–81, 54, 72.

Die tatsächlich älteste Gasse aus der Gründungszeit der Stadt ist die *Gerechtigkeitsgasse,* deren Breite – wir sahen die gleichen Ausmaße auch bei der folgenden Kramgasse – darauf hinweist, daß sie eine doppelte Funktion hatte: Mittelpunkt des Han-

Bern, der Zeitglockenturm

dels und Achse des Verkehrs durch die Stadt. Die ältesten erhaltenen Häuser stammen aus dem 16. Jahrhundert (Nr. 19, 28–38, 60. Das überhaupt älteste der Berner Bürgerhäuser finden Sie in der *Kesslergasse* 32. Das May-Haus mit seinem vorspringenden Erker ist 1515 entstanden.

In der Achse von Gerechtigkeitsgasse und Kramgasse stoßen Sie im Westen auf das vielleicht (nach dem Münster?) berühmteste Berner Gebäude: den *Zeitglockenturm*, der früher anders aussah (Farbt. 1). Sein Name wurde bereits 1420 geprägt. Um 1191 entstand der ursprüngliche Turm im Zuge der ersten Erweiterung der Stadt: die Mauerteile sind noch heute an drei Turmwänden zu erkennen. Nach einem Brand wurde der Turm 1405 wiederhergestellt und um 1770 barock umgestaltet. Die Glocken erhielt der Turm im 15. Jahrhundert. Das Uhrwerk – Spieluhr und astronomische Uhr – hat sich von 1530 bis heute erhalten! Der Zeitglockenturm ist neben dem Käfigturm, der um 1639/40 wegen Baufälligkeit abgerissen und kurz darauf neu aufgebaut werden

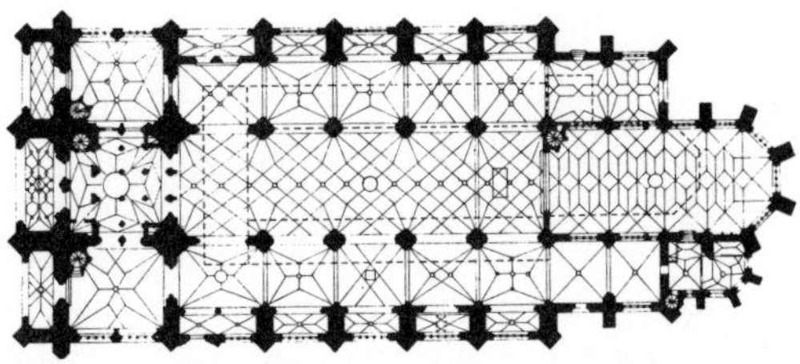

Bern, Grundriß des Münsters

mußte, Berns einziges altes Tor. Fünfzig Jahre später kam die Uhr hinzu. Ein anderer Turm – Christoffelturm – wurde 1865 abgetragen – sein hölzerner Christophorus, 1498 von Albrecht von Nürnberg geschaffen, findet sich als Fragment im Bernischen Historischen Museum.

Sprechen wir vom *Münster!* Es gehört zu den Kirchenbauten, die getreu ihrer mittelalterlichen Funktion ins Stadtbild eingefügt wurden. Die Stadt hoch überragend, bestimmt es das Bild für jeden, der sich Bern nähert (Abb. 126). Aber wenn Sie in die Stadt gelangt sind und die Hoffnung haben, sich vom Münster zur Stadtmitte führen zu lassen, werden Sie enttäuscht sein. Nirgends ein Durchblick. Der Stadtbewohner ebenso wie der Besucher stößt beim Weg durch die engen Gassen erst im letzten Augenblick auf die Kirche, zu der er nur ehrfürchtig emporschauen kann. Ein Prinzip, wie wir es – beispielsweise – auch beim Straßburger Münster finden, während Kölns Dom heute allzu frei im Raum steht, um Demut zu bewirken.

Die Zahl der Baumeister, die am Münster zwischen dem Neubau des Jahres 1289 bis ins 16. Jahrhundert gewerkt haben, reicht nahe an ein Dutzend heran, wobei die Ensingers (Matthäus, Vinzenz und Moritz) eine wesentliche Rolle spielten. Originell die Tatsache, daß man beim Bau der Kirche die vorher benutzte Kapelle einfach umbaute: schließlich sollte und mußte der Gottesdienst ja weitergehen! Um 1450 wurde der alte Bau dann abgebrochen ... Der Turm wuchs ums Jahr 1500 allmählich bis zum oberen Viereckgeschoß. Seine Vollendung erfolgte freilich mit einem Achteckgeschoß und Helm erst Ende des 19. Jahrhunderts. Erhard Küng war der Meister, der das mit Skulpturen reich geschmückte Westportal und das als Schultheißenpforte bekannte Nordportal schuf. Die ganze ornamental-figürliche Üppigkeit mittelalterlicher Kirchenportale kam hier beispielhaft zum Ausdruck. Auch das Innere des Münsters ist kostbar und bedeutend. So erhielt der Chor Mitte des 15. Jahrhunderts großartige Glasmalereien verschiedener Künstler, wobei das sog. ›Bibelfenster‹ die von Königsfelden (s. S. 95ff.) bekannte Aufgliederung in Medaillons übernahm. In neun Rundmedaillons und achtzehn Seitenfeldern wickelt sich ein wahrhaft vielfältiger Bilderbogen ab: man sollte nie vergessen, daß diese in Abschnitten erzählten Begebnisse von Glasmalereien oder Fresken eine Vorwegnahme des bewegten Bildes im Film oder Fernsehen darstellten: Verwirklichung eines Menschheitstraums, schicksalhafte Abläufe sinnfällig zu machen. Man kann sich hier wie anderswo gut vorstellen, wie die Gläubigen aufmerksam die ›stories‹ verfolgten und ausdeuteten.

Bern hat auch noch andere Kirchen. Von ihnen ist die *Heiliggeistkirche*, 1726–1729 errichtet, die anmutig-schönste Barockkirche des Protestantismus in der Schweiz. Im Innenraum tragen vierzehn Säulen aus Sandstein das mittlere Tonnengewölbe. Die stuckierten Decken gehen auf den Wessobrunner Feichtmayr zurück.

Von den öffentlichen Bauten Berns verdient vor allem das spätgotische *Rathaus* von 1406–17 Beachtung, das beinahe quadratisch ist (Abb. 124). Von imposanter Wirkung die Halle des Erdgeschosses: eine eichene Balkendecke wird von drei mächtigen Pfeilern getragen. Diese Erdgeschoßhalle diente von 1488 ab als Kornspeicher; man weiß nicht, ob sie vorher im Ursprung für Tuch oder Brot bestimmt war. Das spätere Kornhaus, hochbarock um 1715 entstanden, dient heute als *Gewerbemuseum*.

Selbstverständlich besitzt die Hauptstadt der Eidgenossen mehrere besuchenswerte Museen. Für die Geschichte von Stadt und Kanton Bern findet man im *Bernischen Historischen Museum* (Helvetiaplatz 5, Öffnungszeiten: Montag 14–17 Uhr, Dienstag bis Samstag 9–12, 14–17 Uhr und Sonntag 10–12, 14–17 Uhr) vielerlei Hinweise. Das *Kunstmuseum* enthält Malerei und Plastik vom 15. Jahrhundert bis zur Gegenwart. Wer Paul Klee schätzt und liebt, findet hier die größte geschlossene Sammlung seiner Werke. Öffnungszeiten: Montag 14–17 Uhr, Dienstag bis Sonntag 10–12 und 14–17 Uhr, außerdem Dienstag zusätzlich 20–22 Uhr.

Was immer man auch über Bern berichten mag, so ist es doch nicht imstande, das Spezifische der Berner Atmosphäre in vollem Umfang wiederzugeben. Noch gar kein Wort habe ich bisher den *Brunnen* gewidmet, obwohl sie soundsooft in den Gassen die malerischen und fotogenen Akzente setzen. Berühmt und ein beliebtes Ziel zur Besichtigung ist auf dem Kornhausplatz der *Kindlifresserbrunnen* aus der Mitte des 16. Jahrhunderts, der mehrere Erneuerungen erlebte. Der ›Kindlifresser‹ ist ein freßgieriger Riese, der wohl ›pädagogischen‹ Zwecken dienen sollte, wenn man den Kleinen zeigte, daß der Riese mehrere leckere Kinder in Bereitschaft hatte ...! Friedlicher wirken demgegenüber die wappengeschmückten Bären im unteren Teil der Brunnensäule. Sehr folkloristisch ist auch der *Schützenbrunnen* in der unteren Marktgasse mit dem typischen Schweizer Schützen und einem ebenfalls schießlustigen Bärchen. Nennen wir noch aus der Vielzahl den *Gerechtigkeitsbrunnen* von 1544, dessen Justitia mit ihren Zusatzfiguren in der Gerechtigkeitsgasse zu finden ist.

Ein Begriff für die Welt: Genf

»Bern . . . ist so schweizerisch und nichts als schweizerisch, daß seine imponierende politische Leistung in den Bereich zwischen Alpen und Jura gebannt blieb. Genfs Größe aber hat für die Menschheit mehr bedeutet als für die Eidgenossenschaft. Selbst im engeren welsch-schweizerischen Bereich steht es einigermaßen am Rande: wenn es so etwas wie eine Hauptstadt der Romandie gibt, heißt sie Lausanne. Dafür sind von hier geistige Werte ausgegangen, die die Welt verändert haben.« Diesen Sätzen von Fritz René Allemann ist eigentlich nichts hinzuzufügen.

Seit die Römer im Jahr 58 v. Chr. das keltische Gebiet des heutigen Genf eroberten, wuchs die Stadt rasch. Man nimmt an, daß dort, wo heute die Kathedrale steht, auch

Genf, Place Neuve und das Theater

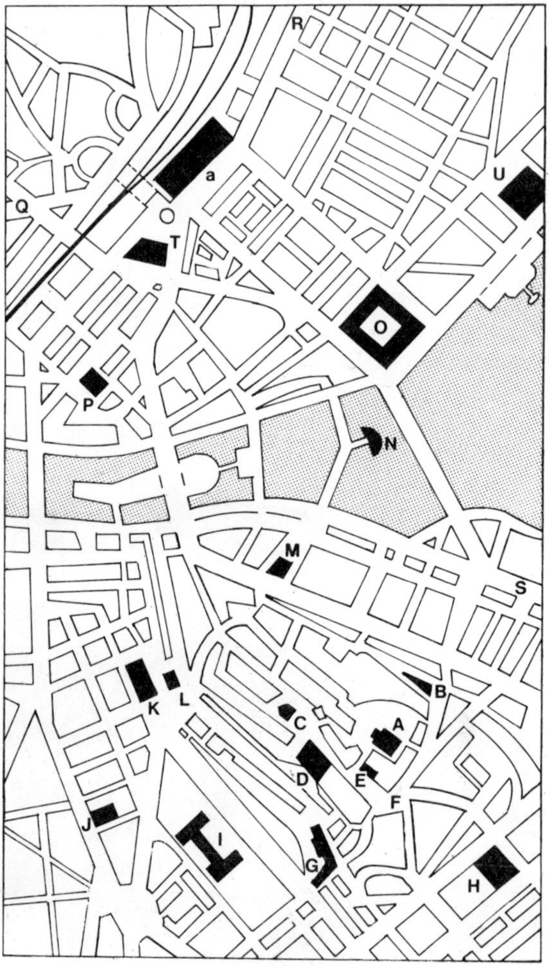

Plan von Genf

A Kathedrale B Madeleine-Kirche C St-Germain D Rathaus E Haus Turretini F Bourg de Four G Palais Eynard und Stadtmauer H Musée d'Art et d'Histoire I Universität J Konservatorium K Stadttheater L Musée Rath M Temple de la Fusterie N Rousseau-Insel O Haus Roux P St-Gervais Q Zur Voltaire-Bibliothek Les Délices R Zum Völkerbundspalast, Palast der Vereinten Nationen, UNO S Nach Bellerive (Musée Lombard) T Notre-Dame U Grand Casino a Hauptbahnhof

die Römer bereits ihre Tempel hatten. Jedenfalls führte die römische Straße durch die heutige Rue de l'Hôtel-de-Ville, Grand' Rue und Cité – alles wie gehabt ... Auch unter burgundischer Herrschaft blühte die Stadt und war neben Lyon ein Mittelpunkt kirchlichen Lebens. Im 12. Jahrhundert setzte Genfs wirtschaftliche Entwicklung ein – erste Märkte bzw. Messen, die im 15. Jahrhundert ihren Höhepunkt erreichten. Für die Medici war Genf eine wichtige Filialstadt, bis Lyon ihr den Rang ablief. Mit der Reformation wurde Genf im 16. Jahrhundert dank der Tätigkeit von Calvin zum Zufluchtsort der religiösen Flüchtlinge aus Frankreich und Italien. Das 18. Jahrhundert war für Genf ein Höhepunkt: es war die Zeit von Rousseau. Die ›hôtels‹ und Landhäuser entstanden. Fünfzehn Jahre, zwischen 1798 und 1813, war

108 MISOX/MESOCCO Inneres der Kirche S. Maria al Castello am Fuße der Festungsruine. Die Fresken aus der zweiten Hälfte des 15. Jh. zeigen oben Kreuztragung und Kreuzigung, darunter Heilige und in der Sockelzone Monatsdarstellungen

◁ 107 ZUOZ Dorfplatz mit Plantahäusern

109 Blick von der Burg MISOX/MESOCCO ins Tal

OMEGA

111 Zürich Das Rathaus
◁ 110 Zürich Das Großmünster, 12./13. Jh.
113 Zürich Zunfthaus ›Zur Meise‹, um 1755

112 Zürich Limmat-Blick: links Fraumünster, rechts: St. Peter

114 Zug Zeitturm und Stadthaus von 1497

115 Luzern Kapellbrücke mit Wasserturm von 1300, älteste in Europa erhaltene Holzbrücke aus dieser Zeit

116 LUZERN Rathaus, um 1600, dahinter Archivturm von 1628

117, 118 LUZERN Jesuitenkirche und Hofkirche

119 TREIB Wirtshaus zur Treib

120 Schwyz Pfarrkirche St. Martin (1769–74), Innenraum

121 Einsiedeln Benediktiner-Klosterkirche von 1735

122 Einsiedeln Benediktiner-Klosterkirche, Innenraum ▷

123 St. Urban Ehemalige Zisterzienser-Abteikirche von 1715, Inneres mit Rokokokanzel

126 Bern Münster mit Moses-Brunnen ▷

124, 125 Bern Das Rathaus (1406–1416) und der Bär im Wappen vor dem Rathaus

128 Schloß OBERHOFEN am Thuner See

◁ 127 BERN Blick vom Münsterturm auf die Kesslergasse

129 ZWEISIMMEN Kirche, Mitte 15. Jh.

130 SAANEN Kirche des 15. Jh., Holzhäuser

131 Blick aus der Jungfrau-Bahnstation auf das Eismeer

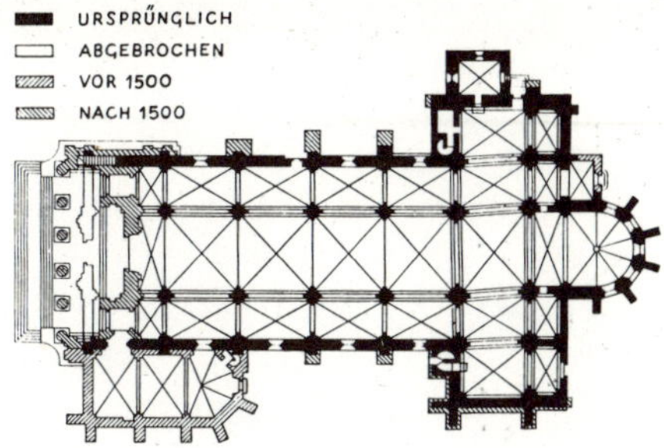

Genf, Grundriß der Kathedrale

Genf mit Frankreich verbunden, 1814 trat es der Eidgenossenschaft bei. 1863 gründete der Genfer Henri Dunant das Rote Kreuz, wodurch Genf endgültig zum Zentrum der Humanität wurde, was später durch Völkerbund und UNO-Organisationen weiter unterstrichen worden ist.

Genfs berühmtester Bau ist ohne Zweifel seine *Kathedrale St-Pierre* (Abb. 66). Ohne auf die Vorgeschichte näher einzugehen, wurde der Bau, den Sie heute sehen, um 1160 begonnen, 1225 wurden nach einer Unterbrechung Chor und Querhaus frühgotisch vollendet, danach – ebenfalls frühgotisch – das Langhaus angefügt. Die Makkabäerkapelle im südlichen Seitenschiff stammt von 1406 und gehört zu den gelungensten Werken der Hochgotik (Abb. 64). Ursprünglich besaß die Kathedrale einen niedrigen Vierungsturm, der 1895 seinen schlanken Spitzhelm in einer Eisenkonstruktion erhielt. Zu den schönsten Teilen in der Kathedrale gehören die Kapitelle, die der späten Romanik und frühen Gotik entstammen und einen reichen figürlichen Inhalt haben (Abb. 65). Im südlich der Kathedrale gelegenen *Temple de l'Auditoire* predigte Jean Calvin im Geiste der Reformation.

Von Genfs sonstigen Kirchen verdient der *Temple de la Fusterie* eine Erwähnung (Abb. 68). Diese protestantische Kirche wurde 1710 vollendet und steht, nach allen Seiten frei, in der Marktstraße. Sie diente als Vorbild für die Heiliggeistkirche von Bern.

Schönster weltlicher Bau ist das *Rathaus,* das ursprünglich zu Beginn des 15. Jahrhunderts aus einer lose zusammengefaßten Häusergruppe bestand. Zwischen 1550 und 1580 erfolgte ein großzügiger Ausbau, bis um 1620 der heutige Baustand erreicht wurde. Kennzeichnend in dem sehenswerten Hof der quadratische Treppenturm (Abb. 67). Durch ihn kann man – nach dem Vorbild des Loire-Schlosses von Blois – über eine breite Rampe nach oben gelangen. In der Nähe des Rathauses liegt mit der *Maison Tavel* (Rue du Puits-St-Pierre Nr. 6) das bereits Ende des 13. Jahrhunderts entstandene älteste Haus der Stadt. Nach einem Brand der Stadt im Jahr 1334 wurde das stolze Haus 1339 mit der heutigen Fassade erneuert. Heute befindet sich im Haus das ›Museum Vieux-Genève‹. Von der Kathedrale aus gelangen Sie rasch in die Straßen und Gassen mit den wichtigsten alten Häusern. Es sind die *Place de la Taconnerie,* die *Rue Calvin,* die *Grand' Rue* (Abb. 69), *Rue des Granges* und *Rue de l'Hôtel-de-*

Ville. Lohnend ist auch ein Besuch des schönen Platzes *Bourg-de-Four,* wo bereits das römische Forum lag. Die hier gelegenen Häuser stammen aus der Zeit zwischen dem 15. und 19. Jahrhundert.

Freunde von Le Corbusier werden in Genf selbstverständlich das *Haus ›Clarté‹*, auch ›Maison de Verre‹ (Glashaus), in der Rue Arien Lachenal besichtigen, das 1932 ausgeführt wurde. Unter der ›Glashaut‹ ist die Stahlkonstruktion sichtbar. Es ist dies der einzige größere Bau, den der Schweizer Le Corbusier (s. S. 141f.) in seinem Heimatland ausgeführt hat.

Das wesentlichste Museum der Stadt ist das *Musée d'Art et d'Histoire* (2 Rue Charles-Galland), das insbesondere archäologische Zeugnisse und Kunstwerke aus dem 15. Jahrhundert bis zur Gegenwart zeigt. Auch Kunstgewerbe ist zu sehen. Geöffnet: Dienstag bis Sonntag 10–12 und 14–18 Uhr, Montag 14–18 Uhr.

Eine Stadt und ihre Kathedrale: Lausanne

Wer von Lausanne spricht, wird entweder seine Lage am Lac Léman mit dem Blick auf die Berge Savoyens preisen oder – seine Kathedrale rühmen. Gewiß, man könnte in Lausanne einen Hauch von Paris spüren und am See die Riviera ahnen. Aber es ist keine Stadt mit einem einprägsamen, charakteristischen Gesicht. Beinahe alles, was sie auszeichnet, verdankt sie dem Himmel, dem See und – eben – der *Kathedrale.* Sprechen wir also in erster Linie von ihr.

Wieso entstand dieser von allen Kennern als das bedeutendste frühgotische Bauwerk der Schweiz charakterisierte Bau gerade hier? Nun, Lausanne war bereits seit dem be-

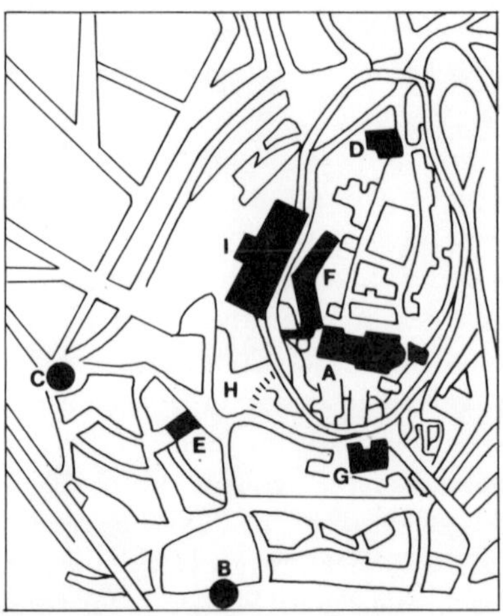

Plan von Lausanne

A Kathedrale B St-François C St-Laurent D Schloß St-Maire E Rathaus F Alte Akademie, Universität G Ehemaliges Spital H Gedeckte Treppen I Palais de Rumine (Universität und Musée des Beaux-Arts)

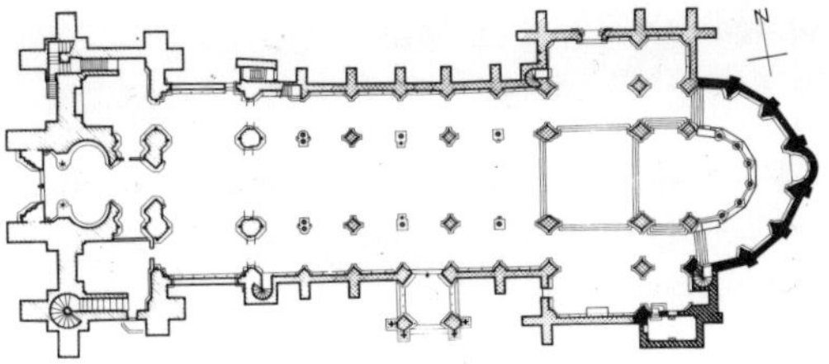

Lausanne, Grundriß der Kathedrale

Lausanne, das Rosenfenster im südlichen Querhaus der Kathedrale ▷

ginnenden 7. Jahrhundert Sitz eines Bischofs, um dessen Residenz sich bald eine ›Cité‹ entwickelte. Später kam die Marktsiedlung dazu, aber die geistliche und weltliche Gewalt lag beim Bischof. Wie üblich gab es mehrere Vorläufer-Kirchen. Der Bau, den wir heute erleben, wurde um 1170 begonnen und innerhalb von sechzig Jahren ziemlich beendet. Mit ihm entstand in der Schweiz ein Bauwerk – das einzige! –, das in die Reihe der großen gotischen Kathedralen zu rechnen ist (Abb. 61). Bemerkenswert dabei ist, daß der Bau nicht ständig neuen Stilentwicklungen folgte, sondern den einmal eingeschlagenen Weg beibehielt. Allerdings war der Plan zunächst, das lag einfach in der Zeit, romanisch. Dem entsprach dann auch der östliche Teil, also der Chor. Dann aber übernahm ein Architekt die Planung, der die Kathedralen von Lyon und St-Yved en Braisne kannte und in ihnen eine gültige Richtschnur fand. Der Bau wurde gotisch fortgesetzt und vollendet. Das gilt insbesondere fürs Querhaus, den Vierungsturm, das Rosenfenster im südlichen Querhaus, das große dreischiffige Langhaus und die auf beträchtliche Höhe geplanten West-Türme, von denen allerdings nur der südliche und auch noch unvollständig zur Ausführung kam. Der 1235 durch einen Brand beschädigte Bau wurde schließlich 1275, etwas über 100 Jahre nach seinem Beginn, geweiht. So weit die Baugeschichte.

Wenn Sie die Kathedrale besichtigen, achten Sie als erstes auf das ›Portail peint‹, die Apostelpforte an der südlichen Langhausseite (Abb. 60, 63). Sie hat ihren Namen daher, daß die Figuren des Portals (heute Kopien) ursprünglich mit Farben und Gold aufgeputzt waren, was uns heute eher kitschig erscheinen würde. Dennoch muß der Eindruck seinerzeit bedeutend gewesen sein und das göttliche Werk unterstrichen haben. Die Pforte erzählt die Geschichte der Bestattung und Auferstehung Marias mit vielerlei Beiwerk. Die Skulpturen der Pforte basieren auf den zweifellos genau studierten Portalfiguren von Kirchen wie Chartres, Nantes, Lyon, Braisne und Paris. Demgegenüber entstand das Westportal erst zwischen 1515 und 1536 (heute Kopien) und ersetzte im sogenannten ›flammenden‹ Stil ein vorher hier befindliches frühgotisches Portal. Achten Sie darauf, daß die acht großen Gewändefiguren um die Jahrhundertwende bei einer Restauration ›nachempfunden‹ bzw. hinzugefügt wurden, wodurch die Gesamtwirkung zum Glück nicht allzu stark gelitten hat.

Berühmt ist auch das Rosenfenster im südlichen Querschiff. Es entstand 1240 und wurde bereits fünf Jahre später von Villard de Honnecourt in seinem Skizzenbuch festgehalten (Fig. S. 267). Das ganze Werk umschließt in 105 Glasscheiben ein Bild der Welt, als Kosmologie bezeichnet. Schöpfungsgeschichte, Jahreszeiten, Tierkreiszeichen gehören zur Thematik. Auch hier besteht kein Zweifel an Anregungen aus dem Französischen. So weiß man, daß Peter von Arras nach 1235 für die Lausanner Kathedrale Scheiben gestaltete.

Bleibt der Hinweis auf das frühgotische Chorgestühl, das sich wenigstens als Fragment erhalten hat. Es stammt aus dem Jahr 1260 und ist damit das älteste der Schweiz. Außerdem gibt es in der Makkabäerkapelle unter dem Nordturm auch ein spätgotisches Chorgestühl von 1509.

Die zweite interessante Kirche Lausannes – wenn auch nicht im Rang der Kathedrale – ist die *ehemalige Franziskanerkirche St-François.* Interessant nicht zuletzt deshalb, weil ihr Chor, 100 Jahre nach der Kathedrale entstanden, deutlich die Anlehnung an dieses naheliegende Vorbild zeigt.

Am Nordende der Cité findet sich das *bischöfliche Schloß St-Maire,* das 1397–1406 entstand: ein burgähnlicher Koloß mit runden Erkertürmchen und einem Walmdach (Abb. 59). Es diente später (bis 1798) als Bernische Landvogtei.

Museumsbesucher finden vor allem im *Musée cantonal des Beaux-Arts* einen Überblick über die Künstler aus dem Kanton Waadt (Vaud) zwischen dem 18. und 20. Jahrhundert. Auch französische Maler sind vertreten, unter ihnen Courbet (1819–1877), der am Genfer See in körperlicher und finanzieller Not Zuflucht gefunden und den See oft gemalt hatte. In Veveys ›Musée Jenisch‹, nicht weit von Lausanne, hängt sein Bildnis Max Buchon. Courbet starb auch hier.

Im Hotel Gibbon an der Place St-François in Lausanne wohnte Dickens mit seiner Familie

Rings um den Vierwaldstätter See

»Der blaugrüne See wird in ein paar Augenblicken tintenschwarz und setzt plötzlich hastige weiße Schaumkronen auf. Und bald darauf donnert er, der noch vor Minuten unhörbar friedlich lag, mit erbitterter Brandung wie ein Meer ans Ufer.«

Hermann Hesse in ›Peter Camenzind‹

Mit dem Vierwaldstätter See – nicht das einzige Gewässer im Umkreis – sind wir im Bereich der Urkantone, von denen aus die Eidgenossenschaft wuchs – Uri, Schwyz und Unterwalden, um es noch einmal festzuhalten, und Luzern und Zug mit ihren Seen schließen sich für den Touristen wie selbstverständlich an. Wie überhaupt die Schweizer für den Hausgebrauch allzu oft mit ihren Kantonen Grenzen ziehen, die für Nicht-Schweizer schwer erkennbar sind. So daß vor einer alphabetischen Einordnung von Ortsnamen oder bestimmten Sehenswürdigkeiten alles auf 25 Kantone verteilt wird. Unsereiner muß nun erst einmal ergründen, in welchem Kanton sein gesuchtes Ziel überhaupt liegt. Sie werden bemerkt haben (und der Schweizer Leser wird es mit Stirnrunzeln quittieren), daß wir uns – von so markanten Kantonsgebilden wie Graubünden, Wallis und Tessin abgesehen – nur hier und da um die Kantone gekümmert und statt dessen die natürlichen Gegebenheiten der Landschaft als Anhaltspunkte genommen haben. Das gilt auch für die Landschaften, die im Banne der Seen liegen.

Jeder wird es bei einer Fahrt durch die Schweiz bemerken: daß Seen für dieses Land nicht weniger Bedeutung haben als die Berge. Seen schwingen sich im Vorland des Jura bis an die Grenze des Wallis hin. Der große See gibt Zürich sein Gesicht, und inmitten der Alpen leuchten immer wieder die stillen Augen von Bergseen auf, die Sils Maria oder St. Moritz ebenso kennzeichnen wie Grimsel- oder Gotthardpaß. Vor mir liegt ein Kartenbüchlein, das die Schweiz auf 24 Kartenseiten im Oktavformat erfaßt: keine Seite ohne ein Soll an Seen.

Dennoch hat der Vierwaldstätter See seine besondere Note. Die vier Waldstätten Uri, Schwyz, Unterwalden und Luzern gaben ihm den Namen. Ihnen scheint sich der See mit seinen zipfeligen Ausbuchtungen immer wieder zuzuwenden, und so tragen auch die einzelnen Seearme ihre eigenen Namen noch zusätzlich wie *Urner See, Küssnachtersee, Luzernersee, Alpnacher See.* Alles in allem umfaßt der See annähernd 114 qkm und gehört damit nicht zu den allergrößten Gewässern der Schweiz, aber seine Tiefe – bis zu 434 m – ist beträchtlich. Beliebte Erholungsorte wie Brunnen, Weggis, Gersau liegen neben den bekannten Stätten der Tell-Sage (Küssnacht, Rütli, Altdorf) im Bannkreis des Sees. Ohne jeden Zweifel ist er aus Tradition und Landschaft der ›schweizerischste‹ aller Seen, was immer man darunter verstehen mag.

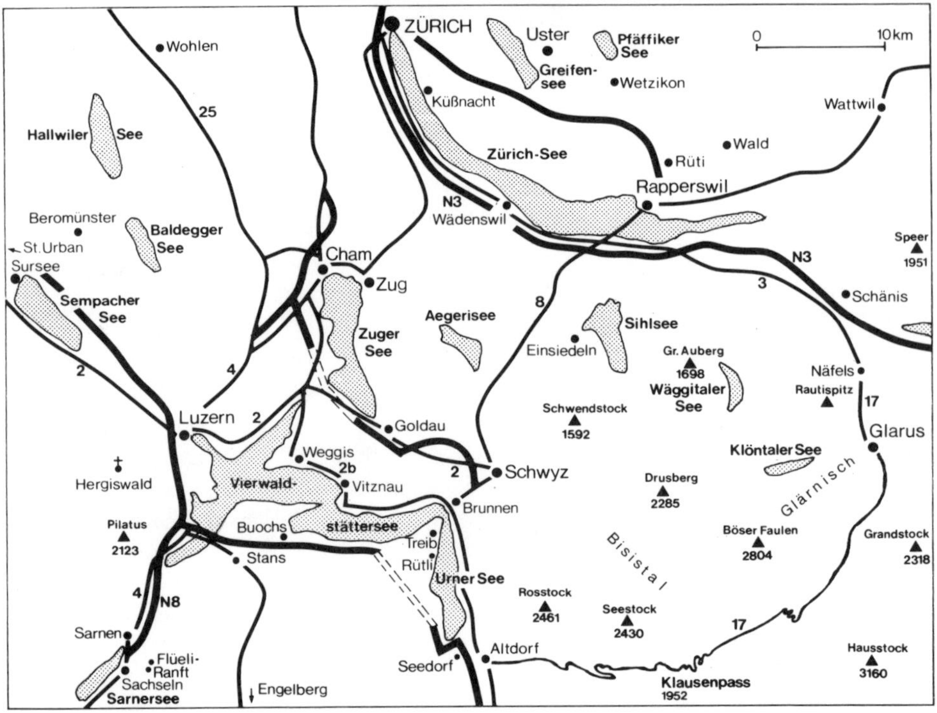

Übersichtskarte: Von Zürich bis zum Sarnersee

Luzern ist die wichtigste und größte Stadt am See, obwohl ihre Einwohnerzahl (was der Stadt nur zugute kommt) einiges unter den großstädtischen 100 000 liegt. Dennoch bin ich geneigt, sie mit einigem Abstand, wie es sich ja durch das neue Kapitel ergibt, in die Reihe der Städte mit eigenständiger Kultur, an Bern oder Zürich anschließend, aufzunehmen. Auch Luzern wurde bereits von Kelten und Römern besiedelt und war als Verkehrsstützpunkt wichtig. Die eigentliche Stadtgründung vollzieht sich gegen 1175, damit die erste im innerschweizerischen Gebiet entstandene Stadt. Der Mitte des 13. Jahrhunderts einsetzende Verkehr über den Gotthardpaß ließ Luzerns Bedeutung wachsen. 1332 schloß sich Luzern den drei Urkantonen an. Nach der Reformation wurde Luzern zu einem Vorkämpfer katholischer Bestrebungen, so daß annähernd über 300 Jahre zwischen 17. und 19. Jahrhundert die päpstlichen Nuntien bei der Eidgenossenschaft Luzern als ihren Sitz wählten. Mit dem beginnenden Tourismus blühte in Luzern früher als anderswo das Gastgewerbe auf. Hotels wie das 1835 eröffnete ›Schwanen‹ und der ›Schweizerhof‹, zehn Jahre später, bildeten nicht nur für Luzern Vorposten der berühmt werdenden Schweizer Hotellerie. Im ›Schweizerhof‹ beendete Wagner 1859 den ›Tristan‹ ... Auch Mark Twain, dessen ›Bummel durch Europa‹ ich

Blick auf Luzern

schon erwähnte, nahm 1878 im ›Schweizerhof‹ Aufenthalt, wobei er – Wahrheit oder Dichtung – die Plage durch Flöhe, die er spöttisch als ›Gemsen‹ bezeichnet, an den Anfang seiner Beschreibung Luzerns stellt. Dennoch merkt man seiner Schilderung den Eindruck an, den Stadt und Landschaft auf ihn machten. Als Spiegelbild der touristischen Entwicklung vor hundert Jahren sei die ungemein lebendige Darstellung hier teilweise wiedergegeben:

»Luzern ist eine bezaubernde Stadt. Sie beginnt am Ufer des Sees mit einem Saum von Hotels und klettert empor und breitet sich dichtgedrängt, in ungeordnetem, malerischem Stil über zwei oder drei steile Berge aus, wobei es dem Blick einen aufgetürmten Wirrwarr aus roten Dächern, wunderlichen Giebeln, Dachfenstern, zahnstocherähnlichen Kirchtürmen darbietet, wobei hier und da ein Stück alter, zinnengekrönter Stadtmauer wurmartig über die Bergkuppen kriecht und da und dort ein alter, viereckiger Turm aus festem Mauerwerk steht. Und auch hier und da eine Turmuhr mit nur einem Zeiger – einem Zeiger, der quer über das Zifferblatt reicht und kein Gelenk besitzt; eine solche Uhr hebt die Gesamtwirkung, aber die Tageszeit kann man von ihr nicht ablesen. Zwischen der geschwungenen Reihe der Hotels und dem See liegt eine breite Allee mit Lampen und einer doppelten Reihe niedriger, schattenspendender Bäume. Das Seeufer ist wie ein Pier mit Mauerwerk eingefaßt und besitzt ein Geländer, damit die Leute nicht über Bord gehen. Den ganzen Tag lang rasen Fahrzeuge die Allee entlang, und Kindermädchen, Kinder und Touristen sitzen im Schatten der Bäume oder lehnen sich über das Geländer und sehen zu, wie die Schwärme von Fischen im klaren Wasser umherflitzen, oder blicken über den See hinaus auf den prachtvollen Saum schneebedeckter Bergspitzen. Immerzu kommen und gehen kleine Vergnügungsdampfer, schwarz von Menschen, und überall sieht man junge Mädchen und junge Männer in wunderlichen Ruderbooten umherpaddeln oder, wenn Wind weht, mit Hilfe von Segeln dahintreiben. Die Vorderzimmer der Hotels haben einen kleinen vergitterten Balkon, wo man in ruhigem, kühlem Behagen für sich allein speisen und auf dieses geschäftige und hübsche Bild hinunterblicken und es genießen kann, ohne eine der damit verbundenen Arbeiten leisten zu müssen.

Die meisten Leute, Männer und auch Frauen, gehen in Wanderkleidung und tragen Alpenstöcke. Offensichtlich hält man es nicht für sicher, in der Schweiz – selbst in der Stadt – ohne Alpenstock umherzulaufen. Wenn der Tourist nicht daran denkt und ohne Alpenstock zum Frühstück herunterkommt, geht er zurück, holt ihn und stellt ihn in die Ecke. ... Das Wirtschaftsleben Luzerns besteht hauptsächlich aus dem Andenkentrödelmarkt; die Läden sind vollgestopft mit Bergkristallen, Landschaftsphotographien und Holz- und Elfenbeinschnitzereien.«

Wir sehen, als zeitgenössischer Reiseschriftsteller zeigt sich Mark Twain von einer neuen Seite.

Luzerns *Stadtbefestigung* ist im nordwestlichen Teil der Altstadt mit ihren Mauern und einer Folge von neun Türmen, alles ums Jahr 1400 entstanden, erhalten geblieben. Von ihnen ist der sogenannte *Männliturm* originell, der auf einem der Ecktürmchen eine 2 m hohe Kriegergestalt, das Männli, trägt. Dennoch ist das als Wahrzeichen Luzerns bekannte Bauwerk der *Wasserturm,* der achteckig im Wasser steht und bereits 1300 entstand. Zur gleichen Zeit wurde auch die *Kapellbrücke* gebaut, aus Holz, und sie ist damit die älteste in ganz Europa vorhandene Holzbrücke, die natürlich häufig ausgebessert und wiederhergestellt wurde (Abb. 115). Sie führt über den Ausfluß des Sees (Reuß) und weist in ihrem Dachstuhl einen umfangreichen, ursprünglich aus 158 Bildern bestehenden (147 sind erhalten, davon 108 auf der Brücke!) inhaltsreichen Zyklus auf. Die Bilder gehen etwa auf die Jahre 1610–1615 zurück, ihr Maler war der Züricher Hans Heinrich Wägmann. Eine zweite Brücke von 1400, um 1566 nach einem Hochwasser erneuert, befindet sich flußabwärts. Diese *Spreuerbrücke* weist verwandte Bilder des Luzerner Malers Kaspar Meglinger mit einem Totentanzzyklus (von 65 dreieckigen Tafeln 46 vorhanden) auf.

Mit der *Hofkirche St. Leodegar und St. Mauritius* besitzt Luzern eine der bedeutendsten und großzügig ausgestatteten Kirchen der deutschen Spätrenaissance (Abb. 118). Schon die Lage östlich der Altstadt über der Seehöhe mit großartigem Blick zeichnet sie aus. Das Gebiet wurde seit jeher zusammen mit den umgebenden Chorherren-

Plan von Luzern

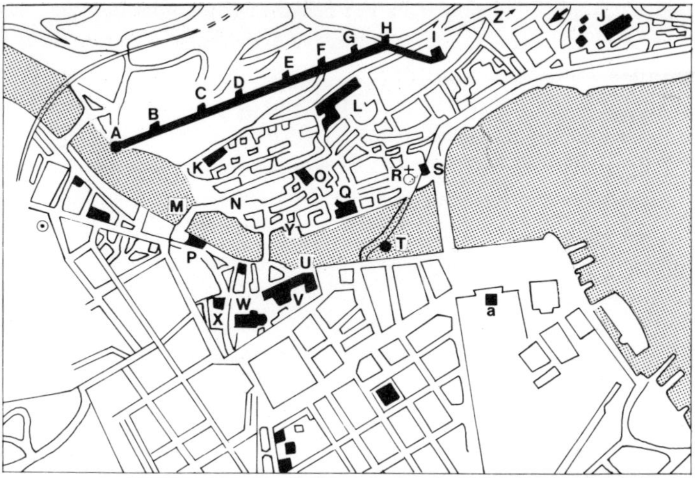

A Nölliturm B Männliturm C Lueginslandturm D Wachtturm E Zeitturm F Schirmerturm G Pulverturm H Allenwindenturm I Dächliturm J Hofkirche K Museggmagazin L Mariahilfkirche M Spreuerbrücke N Mühlenplatz O Göldlinhaus P Zeughaus Q Rathaus R Peterskapelle S Haus zur Gilgen T Wasserturm und Kapellbrücke U Jesuitenkirche V Ritterscher Palast W Franziskanerkirche X Haus Segesser Y Weinmarktbrunnen Z zum Löwendenkmal a Bahnhof

häusern eines 1455 entstandenen Stifts als ›Hof‹ bezeichnet. Die Kirche geht auf einen Bau von Mitte des 17. Jahrhunderts zurück, wobei die nach einem Brand noch erhaltenen Teile der früheren Kirche – Nordturm um 1315, Südturm um 1509 mit Helmen von 1633/39 – übernommen wurden. Charakteristisch die Westfassade mit dem von einer Uhr beherrschten Giebelaufsatz des Jahres 1788. Um die Kirche laufen toskanische Säulenhallen, die 1633–39 entstanden und zu den ersten Beispielen eines ›Campo Santo‹ im Norden der Alpen gehören. Von der bis Mitte des 17. Jahrhunderts entstandenen Innenausstattung sind besonders der Mariae-End-Altar, ein Schnitzwerk nach einem Stich Martin Schongauers, und das Chorgestühl zu erwähnen.

Von der Tatsache, daß sich die Jesuiten in der Schweiz zuerst in Luzern niederließen, was 1574 begann, zeugen mehrere Bauten. Der *Rittersche Palast,* großzügig 1556 geplant und nach dem Tod des Bauherrn aus Geldgründen nicht fortgesetzt, wurde von der Stadt bescheidener vollendet und den Jesuiten als Kollegium zur Verfügung gestellt. Später wurde der Palast zum kantonalen Regierungsgebäude. Besonders sehenswert ist außer der an Florenzer Palästen orientierten Fassade der Innenhof mit toskanischen Arkaden. Im obersten Umfang des Säulenhofs ein 1615 entstandener Totentanz von Jakob von Wyl. Im Säulenhof fand der *Weinmarktbrunnen,* der 1417 zum bedeutendsten Brunnen der Stadt wurde, seinen Platz.

Natürlich bauten die Jesuiten auch ihre *Kirche,* für die 1666 der Grundstein gelegt und die elf Jahre später geweiht wurde (Abb. 117). Man nimmt an, daß der Plan für diese erste große Barockkirche der Schweiz von einem der Vorarlberger Meister Michael Beer oder Michael Thumb stammte. Die nördliche Fassade ist offensichtlich als Gegenstück zur Hofkirche gedacht. Der Innenraum wirkt durch seine großzügige Gestaltung, zu der auch die verschiedenen Stuckaturen gehören. In der Sakristei war die Wessobrunner Schule am Werk.

Von den weltlichen Bauten der Stadt ragt das *Rathaus* hervor (Abb. 116). Der am rechten Ufer der Reuß gegenüber der Jesuitenkirche gelegene Bau trägt den Stempel der oberitalienischen Renaissance, wobei der mittelalterliche Turm einbezogen wurde, während das Krüppelwalmdach, wie Zürcher meint, »an die Bauernhöfe der Luzerner Landschaft erinnert«. Mit dem spätgotischen Blockbau des *Pfrund- oder Rothenburgerhauses* von 1500 besitzt Luzern das älteste, gänzlich erhaltene bürgerliche Holzhaus der Schweiz. Das größte gotische Wohnhaus, das *Haus zur Gilgen,* besitzt einen von 1510 stammenden Rundturm aus der einstigen Stadtbefestigung. Die Fassaden erhielten ihr Gesicht um 1732, der Balkon im 2. Stockwerk wurde 1836 hinzugefügt. Am rechten Ufer der Reuß abwärts stoßen Sie auf eine Anzahl Bürgerhäuser aus dem 16. bis 18. Jahrhundert, wobei Sie sich an den Bezeichnungen *Kornmarkt, Weinmarkt, Kramgasse, Mühleplatz, Weggisgasse* orientieren können.

Natürlich gehört zu einer Besichtigung von Luzern auch ein Besuch beim *Löwendenkmal* (siehe S. 54), das 1820/21 nach einem Entwurf von Thorvaldsen gestaltet wurde und an den heldenhaften Tod der Schweizergarde bei der Verteidigung der Tuilerien 1792 erinnern soll. Der Löwe ist aus einer Sandsteinwand herausgemeißelt.

Freunde Richard Wagners werden die Gelegenheit benützen, das nahe Tribschen aufzusuchen und dort in einem *Richard-Wagner-Museum* Erinnerungsstücke aus den Jahren 1866–72, in denen der Komponist in Tribschen lebte, zu betrachten.

Im übrigen ist der an Naturschönheit so reiche Vierwaldstätter See mit Kunstwerken spärlich bedacht. Südwestlich von Luzern stoßen Sie in **Hergiswald** auf eine originelle *Wallfahrtskapelle,* die Mitte des 17. Jahrhunderts errichtet wurde, nachdem die Wallfahrten bereits im 16. Jahrhundert begonnen hatte. Der Bau umschließt die hinter dem Hochaltar stehende Loretokapelle von 1648, mit der die Casa Santa von Loreto kopiert wurde. So schlicht die Kirche von außen wirkt, so entzückt das Innere durch die ungewöhnliche Decke mit ihrem Bilderreichtum, der sich auf die Mutter Gottes bezieht. In der durch ein von Figuren prunkvoll umgebenes Portal zugänglichen Seitenkapelle der Felix-Altar von 1651.

Um den nach Südwesten reichenden Seezipfel herum erreichen Sie **Stans** mit seiner Pfarrkirche der Spätrenaissance und einem romanischen Turm, der seinen spitzen Helm freilich erst im 16. Jahrhundert erhielt. Immerhin handelt es sich um den wichtigsten romanischen Bau der Urschweiz. An den Nationalhelden Winkelried (siehe S. 25) erinnert das *Winkelriedhaus,* das zuerst den Winkelrieds gehörte und dann vom Vorkämpfer der Gegenreformation Ritter Melchior Lussy bewohnt wurde. Das barocke *Rathaus* steht auf älteren Fundamenten und erhielt seine heutige Gestalt um 1715.

Der anmutige Balkon hatte die wenig sympathische Bedeutung, daß von ihm aus die Todesurteile verkündet wurden ...

Von Stans aus führt die Straße Nr. 128 und dann N 8 südlich zum Sarnersee und **Sachseln,** dessen *Pfarr- und Wallfahrtskirche* nach dem Vorbild von Stans nach 1672 entstand. Auch hier der Turm, allerdings nur in den Untergeschossen, romanisch, oben jedoch wie die sonstige Kirche mehr frühbarock als späte Renaissance. Inmitten der Chorstufen liegen die in einen Altar aufgenommenen Gebeine des Niklaus von Flüe (Bruder Klaus), dessen Eremitenklause im nahen **Flüeli-Ranft** steht, das östlich von Sachseln liegt. Hier wurde Niklaus (1417–87) geboren, der ab 1467 in seiner Zelle als Klausner lebte. Seine historische Bedeutung (siehe S. 25) errang er auf der ›Tagsatzung‹ von Stans im Jahr 1481, als er sich vermittelnd einschaltete. Von den beiden Holzhäusern am Hügelfuß (oben gelegen die Wallfahrtskapelle von 1618) ist eines, das Geburtshaus, das älteste Holzhaus der Schweiz, in seinen ältesten Teilen auf das 14. Jahrhundert, sonst 1460, zurückgehend. Das Wohnhaus des Bruders Klaus wurde 1467 errichtet. Wenn hierher auch in erster Linie Schweizer pilgern werden, so vermitteln auch dem Ausländer die insgesamt *drei Kapellen* und die *Bruderklausenhäuser* aus Holz einen starken Eindruck.

Kehren Sie über **Sarnen** (barocke *Pfarrkirche!*) zum Vierwaldstätter See zurück. Auf der Fahrt in östlicher Richtung gelangen Sie nicht nur in die Nähe des *Rütli*, sondern können in **Treib** auch einen Blick auf den Blockbau des *Wirtshauses zur Treib* von 1658 (zu Beginn unseres Jahrhunderts restauriert) werfen (Abb. 119) und den *Schiller-*

Die Tellskapelle am Vierwaldstätter See

stein im See betrachten: »Dem Sänger Tells, F. Schiller, die Urkantone 1859.« Sie befinden sich jetzt mitten in Tells Revier. In Bürglen (östlich von Altdorf) soll er geboren sein. In **Altdorf** erfolgte der Apfelschuß. Nördlich am See die *Tellskapelle* von 1880 mit Wandbilderzyklus, der daran erinnert, daß hier im Sturm Tell das Schiff des Landvogts in mächtigem Sprung verließ (siehe auch S. 24).

Die mit vielen Tunnels und Galerien am See entlangführende Axenstraße nach Brunnen ist – auch ohne, aber besser mit Tell – ein Höhepunkt des Vierwaldstätter Sees. Sehr eindrucksvoll ist es, wenn am Freitag nach Himmelfahrt die Urner auf ihren Booten (Nauen) zur *Tellskapelle* wallfahrten. Altdorf besitzt im übrigen außer einem *Telldenkmal* (1895; s. Fig. S. 24) vor dem alten *Archivturm* aus dem Mittelalter und dem spätgotischen *Suworow-Haus* (1550) ein *Tellspielhaus,* in dem Schillers Drama jedes Jahr aufgeführt wird.

Im äußersten Südzipfel des Vierwaldstätter Sees liegt der kleine Ort **Seedorf,** der seit 1559 ein Benediktinerinnenkloster besitzt. Die Ende des 17. Jahrhunderts entstandene *Klosterkirche* wurde vermutlich nach Plänen von Kaspar Moosbrugger erbaut. Seedorf hat aber mit dem spätgotischen *Schloß A Pro* der gleichnamigen Urner Familie eine weitere Sehenswürdigkeit. Der leicht romantisierende Bau mit Zinnenmauer und Wassergraben entstand kurz vor 1560. Das landhausartige Schloß bewahrt die Fresken des Jahres 1719 aus der alten Tellskapelle (siehe Fig. S. 275) auf.

Von **Brunnen,** dem malerischen Kurort, fahren Sie nordöstlich zum nahen **Schwyz,** wenn man so will, der Urzelle der heutigen Schweiz. Wenn von ›Schwyzern‹ gesprochen wird, ist nie ganz gewiß, ob die Eidgenossen generell oder die Bürger dieses Ortes gemeint sind.

Das Dorf ist reich an kirchlichen Bauten und stattlichen weltlichen Häusern, beides gleich sehenswert, wozu der ungemein geschlossene Hauptplatz als Kristallisationspunkt tritt. An ihm stehen das *Rathaus,* ein stattlicher, reich verzierter Bau von 1643 und 1779 umgebaut, dessen Fassadenbemalung allerdings erst 1891 hinzugefügt wurde, und die *Pfarrkirche St. Martin* (Abb. 120). Man hat sie die »festlichste Pfarrkirche der Schweiz« (Linus Birchler) genannt, obwohl der Bau von 1769–74 ein sehr schlicht wirkendes Spätbarock verkörpert. Das Innere ist in der Tat festlich, wobei Architektur und Lichteinfluß zusammenwirken. Stuck ist durchweg mit Zurückhaltung benützt worden. Höhepunkt der Ausstattung sind Kanzel und Seitenaltäre von Carlo Andrea Galetti. Nördlich der Pfarrkirche liegt noch eine *Doppelkapelle ›Kerchel‹*. Erdgeschoß als Beinhaus mit einem ›Höhenheiligtum‹ des St. Michael, wie man es ähnlich auch in Altdorf findet. Entstehungszeit 1512–1520.

Zwei Klosterbauten runden das Bild der kirchlichen Bauwerke ab: Das *Dominikanerinnenkloster St. Peter* (strenge Klausur) mit Klosterkirche und Beichtigerhaus entstand im Verlauf des 17. Jahrhunderts. An der Herrengasse befindet sich das *Kapuzinerkloster,* das 1621 geweiht wurde.

Dennoch erhält Schwyz sein spezifisches Gesicht durch weltliche Bauten, zu denen als ältestes der *Archivturm* gehört, der als Wohnturm um 1200 erbaut wurde und seit 1666 als Staatsarchiv (heute Ortsmuseum) diente. Der Treppenanbau wurde erst 1666 hinzugefügt. Zahlreich sind die herrschaftlichen Landgüter, die die Bindung an bäuerliches Umland mit städtischer Behaglichkeit vereinen. An der Schmiedgasse liegt das *Reding-Haus* von 1617, in dem italienische Einflüsse verarbeitet sind. Am bedeutendsten wohl das *Ital-Reding-Haus* in der Dorfbachstraße, das 1609 erbaut und 1663 mit Erker, Dachgiebeln und Firsttürmchen erweitert wurde. Typischer herrschaftlicher Bau der Renaissance ist das um 1600 errichtete *Haus Waldegg* am Immenfeld mit einem prächtigen Portal. Zahlreiche ähnliche Häuser schließen sich in verschiedenen Ortsteilen an, wobei die Innenausstattung meist ungemein aufwendig wirkt. Häufig wohnten in diesen Häusern die heimgekehrten Anführer der Schweizer Söldnerheere, die es zu Wohlstand gebracht hatten.

Wer sich die Zeit der Gründung der Eidgenossenschaft und ihrer Entwicklung verlebendigen will, findet im *Bundesbriefarchiv* beachtliche Dokumente, darunter das einzige Exemplar des Bundesbriefes von 1291. Außerdem sind Fahnen aus sechs Jahrhunderten gesammelt. Dieses Museum ist im Sommer von 10–11.30 und 14–17 Uhr, im Winter nachmittags nur bis 16 Uhr geöffnet.

Auf der Straße Nr. 8 über Schwyz hinaus gelangen wir nach **Einsiedeln** mit seinem faszinierenden *Benediktinerkloster,* das auf eine Einsiedelei des 9. Jahrhunderts zurückgeht. Vom 14. Jahrhundert an nahm der Strom der Pilger und Wallfahrer hierher ständig zu, so daß ab 1703 Kirche und Kloster neuerbaut wurden, wobei der Vorarlberger Kaspar Moosbrugger die Pläne lieferte. Entstanden ist ein barockes Gesamtkunstwerk, wie man es nur selten findet (Abb. 121, 122). Ziel der Wallfahrt ist das Gnadenbild in Gestalt einer spätgotischen Madonna, die bekleidet und 1799 schwarz bemalt wurde. Der Klosterkomplex umfaßt einen beinahe quadratischen Raum von 150 zu 130 m, in dessen Zentrum die *Kirche* steht. Das Kircheninnere wiederum enthält die freistehende Gnadenkapelle, die 1815–1817 am Platz der ursprünglichen Einsiedlerzelle errichtet wurde, nachdem die Franzosen 1798 den bisherigen Bau beseitigt hatten. Durch eine ebenso übersichtliche wie einfache Gliederung der Klosteranlage sind vier Innenhöfe verschiedener Natur entstanden. Dennoch ist der Eindruck im

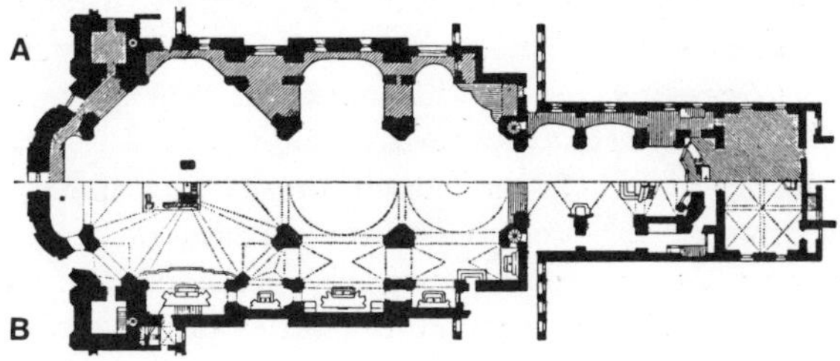

Einsiedeln, Klosterkirche: A Horizontalschnitt in Emporenhöhe, B Grundriß

Inneren der Kirche am stärksten und mitreißend. Hier erreicht das Barock einen seiner Höhepunkte. Ausmalung und Stukkatur der Kirche fließen mit der Raumgestaltung kongenial zusammen. Es würde die Darstellung sprengen, wollte ich auf Einzelheiten eingehen. Auch der unbefangene und kunsthistorisch ungeschulte Besucher wird sich dem in Anlage und Ausgestaltung gleich überzeugenden Eindruck nicht entziehen können. Einsiedeln ist im übrigen auch von Zürich aus über das südliche See-Ufer gut zu erreichen.

Damit befinden wir uns hier an einem Punkt, von dem aus wir sowohl nördlich zum Zürichsee wie östlich zum Walensee wie aber auch über Zug nach Luzern zurückfahren können. Mit dem Walensee sind wir zwar weit vom Vierwaldstätter See nach Osten abgewichen, aber mehr als eine Stunde Fahrt ist es auch nicht, die uns von Einsiedeln nach Schänis und Näfels bringt. **Näfels** – wir erinnern uns (siehe S. 25) – war im Jahr 1388 der Schauplatz einer Schlacht der Glarner Eidgenossen gegen die habsburgischen Österreicher. Heute finden wir hier mit dem *Freuler Palast* ein Bauwerk, das erneut beweist – wie wir es schon in Schwyz bemerkten –, welch Reichtümer die Befehlshaber der Schweizergarde anzusammeln verstanden. Caspar Freuler war Oberst der Schweizergarde am Hof von Ludwig XIII. und erbaute zwischen 1645 und 1647 diesen Palast auf das kostbarste, so daß er einer der großzügigsten Herrensitze des Landes wurde. In ihm vereinigen sich heimische Elemente mit Formen der deutschen und italienischen Renaissance. Treppenhaus, Erdgeschoßsaal und Kapelle verdienen ebenso wie das Königszimmer Beachtung. Heute befindet sich in ihm das *Museum* des Kantons Glarus – von April bis Oktober täglich von 8–11.30 und 13–17 Uhr geöffnet, außer Montag.

Nördlich von Näfels, den Walensee östlich liegen lassend, führt ein Besuch in **Schänis** zum *Gallusturm* aus dem 10. Jahrhundert, der einst zu der 1824 abgebrochenen Galluskirche gehörte. Auf quadratischem Sockel ein runder Turm mit Rundbogenfenstern– man kann dabei an die Rundtürme des Klosterplans von St. Gallen (!) denken, da ein Gegenstück für diesen Turm in der ganzen Schweiz sonst nirgends existiert. Außerdem besitzt Schänis die *ehemalige Stiftskirche* eines früheren Frauenklosters, ein romanischer Bau vom Anfang des 12. Jahrhunderts, dessen Glockenturm von 1487 stammt. Allerdings wurde das Langhaus im 18. Jahrhundert barockisiert.

Wenden wir uns nun nach **Zug,** dessen Altstadt mit Unter- und Obergasse am Zuger See gelegen mittelalterliches Profil erkennen läßt. Dazu besitzt Zug mit seiner *Pfarrkirche St. Oswald* nach Meinung des Altmeisters der Schweizer Kunstgeschichte Johann Rudolf Rahn »nach dem Berner Münster die schmuckvollste spätgotische Kirche der Schweiz«. Sie ist verbunden mit dem im 15. Jahrhundert entstandenen Oswald-Kult. Auf Grund von Stiftungen wurde der Kirchenbau Ende des 15. Jahrhunderts durchgeführt. Hans Felder, Luzerns und später Zürichs Stadtbaumeister, war der Architekt; er kam aus Öttingen in Schwaben. Die Westfassade mit dem zweitorigen Königsportal entstand zwischen 1510 und 1520 und betont in reicher, aber nicht überladener Skulpturausschmückung die Mittelachse. Ein solches Doppelportal findet sich außer an Basels Barfüßerkirche auch an Regensburgs Dom. Ursprünglich wollte man der Kirche ein größeres und aufwendigeres Hochschiff geben, steckte dann aber Mitte des 16. Jh. zur heutigen Lösung zurück. Daher sind die Arkadenpfeiler überbetont, so daß man von einer stilistischen Widersprüchlichkeit der Kirche auszugehen hat.

Hans Felder, der Kirchenbaumeister, gestaltete auch den *Zeitturm* um 1480 neu. Er gehörte zur ursprünglichen Stadtbefestigung, wurde jedoch ungemein lebendig erneuert, wobei der Dachaufsatz allerdings erst achtzig Jahre später folgte. Der Turm ergänzt sich gut mit dem daneben stehenden *Stadthaus* von Ende des 15. Jahrhunderts, mit Umbauten von 1580 (Abb. 114).

Zwischen St. Oswald und dem See steht das 1505 erbaute und um 1618 erneuerte *Rathaus* am Fischmarkt, wobei wie anderswo das Erdgeschoß eine offene Markthalle darstellte. Der Ratssaal im 3. Geschoß ist der Höhepunkt des Inneren und kunstvoll ausgeschmückt. Im Geschoß darunter die um 1725 neu gestaltete Gerichtsstube, die einen reich bebilderten Ofen des Winterthurers David Pfau erhielt.

Um den Eindruck von Zug abzurunden, können Sie noch die *Burg* mit ihrem alten Turm und dem Wohntrakt, in jetziger Gestalt um 1555 geprägt, besuchen. Und natürlich die Reste der alten Befestigungen mit vier Rundtürmen, von denen der 1526 fertiggestellte *Kapuzinerturm* gegenüber dem einfacheren, aber gleich stattlichen *Pulverturm* der reizvollste ist.

Entweder kehren wir von Zug zu unserem Ausgangspunkt Luzern zurück, oder wir wenden uns noch einmal westlich, im Kanton Luzern bleibend, zu dem in einem Viergespann von Seen gelegenen **Beromünster,** das nicht nur durch seinen Rundfunksender Bedeutung hat. Südlich von Beromünster übrigens (am Sempacher See) der Schlachtort von 1386 Sempach, der mit dem Namen von Winkelried (siehe S. 25) verbunden ist.

Beromünster hat nicht – wie manche annehmen – mit Bern zu tun, sondern geht der Sage nach auf den Aargauer Grafen Bero zurück, der hier auf der Jagd von einem Bären getötet wurde, worauf sein Vater das erste *Münster* errichtete. Die ursprünglich ottonische Kirchenanlage von 1036 wurde nach einem ersten Umbau gegen 1600 um 1700 gründlich barockisiert. Damals entstand die achteckige Kuppel über dem Querbau, wurde im Westen eine offene Vorhalle mit der Peterskapelle darüber angelegt und das Hauptportal geschaffen. Die Stuckausschmückung im Inneren folgte um 1775. Der Stiftsschatz weist bedeutende Kostbarkeiten auf, darunter den einmaligen Deckel eines Evangeliars, in dem sich eine Christusplastik mit Email und Ziersteinen verbindet. Auch das Heilige Grab von 1775, das jeweils am Karfreitag vor den Chorgittern aufgestellt wird, ist eine seltene bemalte Holzkulisse des Barock. Um das Stift herum befinden sich noch der *Kreuzgang* und verschiedene andere zugehörige Bauten des 17. und 18. Jahrhunderts. Das mit seinem Staffelgiebel reizvolle *Amtshaus zum Hirschen* stammt aus dem Jahr 1536. Beromünsters *Burg* aus dem 14. Jh. könnte die Wiege der Buchdruckerei der Schweiz gewesen sein: das erste mit einem Datum versehene Buch wurde hier 1470 gedruckt. Heute beherbergt die Burg ein *Heimatmuseum.*

Durchs Berner Land mit Bergen und Hügeln

»Die Jungckfraw ist ein sehr hoher, von ewigem Schnee und Eis starrender Berg, daher völlig unzugänglich; deshalb leiten die Einwohner den Namen gleichsam von einer unberührten Jungfrau her.«

Thomas Schöpf, 1577

»Der Fall (des Staubbachs) schwingt sich über den Felsen wie der Schweif eines weißen Rosses, der im Wind flattert; man vergleicht ihn in Gedanken mit dem des ›weißen Rosses‹, auf dem in der Apokalypse der Tod reitet. Es ist weder Nebel noch Wasser – vielmehr ein drittes zwischen beiden; seine unermeßliche Höhe bewirkt, daß es weht und schwingt, sich hier verbreiternd, dort verdichtend, wunderbar und unbeschreiblich.«

Lord Byron, 1788–1824

»Der Thunersee vereinigt alle Schönheiten der nördlichen Schweiz. Seine Ufer sind voll Anmuth und Pracht; viele Täler stoßen da zusammen und lassen überall in die tiefen Alpen blicken, und dieses prächtige Amphitheater ist abends und morgens mit dem Purpur und Silberglanz der gigantischen Eisberge übergossen. .... Seeunter geht die erhabene Alpennatur mit jedem Schritt in sanftere Schönheiten über.«

Karl Viktor von Bonstetten, 1782

In der Tat: kaum eine andere Landschaft der Schweiz (die Zitate ließen sich beinahe endlos vermehren) hat so viel Begeisterung ausgelöst und so viele enthusiastische Äußerungen zu Papier kommen lassen wie das Berner Oberland. Selbst der erbarmungslose Spötter Mark Twain gerät angesichts der Jungfrau ins Sinnieren darüber, »was der Zauber bedeutet, den die Leute in den Alpen – und in keinem anderen Gebirge – finden: ein seltsames, tiefes namenloses Überwältigtsein, das nie vergißt, wer es einmal erfuhr; einmal erlebt, hinterläßt es stets die rastlose Sehnsucht, wieder erlebt zu werden, eine Sehnsucht, dem Heimweh ähnlich; ein verzehrendes, verzaubertes Sehnen, das drängt, treibt und bohrt, bis es seine Erfüllung findet.« Sieh an, wo ist da wohl die Ironie geblieben?

Freilich, außer dem durch seine Drei- und Viertausender und seine Erholungsorte mit den berühmten Namen bekannten Berner Oberland gibt es auch ein Berner Mittelland der Hügel und des Vorgebirges. Für den Kunstfreund aber gibt es vor allem Bern (s. S. 241ff.), das mit seinem kaum ausschöpfbaren Reichtum an kirchlichen und weltlichen Kunstangeboten wie ein Brennspiegel alles Licht dieser Landschaft auf sich vereinigt zu haben scheint. Denn das Berner Land, das war durch viele Jahrhunderte Schweizer Geschichte in erster Linie die Stadt Bern.

Aber schauen wir uns um und nehmen wir – am besten von Bern aus – den Weg in die so vielfältige und abwechslungsreiche Landschaft, die immer wieder neue Aspekte aufweist – auch solche der Kunst.

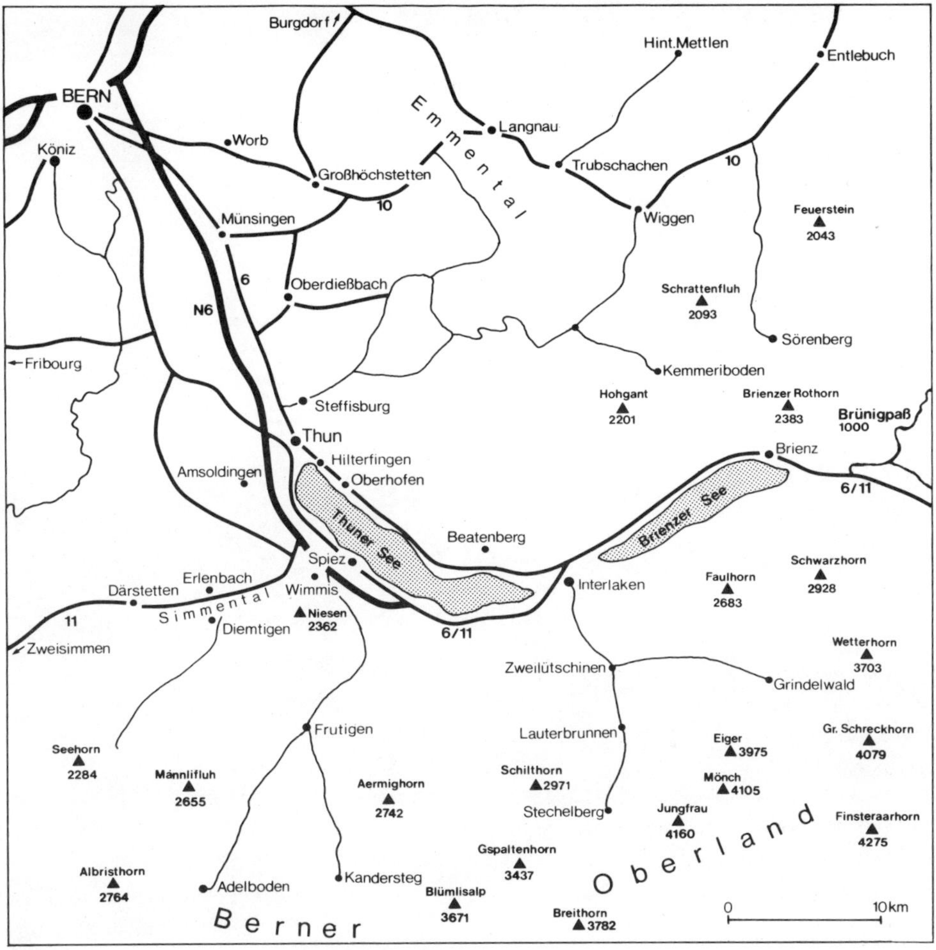

Übersichtskarte: Von Bern ins Berner Oberland

Erste Station auf unserem Weg, nur ein Katzensprung südlich von Bern, **Köniz,** dessen Besuch Sie natürlich auch mit einem Aufenthalt in Bern verbinden können. Eine *Kirche,* die von 1226 bis 1729 dem Deutschen Ritterorden gehörte! Es ist ein romanischer Saalbau mit gotischem Chor, Ursprung wohl 11./12. Jahrhundert. Sehenswert sind insbesondere die gotische Leistendecke von 1503 mit reizvoller Bemalung, die Glasgemälde in den Chorfenstern (Reste) und Wandmalereien im Chor. Auch die schöne Kanzel im Stil Louis XV. ist erwähnenswert.

Interlaken, ›Hotel und Curhaus zum Jungfraublick‹, 1864

Von nun an können Sie Bern im Norden liegen lassen. Unterbrechen Sie jedoch Ihre Fahrt auf der zügigen N 6 nach Thun und zum Thuner See hinter Münsingen, um nach **Oberdießbach** abzuzweigen. Das dortige neue *Schloß* aus der Mitte des 17. Jahrhunderts ist ein gefälliger Bau unter einem schutzgebenden Walmdach. Mit ihm entstand der erste der Landsitze im Bernischen, der den Einfluß Frankreichs erkennen läßt. Auch über diesen Umweg erreichen Sie rasch **Thun** an dem See, der den Namen der Stadt trägt. Die von Lauben und einigen alten Häusern bereicherte Altstadt wird von der *Burg* beherrscht, die in ihrer an normannische Donjons erinnernden Art von den Zähringer Herzögen erbaut wurde: ein hochragender Bau mit vier kecken Ecktürmen (Farbt. 3). Der dominierende Wohnturm enthält im Inneren einen der größten Rittersäle der Schweiz. Die Burg dient heute als *Museum für Regionalgeschichte* und ist im Sommer von 9–18 Uhr, April, Mai und Oktober von 10–17 Uhr geöffnet. Neben der Burg beherbergt der Schloßberg das *Amtsschloß* von 1429 und das *Obere*

Pfarrhaus mit Teilen aus dem Mittelalter und dem 18. Jahrhundert. In der Stadt am Marktplatz das *Rathaus* von 1589 und 1685 mit einem Archivturm und Laubendurchgang.

In der Mitte des See-Ufers liegt als reizvoller Aufenthaltsort **Spiez,** das ebenfalls durch eine mittelalterliche Burganlage geprägt ist. Hier erwächst der Reiz aus der seenahen Lage und der Verbindung des *Schlosses* mit einer romanischen *Kirche* und dem *Pfarrhaus* in enger Nachbarschaft, so daß sich ein besonders anmutiges Uferbild ergibt (Farbt. 2; Fig. S. 2). Teile der Burganlage dürften noch aus dem 10. Jahrhundert stammen, während die heute beherrschenden Gebäude vom 15. Jahrhundert bis ins 18. Jahrhundert folgten mit einem Schwergewicht ums Jahr 1598. Im Inneren ein prächtig mit Stuck verzierter Festsaal von 1614. Schon Mitte des 8. Jahrhunderts war von einer Kirche an dieser Stelle die Rede. Heute zeigt sich die Schloßkirche als eine Nachahmung derjenigen von Amsoldingen (siehe unten) aus der ersten Hälfte des

11. Jahrhunderts. Unvergleichlich sind allerdings die Fresken am Tonnengewölbe des Hauptchors aus der Entstehungszeit der Kirche.

Ein wenig abseits vom See, an dem die N 6 zügig entlangführt, liegt nach Westen **Amsoldingen.** Die hiesige *Propsteikirche St. Mauritius* ist eine von einer Handvoll kleinerer Kirchen rund um den Thuner See aus der Burgunderzeit. Sie entstand ums Jahr 1000, wobei die Einflüsse von Mailands S. Ambrogio erkennbar sind. Im Lauf der Jahrhunderte erfolgten Änderungen, die jedoch das Aussehen der Kirche nicht wesentlich beeinträchtigten. Bedeutend ist die Krypta unter dem Hauptchor, durch die zugleich der Zugang zum Chor erfolgt.

Wenn wir am Thuner See bleiben, gelangen wir nach **Interlaken,** dessen Name auf die Lage zwischen dem Thuner und dem Brienzer See hinweist. Interlakens Bedeutung liegt in erster Linie im Tourismus: seit 150 Jahren ist Interlaken mit dem Blick auf die Jungfrau und als Ausgangspunkt ins Alpenreich des Berner Oberlandes einer der internationalen Fremdenverkehrsorte der Schweiz. Sein *Höheweg* ist eine Art Aussichtspromenade auf die Bergwelt und zugleich Hotelkulisse (Fig. S. 19 u. 282/83). Allerdings besitzt Interlaken auch noch den Chor und Teile des Kreuzgangs der *früheren Klosterkirche,* wobei der Chor in die erste Hälfte des 14., der Kreuzgang auf 1445 zurückreicht. Aber solche Relikte alter Kirchenherrlichenkeiten sind gegenüber den aktuellen touristischen Möglichkeiten von minderem Interesse. Jedoch lohnt auch die Altstadt (mit Museum) einen Besuch.

Die Fahrt durchs Berner Land gewinnt einen ihrer Höhepunkte durch die typischen Dörfer mit ihren ursprünglichen und bodenverbundenen Häusern. Man muß diese Dörfer einfach gern haben, die nicht selten noch mit dem Weidebetrieb von Kühen verbunden sind. Hier kann man glauben, die Milch zufriedener Kühe zu erhalten. Insbesondere das von Spiez ausgehende Simmental mit Orten wie Erlenbach, Därstetten, Oberwil und teilweise auch noch Zweisimmen sowie dem in einem Nebental gelegenen Diemtigen wirkt wie ein Relikt aus der Zeit, in der »die Welt noch in Ordnung« war (Abb. 129, 130). Dazu tragen neben den breit hingelagerten Bauernhäusern mit ihren reich verzierten oder bemalten Holzwänden auch die stattlich-behäbigen Gasthöfe bei, die vor Gemütlichkeit fast aus den Nähten platzen. Därstettens *Haus Knutti* hat man als »schönstes Bauernhaus Europas« bezeichnet. Es entstand 1756 und wird von steinernen Treppenaufgängen eingerahmt.

Wenn Sie bei Latterbach (hinter Wimmis) vom Simmental ins Diemtigtal abbiegen, sind Sie rasch in **Diemtigen,** das an einer weniger befahrenen Strecke liegt und mit dem *Haus Kernen* von Ende des 15. Jahrhunderts, mit *Haus Wütherich* von Ende des 16. Jahrhunderts und zahlreichen weiteren Häusern aus der Mitte des 18. Jahrhunderts wie dem *Haus Karlen* ein ganzes Bilderbuch dieser Bauernhausarchitektur aufblättert. Eine Köstlichkeit naiver Malerei, die wir heute erst recht zu würdigen wissen, ist wiederum in Därstetten die Abbildung von ›Daniel in der Löwengrube‹ am *Haus Wüthrich* im Ortsteil Nidfluh.

Vergessen wir aber auch nicht den Ort **Wimmis** am Eingang des Simmentals, der zwar keine urigen Bauernhäuser aufweist, jedoch durch sein *Schloß* so etwas wie Pförtnerstellung einnimmt. Es ist nach Zerstörung im 14. Jahrhundert im 17. Jahrhundert wieder erstanden, wobei Bergfried und Wehrgänge noch aus der alten Zeit stammen. Die *Martinskirche* von Wimmis ist ein weiteres Beispiel der um 1000 entstandenen romanischen Kirchen am Thuner See.

Wenn wir aus dem Simmental an den Thuner See zurückgekehrt sind, sollten wir über Thun noch eine Stippvisite in **Oberhofen** anschließen. Das *Schloß* liegt nicht nur unmittelbar am See (Abb. 128), sondern auch in einer parkartigen Gartenanlage, die zu den reizvollsten der Schweiz gehört und allem einen Hauch südlicher Romantik verleiht. Das vielgegliederte Schloß mit Bergfried, Palas, Wohntrakt, Torturm und Nebengebäuden reicht mit seinen ältesten Teilen (Bergfried) bis ins 12. Jahrhundert zurück. Erinnern Sie sich der Entstehung des Klosters Königsfelden (siehe S. 95)! Einer der Mörder König Albrechts im Jahr 1308 hatte in Oberhofen gewohnt und mußte sich, so weiß es die Sage, als Viehhirt vor der Rache der Angehörigen des toten Königs in Württemberg verstecken. Jedenfalls läßt Oberhofen nichts von so grausamer Vergangenheit ahnen. Nach wechselvollen Schicksalen dient das Schloß heute als *Museum,* in dem am Mobiliar (teilweise aus Bern) die Stilverschiebungen von Gotik und Renaissance zu Barock, Empire und Biedermeier gezeigt werden. Geöffnet zur Besichtigung von Mai bis Mitte Oktober täglich 10–12 und 14–17 Uhr.

In nordöstlicher Richtung von Bern aus verdient **Burgdorf** einen Besuch. Der Name weist auf das *Schloß* hin, das seit dem 12. Jahrhundert zuerst den Zähringer Herzögen, dann den Kyburgern gehörte. Die Berner machten es 1384 zum Landvogteischloß. Heute ist es *Museum,* jedoch nur an Wochenenden (Samstag 14–16 und Sonntag 9.30–11.30, 14–16 Uhr) im Sommer geöffnet. Die großartig erhaltene Burg besitzt einen 31 m hohen Palas mit wuchtigen Findlings-Fundamenten und einen viereckigen Bergfried. Die Kapelle enthält Fresken aus der Zeit um 1330. Verbinden können Sie damit auch noch einen Besuch in **St. Urban** (das zum Kanton Luzern gehört), in der Nähe von Langenthal, unweit der Straße Nr. 1. Hier ist eine *ehemalige Zisterzienser-Abteikirche,* die ihre Entstehung in der heutigen Form dem Vorarlberger Meister Franz Beer verdankt und nach 1711 errichtet wurde. Dabei wurden – mit Ausnahme der äußeren Mauern des 15. Jahrhunderts – alle mittelalterlichen Gebäude der ur-

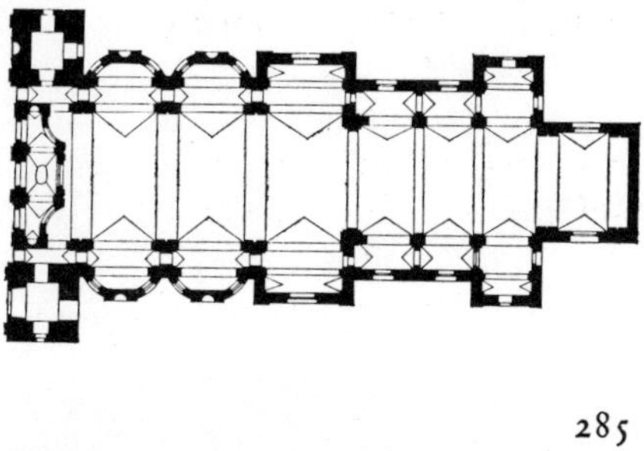

St. Urban, Grundriß der ehemaligen Abteikirche

sprünglich 1255 entstandenen Kirche und Abtei beseitigt. Falls Sie Einsiedeln und St. Gallen bereits gesehen haben, finden Sie hier die dritte der ›großen‹ Barockkirchen der Schweiz; wenn nicht, gibt Ihnen St. Urban einen guten Begriff. Man nimmt an, daß die gekonnten Stukkaturen von dem Wessobrunner Franz Schmuzer stammen. Rokokokanzel und Chorgestühl sind weitere Höhepunkte der Ausstattung dieser gewissermaßen von innen heraus leuchtenden Kirche (Abb. 123).

›100 Jahre Vitznau-Rigi-Bahn‹

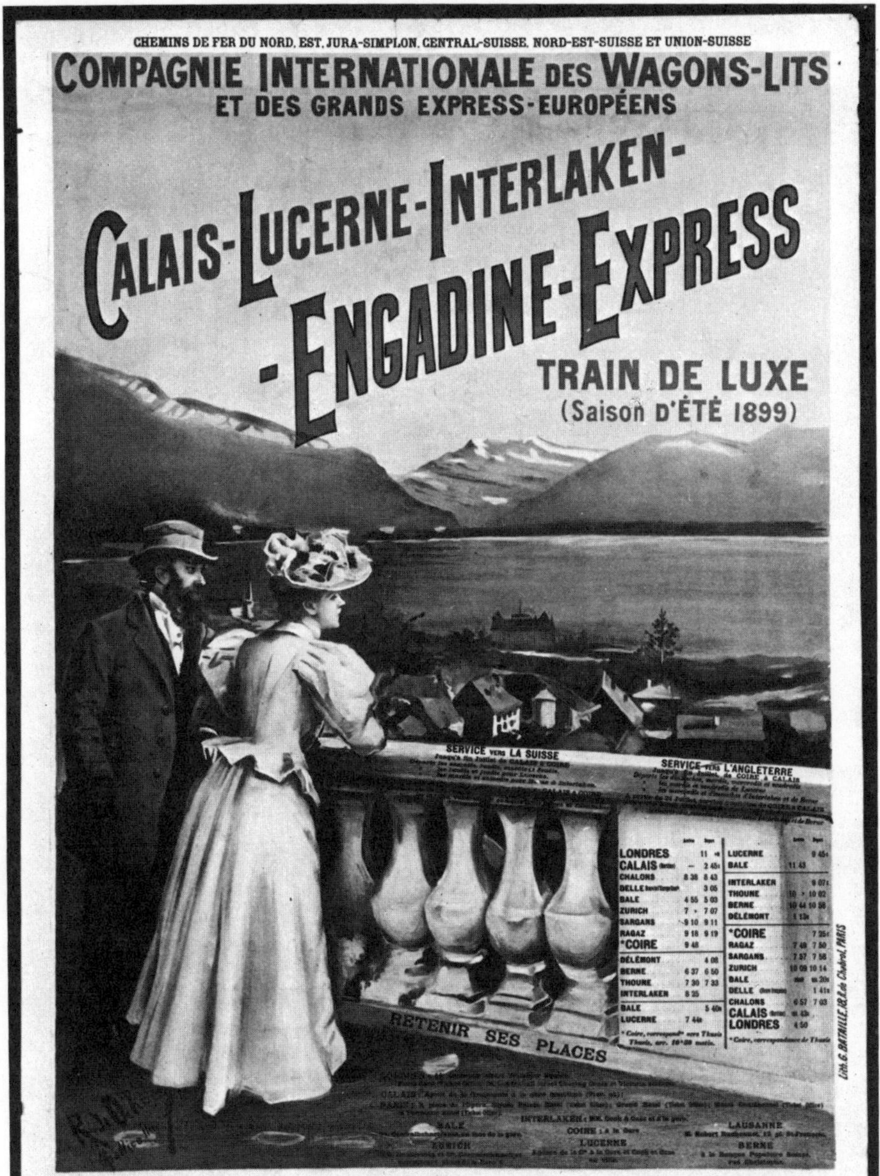

R. J. Ochoa: ›Compagnie Internationale des Wagons-Lits Calais-Lucerne-Interlaken – Engadine-Express, Sommer 1899‹

Henry Mouren: ›Französische Staatsbahn Simplon-Express, Sommer 1906‹

Reisepraxis

Reisen vollzieht sich in der Schweiz unter denkbar günstigen Voraussetzungen. Das Mutterland des europäischen Tourismus ist nicht nur durch ein umfassendes Netz von Straßen, Autobahnen, Eisenbahnen und Bergbahnen erschlossen, sondern es empfängt den Reisenden auch ohne übermäßige Formalitäten und bietet in seinen Gastbetrieben behagliche Unterkunft und gute Verpflegung in allen Preislagen. Alle touristisch bedeutsamen Ziele sind günstig erreichbar und durch umfassende Information erläutert.

Reiseplanung

Wer in die Schweiz reisen will, muß sich entscheiden, ob er auf einer Rundreise – mit Auto oder Eisenbahn – der Reihe nach die einzelnen Teile der Schweiz aufsuchen will oder ob er von einem festen Standort aus, an dem er Urlaub macht, zu den reizvollsten Zielen der näheren oder auch ferneren Umgebung ausschwärmt. Beides ist hervorragend möglich und zwar praktisch das ganze Jahr über (siehe Abschnitt über Klima und Reisezeit). Wer genügend Zeit hat, kann auch beides verbinden: Urlaub mit festem Standort und vor- oder nachher eine Rundreise.

Um einen ersten Eindruck von der Schweiz – und natürlich auch ihren Kunstschätzen – zu gewinnen, sind 10–14 Tage wohl das Minimum, sofern man sich nicht auf ein ganz oberflächliches ›Sightseeing‹ beschränken will. Auch wenn die Schweiz ein flächenmäßig kleines Land ist, bedingen die Bergstrecken, daß manche Entfernungen erhebliche Zeit beanspruchen. Ganz abgesehen von der Tatsache, daß der aus dem Flachland kommende Tourist sich an die erheblichen Höhen und ständigen Höhenunterschiede erst gewöhnen muß. ›Akklimatisierung‹ ist auch für die Schweiz erforderlich. Flachlandbewohner können bei einem Urlaub in oder um 2000 m Höhe manche Überraschung erleben. Auch diese Anpassung des Organismus an die Berglandschaft macht es ratsam, die Reise nicht zu kurzfristig zu planen.

Wer in der Lage ist, Urlaub und Zeit entsprechend einzuteilen, wird einen großen Gewinn davon haben, wenn er für den Aufenthalt in der Schweiz drei oder vier Wochen vorsieht; er wird auch dann noch nicht alles gesehen haben. Da Landschaft und Kunst gleichermaßen erhebliche zeitliche Anforderungen stellen, tut der Reisende, der in seiner Zeit beschränkt ist, in jedem Fall gut daran, sich nur einen Teil der Schweiz als Ziel vorzunehmen, wofür sich Gebiete wie die Kantone Graubünden oder Tessin, das Jura oder das Berner Oberland, die in ihrem Rahmen ein bestimmtes Gesicht haben, besonders gut eignen. Wer ohne vorherige Kenntnis der Eigenart der Schweizer Kantone und Landschaften kreuz und quer herumfährt, wird von den vielen wechselnden Eindrücken eher verwirrt als umfassend informiert sein.

Die Schweizer Großstädte, die teilweise reich an kulturellen Denkmälern sind, leiden an den Wochentagen ebenso unter dem übermäßigen Autoverkehr und den fehlenden Parkplätzen wie die Großstädte anderer europäischer Länder. Der Tourist hat es dann schwer, die vorgenommenen Sehenswürdigkeiten zu erreichen und zu genießen. Es wird daher empfohlen, für den Besuch von großen Städten vorzugsweise die Wochenenden zu benützen, falls nicht gerade Einkäufe damit verbunden sein sollen. Dabei tut der Autoreisende gut, ›antizyklisch‹ zu fahren, also sich in die Stadt zu begeben, wenn ihre Bewohner ins freie Umland streben, und sie zu verlassen, bevor diese wieder zurückkehren. Zum Glück haben die wichtigen Museen gewöhnlich auch am Sonntag – mindestens am Vormittag – geöffnet, so daß man sie gut einplanen kann. Ein kritischer Tag kann der Montag sein. Man tut gut daran, die Öffnungszeiten der Museen vor einem Stadtbesuch zuverlässig zu erkunden (s. S. 313 f.). Wer den Autoverkehr der Städte scheut, kann gerade in der Schweiz ausgezeichnet mit der Bahn hin- und zurückfahren und auf diese Weise vom jeweiligen Bahnhof aus die großen Städte zu Fuß oder mit Taxi bzw. öffentlichen Verkehrsmitteln für sich ›erobern‹.

Vorschläge für Rundfahrten durch die Schweiz werden hier bewußt nicht gemacht, da die Ausgangspunkte und Interessen zu verschieden sind. Achten Sie jedoch darauf, wenn Sie möglicherweise die Tourenvorschläge eines Reiseführers benützen wollen, daß dabei überwiegend landschaftliche Gesichtspunkte eine Rolle spielen, so daß der Kunstfreund dabei leicht zu kurz kommt. Auch die vorgesehenen Zeiten für Besichtigungen reichen fast nie aus, wenn jemand wirklich mehr als einen oberflächlichen Eindruck gewinnen will. Als Beispiel sei eine an sich sehr empfehlenswerte Fahrt auf der Strecke Genf–Fribourg genannt, wo auf 199 km Länge lediglich je eine Stunde für Lausanne, das Schloß Chillon und Greyerz und nochmals eine Stunde für alle anderen Sehenswürdigkeiten vorgesehen sind. Sie tun gut daran, sich nach den im Text dieses Buches angeregten Strecken zu richten und sich für sie – oder Teile davon – hinreichend Zeit zu lassen. Das gilt doppelt, wenn Sie dabei auch noch fotografieren wollen, was für eine Schweiz-Reise beinahe ein ›Muß‹ bedeutet.

Damit Sie in der zur Verfügung stehenden Zeit dennoch möglichst viel – und vor allem das für Sie Wesentliche – anschauen können, empfiehlt es sich, noch zu Hause einen Plan zu machen. Rechnen Sie dabei die Fahrstrecken (im Auto) reichlich, da Steigung und Gefälle, Kurven und die gelegentlichen – im Sommer unvermeidlichen – Kolonnenfahrten sowie im Winter Schnee oder Glatteis kein forciertes Fahren erlauben. Außerdem werden Sie – wie erwähnt – auch an der Strecke zum Fotografieren Halt machen wollen.

Wer in der Hochsaison des Sommers in die Schweiz fährt, tut gut daran, die Endpunkte der Tagesetappen festzulegen und dementsprechend Quartier vorzubestellen. Er hat dann auch die Gewähr, daß er in einem Ort den Abend verbringt, dessen Lage und Kunstwerke am Abend oder Morgen einen Rundgang empfehlen. Von allem aber entgeht er der Gefahr, in der viel besuchten Schweiz abends von Hotel zu Hotel nach Quartier zu suchen. Gewiß ist die Schweiz (siehe den entsprechenden Abschnitt) reich an Hotels, Gasthäusern und anderen Unterkünften. Aber in der Hochsaison reichen sie im Sommer ebensowenig aus wie im Februar/März bzw. um Weihnachten oder Ostern in den bekannten Wintersportorten.

Sie planen klug, wenn Sie sich ein oder zwei Tage als Zeitreserve lassen. Das hat – ausnahmsweise – mit der Landschaft zu tun. Wenn Regen oder Nebel die Sicht behindern, ist auch eine Fahrt durch die Schweiz (ob mit Auto oder Bahn) im Genuß geschmälert. Dann ist es gut, wenn Sie nicht um jeden Preis weiterfahren müssen. Auch manche eng mit der Landschaft verbundene Kirche entfaltet ihren Zauber erst richtig bei Sonne und guter Sicht, so daß auch die Freude an der Kunst unter den Unbilden des Wetters leiden kann.

Zur Zeitplanung gehört auch die Einstellung auf die Bergbahnen, deren Fahrpläne Sie vorher studieren sollten, um rechtzeitig an der Abfahrt zu sein, damit Sie auch mitkommen, was in der Hochsaison manchmal problematisch sein kann. Das gilt nicht weniger für die Schiffahrt auf den Schweizer Seen, die in sommerlichen Ferientagen sehr begehrt ist. Denken Sie daran, daß die Schweizer als gewissenhafte Leute Abfahrtszeiten meist pünktlich einhalten.

Das ist die Schweiz

Die Schweiz hat 6,25 Millionen Einwohner, die auf 41 300 qkm leben (zum Vergleich: Bundesrepublik 248 097 qkm, Österreich 83 850 qkm). Über 1 Million der Schweizer Einwohner besteht aus Ausländern. Mehr als 65% der Schweizer haben Deutsch als Muttersprache, 18% Französisch, 12% Italienisch, 1% spricht rätoromanisch. Allerdings hat sich das Bild durch die italienischen Arbeitskräfte insoweit verändert, als sich die Zahl der Italienischsprachigen verdreifacht hat. Auch dort, wo überwiegend französisch oder italienisch gesprochen wird, kann man sich dank der Mehrsprachigkeit vieler Schweizer leicht deutsch verständigen.

Mehr als zwei Drittel der Schweiz werden von den Alpen eingenommen, deren höchste Gipfel im nördlichen Teil 4274 m (Finsteraarhorn der Berner Alpen), im südlichen Teil (4634 m) (Monte Rosa der Walliser Alpen) und im östlichen Teil 4049 m (Piz Bernina der Rätischen Alpen) aufragen. Als Durchschnittshöhe des Landes hat man die beachtliche Zahl von 1350 m ermittelt, womit die Schweiz das höchste Land Europas ist. Eine vom Bodensee bis zum Genfer See in einer Breite von 30–50 km

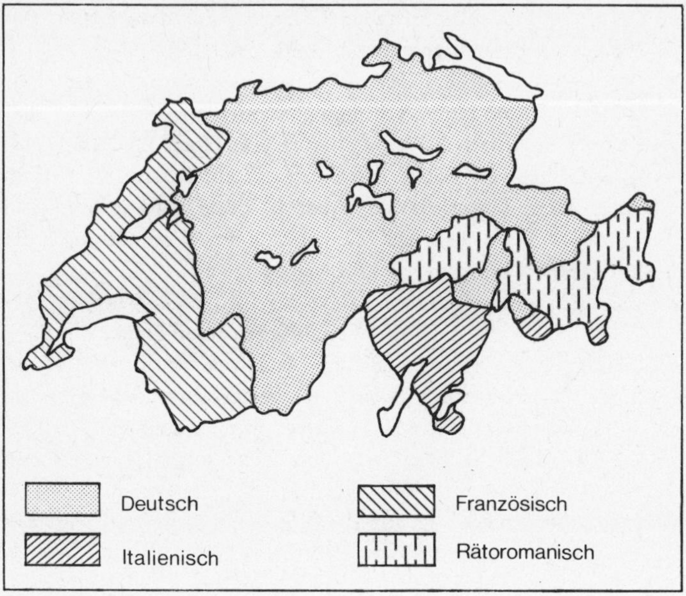

Sprachgebiete der Schweiz

reichende Hochebene (400–600 m) nimmt als Mittelland ein knappes Drittel der Bodenfläche ein. Es gibt 140 Gletscher, die drei größten im Kanton Wallis.

Etwa die Hälfte des Bodens wird landwirtschaftlich genützt: jedoch überwiegend (93 %) als Weide und Almland, so daß Vieh- und Milchwirtschaft vorherrschen. Nur 7 % der Nutzfläche sind Acker oder Weinhänge. Ein Viertel des Landes ist bewaldet. Noch vor hundert Jahren war beinahe die Hälfte der Schweizer in der Landwirtschaft tätig – heute sind es weniger als 10 %. Dagegen spielt die Industrie eine wachsende Rolle – in ihr arbeitet die Hälfte der Bevölkerung, und sie liefert den Löwenanteil der Exportgüter. Immerhin ist die Schweiz, bezogen auf das Bruttosozialprodukt, das zweitreichste Land der Erde: nach Kuwait und weit vor der an achter Stelle liegenden Bundesrepublik.

Für den Schweizer bilden die insgesamt 23 Kantone (drei von ihnen unterteilt) eine weit stärkere Gliederung als – vergleichsweise – die Länder für den Bürger der Bundesrepublik. Größter Kanton der Fläche nach ist mit 7109 qkm Graubünden, das also über ein Sechstel des Landes einnimmt, der Einwohnerzahl nach Zürich mit über 1,1 Million. Kleinster Kanton flächenmäßig ist Zug mit 238 qkm und der Einwohnerzahl nach Uri mit wenig über 34 000 Menschen. Das sind – alphabetisch gegliedert – die Kantone im einzelnen:

Aargau: 433 000 Einwohner auf 1404 qkm
Appenzell (geteilt in Innerrhoden und Außerrhoden): 62 000 Einwohner auf 415 qkm
Basel (geteilt in Stadt und Land Basel): 445 000 Einwohner auf 465 qkm
Bern: 916 000 Einwohner auf 6050 qkm
Fribourg: 180 000 Einwohner auf 1670 qkm
Genf: 332 000 Einwohner auf 282 qkm
Glarus: 38 000 Einwohner auf 684 qkm
Graubünden: 162 000 Einwohner auf 7109 qkm
Jura: 67 500 Einwohner auf 837 qkm
Luzern: 290 000 Einwohner auf 1494 qkm
Neuchâtel: 169 000 Einwohner auf 796 qkm
St. Gallen: 385 000 Einwohner auf 2015 qkm
Schaffhausen: 74 000 Einwohner auf 298 qkm
Schwyz: 92 000 Einwohner auf 908 qkm
Solothurn: 224 000 Einwohner auf 791 qkm
Tessin: 246 000 Einwohner auf 2811 qkm
Thurgau: 183 000 Einwohner auf 1006 qkm
Unterwalden (geteilt in Nid- und Obwalden): 50 000 Einwohner auf 322 qkm
Uri: 34 000 Einwohner auf 1075 qkm
Waadt: 512 000 Einwohner auf 3211 qkm
Wallis: 207 000 Einwohner auf 5231 qkm
Zug: 68 000 Einwohner auf 238 qkm
Zürich: 1 108 000 Einwohner auf 1728 qkm

Die Wappen der Kantone

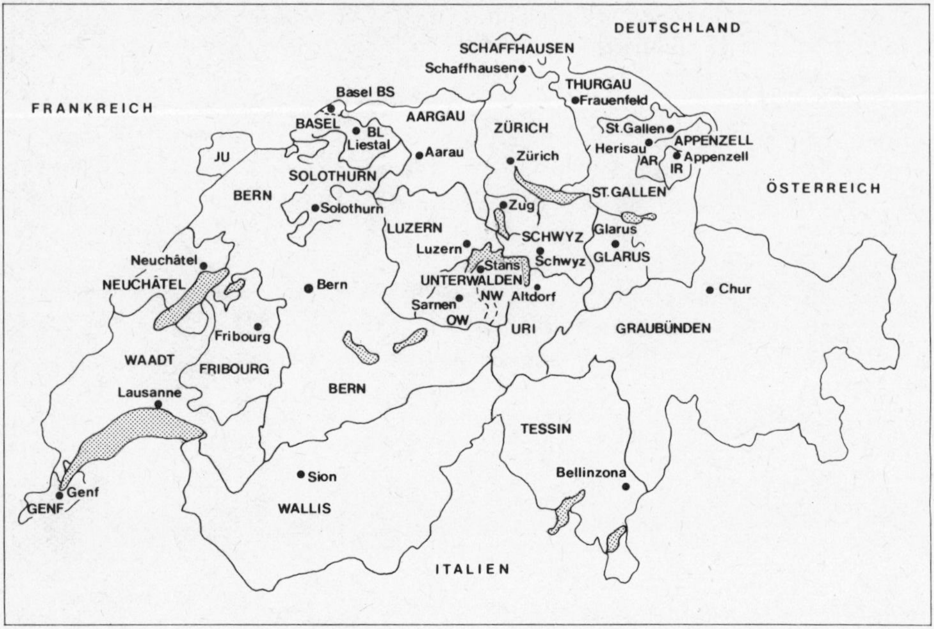

Die 23 Kantone der Eidgenossenschaft

AR	*Außerrhoden*	*BL*	*Basel Land*	*JU*	*Jura*
IR	*Innerrhoden*	*OW*	*Obwalden*		
BS	*Basel Stadt*	*NW*	*Nidwalden*		

Hauptstadt der Schweiz ist *Bern:* 162 000 Einwohner, 548 m hoch gelegen (siehe S. 241 ff.).

Durch die italienischen Zuwanderer ist die Schweiz heute ein Land, in dem die katholische Bevölkerungsschicht mit 52% überwiegt, wobei 9 der Kantone eine protestantische, 13 jedoch eine katholische Mehrheit aufweisen.

Auskünfte, Informationsmaterial

Die beste und zuverlässigste Auskunftsstelle bildet die auswärtige Vertretung des Schweizer Tourismus in Form des ›Schweizer Verkehrsbüros‹. Es befindet sich in der *Bundesrepublik:* Kaiserstr. 23, 6000 Frankfurt, Telefon 06 11 / 23 60 61, Fernschreiber: 4 12021. Mit ihm ist die Agentur der schweizerischen Bundesbahnen verbunden, so daß auch Eisenbahninformationen aus erster Hand erfolgen.

Das Schweizer Verkehrsbüro hat noch zwei Außenstellen in der Bundesrepublik:

1. Speersort 8, 2000 Hamburg 1, Telefon 040/337072
2. Graf-Adolf-Str. 100, 4000 Düsseldorf, Telefon 0211/364322, Fernschreiber 8588467.

In *Österreich* befindet sich das ›Schweizer Verkehrsbüro‹ in der Kärntner Str. 20, 1010 Wien, Telefon 0222/527405. Dieses Wiener Büro ist ebenfalls Agentur der schweizerischen Bundesbahn und verkauft also auch Fahrkarten.

Hotelempfehlungen und dgl. erhalten Sie jedoch nicht. Wohl aber ein wichtiges Faltheft für eine Schweiz-Reise: den ›Schweizer Hotelführer‹, jedes Jahr neu. Allerdings enthält er lediglich diejenigen Hotels, die Mitglieder des Schweizer Hotelier-Vereins sind, so daß kleinere, bescheidene Gasthäuser manchmal fehlen. Dafür aber finden Sie für jedes verzeichnete Hotel sehr exakte Angaben über Kategorie, Größe, Öffnungszeiten, Preise und Komfort. Außerdem Übersichten über Restaurants (mit Spezialitäten), Sportmöglichkeiten und Heilbäder bzw. Klimakurorte.

Darüber hinaus kann Ihnen das Schweizer Verkehrsbüro zu beinahe allen Einzelfragen, die sich vor einer Reise ergeben, ausgezeichnete informative Unterlagen in Form von kleinen Broschüren oder Faltblättern zur Verfügung stellen. Ob Sie campen oder wandern, angeln oder Ski laufen wollen. Nennen Sie Ihr Anliegen, und Sie erhalten das Notwendige. Besonders nützlich sind die (gegen Gebühr erhältlichen) Verzeichnisse von Chalets und der gratis übersandte Kurzführer ›Kunstfahrten in der Schweiz‹, der dieses Buch in knapp gefaßter Form ergänzt.

Außerdem gibt es regionale Werbestellen in der Schweiz, die für ihr jeweiliges Gebiet informieren:

Verkehrsverein für Graubünden, *Chur*
Associazione ticinese per il turismo, *Lugano* (für Tessin)
Union valaisanne du tourisme, *Sion/Sitten* (für Wallis)
Office du tourisme du canton de Vaud, *Lausanne* (für den Kanton Vaud = Waadt)
Verkehrsbüro, *Genf* (für Kanton Genf)
Verkehrsverband Zentralschweiz, *Luzern*
Office neuchâtelois du tourisme, *Neuchâtel* (Kanton Neuenburg)
Union fribourgeoise de tourisme, *Fribourg* (Kanton Fribourg = Freiburg)
Pro Jura, Office jurassien du Tourisme, *Moutier* (Berner Jura)
Verkehrsverein Berner Oberland, *Interlaken* (für Berner Oberland)
Emmentalischer Verkehrsverband, *Langnau* (für Emmental)
Nordwestschweizerische Verkehrsvereinigung, *Basel* (für die Kantone Basel-Stadt und -Land, *Solothurn* und *Aargau)*
Verkehrsverein Zürich, *Zürich* (für Kanton Zürich)
Nordostschweizerische Verkehrsvereinigung, *St. Gallen* (für Kantone Appenzell, Glarus, St. Gallen, Schaffhausen, Thurgau).

Jeder für den Fremdenverkehr wichtige Ort besitzt sein eigenes Verkehrsbüro bzw. eine örtliche Kurverwaltung, an die man sich nun allerdings auch mit der Bitte um den Nachweis von Quartieren bzw. um Vermittlung bei Vermietern wenden kann.

Einreise

Zur Einreise in die Schweiz benötigen Sie lediglich einen gültigen Bundespersonalausweis oder einen Reisepaß. Kinder ohne Kinderausweise (ab 10. Lebensjahr mit Lichtbild!) müssen im Paß der Eltern eingetragen sein, so daß in diesem Fall ein Paß notwendig wird. Deutsche Staatsangehörige aus West-Berlin benötigen einen gültigen ›Behelfsmäßigen Personalausweis‹, West-Berliner Kinder ab 10 Jahren eine Bescheinigung des Polizeipräsidenten in Berlin mit Personalien und Fotografie.

Jeder in die Schweiz Einreisende oder aus ihr Ausreisende darf sowohl deutsche wie ausländische Währungen in beliebiger Höhe mit sich führen. Der Schweizer Zoll erlaubt die freie Einfuhr persönlicher Gegenstände und Sportartikel, jedoch Reiseproviant nur für den ersten Reisetag – weitere Lebensmittel sind zollpflichtig, Einfuhr von Butter, Fleisch, Fleischwaren begrenzt. Frei eingeführt werden können von jedem Reisenden über 17 Jahre 2 Liter Wein und 1 Liter Spirituosen, 200 Zigaretten oder 50 Zigarren oder 250 Gramm Rauchtabak sowie Geschenke im Wert bis zu höchstens 100 Schweizer Franken. Das Schweizer Verkehrsbüro kann Ihnen das Merkblatt ›Zollvorschriften für ausländische Touristen‹ mit allen Einzelheiten zusenden.

Wer Hund oder Katze in die Schweiz mitnehmen will, muß ein tierärztliches Zeugnis vorlegen, wonach das Tier gegen Tollwut geimpft ist. Diese Impfung muß mindestens 30 Tage vor dem Grenzübergang, aber nicht mehr als ein Jahr vorher erfolgt sein. Hunde und Katzen ohne ein solches Zeugnis können an der Grenze zurückgewiesen werden.

Autofahrer können auch in der Schweiz ihren Wagen mit dem nationalen Kraftfahrzeugschein und dem üblichen Führerschein benützen. Die Grüne Versicherungskarte ist für Wagen, die in der Bundesrepublik zugelassen wurden, nicht erforderlich. Meldestelle für Unfälle ist die ›Zürich‹, Allgemeine Unfall- und Haftpflichtversicherungs-AG, Zürich, Mythenquai 2, Telefon 01 / 367700. Das Anlegen von Sicherheitsgurten ist in der Schweiz bindend vorgeschrieben, Kinder bis zum 12. Lebensjahr dürfen *nicht* auf den Vordersitzen mitfahren. Tankinhalt und 10 l Kraftstoff im Reservekanister sind zollfrei.

Seit 1985 wird eine pauschale Autobahngebühr erhoben. Dafür muß in der Bundesrepublik (Automobil-Clubs) oder an der Grenze eine Plakette für die Windschutzscheibe zu Sfr. 30,– (DM 37,–) erworben werden, die links an der Frontscheibe zu befestigen ist. Wer keine Plakette besitzt, darf ausschließlich auf Bundes- oder Nebenstraßen fahren.

Geld

Sie können in der Schweiz Devisen ohne Formalitäten bei Banken, Wechselstuben (an den Grenzen), aber auch auf Bahnhöfen (Wechselschalter) und Flughäfen, in Reisebüros und Hotels wechseln. Ebenso werden Reiseschecks und Euroschecks fast überall angenommen – selbstverständlich mit Scheckkarte. Viele Hotels, Geschäfte, Restaurants, Kaufhäuser nehmen auch DM in Zahlung. Der Kurs des Schweizer Franken liegt gegenwärtig bei 1,25 DM mit Schwankungen nach oben oder unten. Erkundigen Sie sich nach dem jeweils berechneten Kurs. Kreditkarten werden häufig akzeptiert.

Auch das deutsche Postsparbuch ist in der Schweiz gültig. Allerdings kann auf jedes Postsparbuch nur bis zu 2000 DM im Monat (maximal DM 1000,– an einem Tag) abgehoben werden, was seine Verwendungsmöglichkeiten etwas beschränkt.

Der *Schweizer Franken* (Fränkli) besteht aus 100 *Rappen* (Abkürzung: Rp), in der französischsprachigen Schweiz Centimes (Abkürzung: Einzahl Ct., Mehrzahl Cts.). Sie finden Münzen ab 1 bis 50 Rappen (Aufschrift: 1/2 Fr.) und im Wert von 1, 2 und 5 Franken. Die Geldnoten werden in Scheinen von 10, 20, 50, 100, 500 und 1000 Franken ausgegeben.

Unterkunft

Das Angebot an Beherbergung ist in der Schweiz außerordentlich mannigfaltig, reichlich und auf alle Anforderungen – vom größten Luxus bis zur nüchternen Bescheidenheit – zugeschnitten.

Die Zahlen beweisen das. Es gibt rund 8000 Hotels, Motels, Pensionen und Kursanatorien mit mehr als 280 000 Betten. Von ihnen sind über 100 Motels. Dazu werden 365 000 Betten in weit über 30 000 Chalets (= Ferienhäuser) und Ferienwohnungen angeboten. Außerdem besitzt die Schweiz über 500 Zeltplätze, 90 davon auch im Winter geöffnet, sie stehen für Zelte und Caravans offen.

Die Hotels sind mit 1–5 Sternen in Kategorien eingeteilt, wobei ein Stern ein einfaches, fünf Sterne ein Luxushotel bezeichnen. Die auf eine lange Tradition zurückgehende Schweizer Hotellerie kann noch immer als vorbildlich gelten, da manches äußerlich im Stil des 19. Jahrhunderts gehaltene Hotel im Inneren längst modernisiert und mit allem Komfort ausgestattet ist. Ein typisches Beispiel dafür ist das Palace-Hotel von Montreux, in dem sich traditionelle Hotelfassade mit moderner Innenarchitektur verbindet. Schweizer Hoteliers – wie der berühmte César Ritz – haben Spitzenhotels zahlreicher westlicher Länder geprägt. Auch wenn der gestiegene Anteil der Gastarbeiter und die soziale Nivellierung den Service auch in der Schweiz nicht unbeeinflußt gelassen haben, ist dieser Service in der Schweiz noch relativ gut und könnte manchem anderen Reiseland auch heute noch als Vorbild dienen.

Typisch für die Schweiz ist die Tatsache, daß gediegene Hotelkultur nicht nur in Luxus- und Erstklasshotels zuhause ist, sondern bis hinab in äußerlich biedere Gasthäuser (›Zum Hirschen‹, ›Sonne‹, ›Weißes Rössli‹ oder dgl.) reicht, die oft schon durch ihr handwerklich kunstvolles Aushängeschild die Bemühung um den Gast erkennen lassen. Jedenfalls kann man fast überall sicher sein, in einem Schweizer Gasthaus gediegen-solide – ›währschaft‹ nennen es die Eidgenossen – untergebracht zu werden und – vergleichsweise nicht übertrieben teuer. Man kann – und das ist der Unterschied zu den meisten anderen Reiseländern einschließlich der Bundesrepublik – beinahe überall ›unbesehen‹ absteigen. Das gilt im übrigen auch für die familiären Pensionsbetriebe.

Trotz der Vielzahl der Betten kann es vorkommen, daß in Stoßzeiten (Sommerferien, Weihnachten/Neujahr, Ostern und Pfingsten) alle Hotels eines Ortes ausgebucht sind. Wer in dieser Zeit in der Schweiz reisen will, sollte rechtzeitig vorbestellen und sich die Reservierung schriftlich bestätigen lassen.

In den im Schweizer Hotelführer und in den Prospekten angegebenen Preisen sind Bedienung und Taxen inbegriffen. Außerdem werden manchmal Pauschalangebote gemacht, die zusätzlich die erhobene Kurtaxe, Benützung von Sportstätten, Skikurse oder dgl. einschließen und die besonders günstig sind. Außerhalb der Hochsaison und im sogenannten ›Januarloch‹ des Winters sind die Preise herabgesetzt, teilweise sogar erheblich. Kinder erhalten auf die Preise bis zu 6 Jahren eine Ermäßigung von maximal 50%, zwischen 6 und 12 Jahren eine solche von maximal 30%. Einige Hotels bieten auch Seniorenermäßigungen (Damen über 62, Herren über 65 Jahre). Für mitgebrachte Hunde ist ein Zuschlag zu bezahlen, nachdem vorher das Einverständnis des Hotels zur Aufnahme des Hundes eingeholt wurde. Kurzfristige Absage von bestellten Zimmern sollte vermieden werden, da das Hotel bei Nichtvermietung Anspruch auf einen Schadensersatz hat. Wichtig: falls Sie Ihr reserviertes Zimmer erst nach 18 Uhr beziehen können, sollten Sie das vorher bekanntgeben, da das Hotel ab 18 Uhr über reservierte, aber noch nicht bezogene Zimmer frei verfügen kann. Ebenso ist das Zimmer am Anreisetag im Zweifelsfall erst ab 14 Uhr verfügbar. Da Schweizer Hotels in diesen Formalitäten sehr gewissenhaft und zuverlässig sind, sollte auch der Gast sich exakt an die übliche Praxis halten.

Trotz großem Angebot sind *Chalets* und *Ferienwohnungen* oft schon früh belegt, wobei natürlich die sommerliche und winterliche Hochsaison und die Feiertagszeiten bevorzugt sind. Wer ein solches Urlaubsquartier sucht, sollte so zeitig wie möglich bestellen bzw. mieten. Eine gute Informationsquelle ist der Katalog Swiss Chalets, der in Wort und Bild eine Vielzahl von Angeboten enthält. Zu beziehen von der Organisation ›Swiss Chalets‹, Elsastr. 16, CH 8040 Zürich bzw. der deutschen Außenstelle in Rennbahnstr. 72, 6000 Frankfurt 71. Empfehlenswert ist auch das Ferienwohnungs-Verzeichnis der Schweizerischen Gemeinnützigen Gesellschaft ›Ferien für die Familie‹, das 5000 Objekte der ganzen Schweiz umfaßt und vom Schweizer Verkehrsbüro gegen Vorauszahlung von DM 6,70 (Porto inbegriffen) versandt wird. Sonstige Privatquartiere sind spärlich und nur auf örtlicher Basis zu erfragen. Außerdem bieten deutsche Reiseveranstalter und Spezialisten für Ferienhäuser auch Objekte in der Schweiz an. Wer nur an einem bestimmten Ort interessiert ist, kann an das örtliche Verkehrsbureau (Kurverwaltung) schreiben und um Angebote der in einem bestimmten Zeitraum noch freien Objekte bitten.

Die Preise differieren ganz erheblich, je nach Zeitpunkt, Größe, Personenzahl, Komfort, Ort und anderen Faktoren. Preisgünstig (Ermäßigungen von 30–50%) sind Vor- und Nachsaison. Üblicherweise ist mit der Reservierung ein Teilbetrag (ca. ein Drittel) als Anzahlung zu leisten, der Rest nach Vereinbarung. Auch hier zeichnen sich Schweizer Angebote durch präzise Angaben zu den Details (Nebenkosten, evtl. mitzubringende Wäsche oder dgl.) aus, so daß man sicher sein kann, einen angemessenen Gegenwert für sein Geld zu erhalten. Bei Anfragen ist die Beilage von 1 oder 2 internationalen Antwortscheinen zu empfehlen. Wer einen Hund mitbringen will, sollte vorher klären, ob das statthaft ist. Ebenso muß die Zahl der Personen exakt vereinbart und darf nicht ›hinten herum‹ vermehrt werden. Wie bei allen Ferienwohnungen üblich, wird auch in der Schweiz meist eine Gebühr für die sog. Schlußreinigung erhoben.

Campingplätze (in der Schweiz meist ›Zeltplätze‹ genannt) werden vorzugsweise vom Schweizerischen Camping- und Caravanning-Verband und vom Touring-Club der Schweiz betrieben. Ein Verzeichnis kann vom schweizerischen Camping- und Caravanning-Verband, Habsburgerstr. 42, CH 6000 Luzern bzw. von der Zeltplatzkommission des Touring-Club der Schweiz, 9 rue Fatio, CH 1211 Genf 3, bezogen werden. Außerdem versendet das Schweizer Verkehrsbüro das Verzeichnis ›Campingferien in der Schweiz‹. Die mehr als 500 Plätze (90 auch im Winter geöffnet) sind durchweg gut eingerichtet, und einige von ihnen – wie am Luganer See, Lago Maggiore, im Engadin – liegen landschaftlich unvergleichlich schön. Wohnanhänger dürfen übrigens in der Schweiz bis 6 m lang (mit Deichsel!) und bis 2,10 m breit sein. Bei Übergrößen sind Sondergenehmigungen erforderlich.

Die Schweiz besitzt beinahe 120 *Jugendherbergen*, die von Wanderern (mit Jugendherbergsausweis) bis zu 25 Jahren benützt werden können, aber auch Familien mit Kindern werden aufgenommen. Nähere Informationen durch den Schweizerischen Bund für Jugendherbergen, Wildhainweg 19, CH 3012 Bern.

Essen und Trinken

Die Schweizer Küche stellt entsprechend der Landesnatur eine gelungene Mischung deutscher, französischer und italienischer Herkunft dar, wobei ein gewisses Schwergewicht zugunsten der französischen Küche schon aus den Benennungen der Speisekarte abzulesen ist. Darüber hinaus sorgt die bäuerliche Tradition des Landes mit ihren Erzeugnissen für eine solide und nahrhafte Hausmannskost. Sie können also je nach Neigung Ihre Verpflegung mehr in Richtung auf das Bodenständig-Herzhafte oder mehr in Richtung auf das verfeinerte, von der ›cuisine française‹ geprägte Angebot vornehmen.

Es gibt eine Reihe von schweizerischen oder auch nur landschaftlichen Spezialitäten, deren Genuß bei einer Reise in die Schweiz nicht versäumt werden sollte. Für ihren *Käse* hat die Schweiz weltweiten Ruf. Es gibt viele Sorten. Man wird feststellen, daß der hierzulande angebotene ›Emmentaler‹ (verlangen Sie nicht etwa nach deutschen Sprachgebrauch ›Schweizer Käse‹, da die Schweiz viele empfehlenswerte Käsesorten aufweist!) oder ›Greyerzer‹ (Gruyère) dem Allgäuer ›Schweizer‹ einiges voraus hat. Aus Käse (unter Zugabe von Weißwein bzw. Kirschwasser) wird auch das in der französischen Schweiz entstandene ›Fondue‹ bereitet: geschmolzener Käse, den man mit eingetunkten Weißbrotstückchen genießt.

Andere Schweizer Spezialitäten, die inzwischen auch Exportartikel geworden sind, sind: *Bündener Fleisch,* luftgetrocknetes, in hauchdünne Scheiben geschnittenes Rindfleisch, *Zürcher Gschnetzeltes* (fein geschnittenes Kalbfleisch in würziger Rahmsauce), *Engadiner Nußtorte* und natürlich in unvergleichlicher Vielfalt Schweizer *Schokolade.*

Außerhalb der Schweiz weniger bekannt, aber dennoch zum Probieren und Genießen empfohlen, sind die aus dem Wallis stammende *Raclette,* bei der gleichfalls erhitzter Käse die Grundlage bildet, die Schweizer Wurstsorten wie *Schüblig, Salsiz* oder *Boutefa,* die *Berner Rösti,* eine spezielle Abart der Bratkartoffeln, die *Berner Platte* (Sauerkraut mit verschiedenem Fleisch und Salzkartoffeln), der Suppentopf *Pot-au-feu,* das *›Güggeli‹* oder *›Mistkratzerli‹* (Brathühnchen) und eine Vielzahl von Süßigkeiten von den *Basler Leckerli* bis zum *Bündner Birnenbrot,* von der *Zuger Kirschtorte* bis zu den vielerlei *Meringen* (Baisers). Die Tessiner Spezialitäten entsprechen im wesentlichen dem italienischen Nachbarland mit *Minestra, Pasta* (Teigwaren) oder *Zabaglione.* Hervorzuheben ist das *›Fritto misto alla ticinese‹,* ein Tessiner Mixed Grill.

Daß das Trinken beim Essen nicht zu kurz kommt, dafür sorgt zunächst die hervorragende Schweizer *Milch,* aber nicht minder der heimische *Wein,* obwohl der Weinanbau in den letzten Jahrzehnten zurückgegangen ist. Beliebtester Rotwein ist der Dôle, von den Weißweinen sind Fendant und Veltliner begehrt. Darüber hinaus gibt es aber auch aus den verschiedenen Anbaugebieten weitere Sorten, die durchweg nicht exportiert, sondern im Lande getrunken werden. Selbstverständlich wird in der Schweiz auch *Bier* gebraut und getrunken, das etwas leichter als deutsches Bier ist. Die Schweiz besitzt ausgezeichnete *Mineralwässer* – am bekanntesten Passugger, Henniez, Eptinger. *Kaffee* wird viel getrunken und meist mit reichlich Milch zum beliebigen Mischen serviert. Ausgezeichnete Qualität besitzt der *Traubensaft.*

Durch die Schweiz fahren: a Mit dem Wagen

Dank einem ausgezeichneten Netz von Fahrstraßen und Autobahnen und gut ausgebauten Paßstraßen ist Autofahren in der Schweiz zügig möglich, sofern nicht die Verkehrshäufung insbesondere im Hochsommer und an Wochenenden ähnliche Stauprobleme wie in anderen westeuropäischen Ländern mit sich bringt. Das Autobahnnetz erreichte bis Ende 1985 den Stand von 1400 km. Als Endstufe der Autobahn-Versorgung sind 1840 km vorgesehen. Die Höchstgeschwindigkeit ist für Autobahnen auf 120 km, für Landstraßen auf 80 km festgesetzt. In Ortschaften darf bis zu 50 km gefahren werden. Sicherheitsgurte müssen angelegt sein. Die Autobahnen verbinden insbesondere die wichtigsten Städte (Basel, Bern, Zürich, Genf, Lausanne) miteinander. Die Benzinpreise sind den üblichen Schwankungen unterworfen, sie liegen (1985) auf ähnlicher Höhe wie in der Bundesrepublik. Der Preis für Dieselkraftstoff entspricht dem des Superbenzins. Bleifreies Benzin war Ende 1984 an rund 100 Tankstellen erhältlich. Ein aktuelles Verzeichnis ist jeweils beim Schweizer Verkehrsbüro anzufordern.

Wer die Anreise aus der Bundesrepublik im Auto-Reisezug durchführen möchte, hat dafür folgende Möglichkeiten:

- Von Bremen, Hamburg, Hannover nach *Lörrach* (noch Bundesrepublik, unweit von Basel) und *Chiasso*
- von Hamburg, Hannover und Neu Isenburg nach *Chur* und *Samedan*
- von Düsseldorf, Köln nach *Lindau/Bodensee* (noch BRD, Weiterfahrt im Wagen über Bregenz in die Schweiz)
- von Düsseldorf, Köln nach *Lörrach*
- von Berlin nach *Lörrach* (siehe oben)

Seit 1982 besteht eine durchgehende Autobahnverbindung Hamburg–Genf.

Die Verkehrstage und Fahrzeiten im Faltblatt ›Auto im Reisezug‹ der Deutschen Bundesbahn. Mit der Bahn werden Autos in der Schweiz durch fünf *Tunnel* befördert: Lötschberg, Simplon, Albula, Furka und Oberalp, was umständliche Paßfahrten erheblich erleichtert bzw. beschleunigt. Die Preise sind nicht übermäßig hoch. Im einzelnen:

- Durch den *Lötschberg-Tunnel* von Kandersteg nach Goppenstein, Brig oder Iselle (mit Anschluß Simplon!), nach Goppenstein bis zu 28, sonst bis zu 8 tägliche Verbindungen
- durch den *Simplon-Tunnel* von Brig nach Iselle, bis zu 14 tägliche Verbindungen
- durch den Albula-Tunnel von Thusis nach Samedan, Vorbestellung erforderlich
- durch den 15 km langen Furka-Tunnel von Oberwald nach Realp, bis zu 16 tägliche Verbindungen
- durch den Oberalp-Tunnel (Vorbestellung bei den Verladestationen unbedingt erforderlich!) von Andermatt nach Sedrun, bis zu 3 tägliche Verbindungen

Der Furka-Tunnel hat seit 1982 eine 290 km lange Verbindung zwischen St. Moritz und Zermatt hergestellt – ein alpines Eisenbahn-Erlebnis!

Für alle Tunnelstrecken zusätzliche Züge zu Weihnachten und Ostern. Einzelheiten sind der Broschüre ›Mit dem Auto durch die Alpentunnel‹ (beim Schweizer Verkehrsbüro) zu entnehmen, darin auch die jeweils aktuellen Fahrpreise.

Drei bedeutende Straßentunnel werden am Steuer Ihres Wagens befahren: der Tunnel durch den *Großen St. Bernhard* (5,8 km lang) vom Wallis ins Aostatal (Italien), Durchfahrtsgebühren für Autos zwischen 14 und 31 Franken bei einer Ermäßigung von 30% bzw. 20% bei Rückfahrt am selben Tag oder innerhalb von 3 Tagen. Ein innerschweizerischer Tunnel ist der 6,6 km lange *San-Bernardino-Tunnel,* der

Das Verkehrsnetz der Schweiz

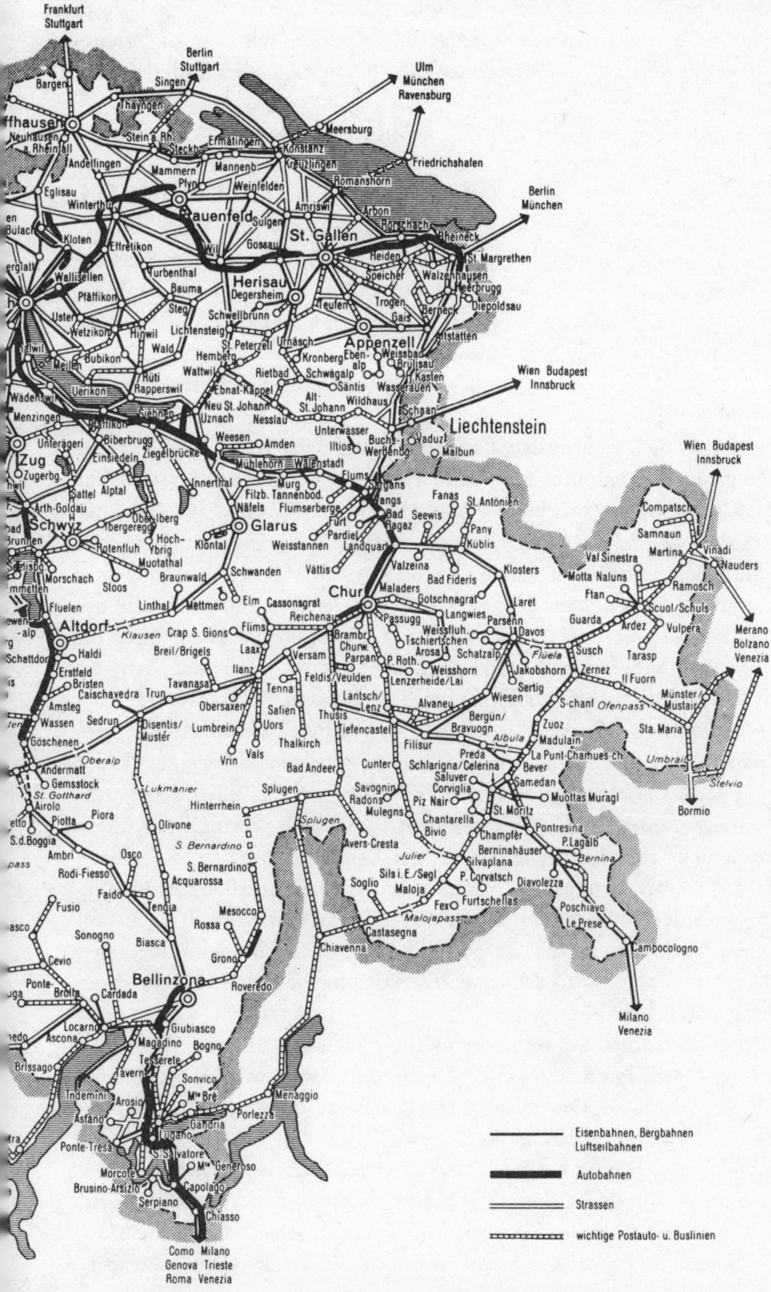
Frankfurt
Stuttgart
Berlin
Stuttgart
Ulm
München
Ravensburg
Bargen
Singen
Thayngen
Neuhausen a. Rheinfall
Stein a. Rh.
Steckb.
Ermatingen
Konstanz
Meersburg
Friedrichshafen
Andelfingen
Mammern
Mannenb.
Kreuzlingen
Romanshorn
Eglisau
Pfyn
Weinfelden
Winterthur
Frauenfeld
Amriswil
Arbon
Berlin
München
Bülach
Sulgen
Rorschach
Rheineck
Kloten
Effretikon
Wil
Gossau
St. Gallen
St. Margrethen
Heiden
Wallisellen
Turbenthal
Herisau
Speicher
Walzenhausen
Bauma
Degersheim
Heerbrugg
Pfäffikon
Steg
Teufen
Trogen
Berneck
Diepoldsau
Uster
Schwellbrunn
Gais
Wetzikon
Hinwil
Lichtensteig
Wald
St. Peterzell
Urnäsch
Appenzell
Altstätten
Bubikon
Hemberg
Kronberg
Eben-alp
Weissbad
Brülisau
Meilen
Rüti
Wattwil
Rietbad
Schwägalp
Kasten
Uerikon
Rapperswil
Ebnat-Kappel
Säntis
Wasserauen
Wien Budapest
Innsbruck
Wädenswil
Neu St. Johann
Alt-St. Johann
Wildhaus
Schaan
Menzingen
Pfäffikon
Siebnen
Uznach
Nesslau
Liechtenstein
Unterägeri
Biberbrugg
Weesen
Amden
Unterwasser
Vaduz
Zug
Einsiedeln
Ziegelbrücke
Iltios
Buchs-Werdenberg
Malbun
Wien Budapest
Innsbruck
Zugerbg.
Mühlehorn
Walenstadt
Flums
Sargans
Sattel
Alptal
Innerthal
Filzb.
Tannenbod.
Murg
Mels
Arth-Goldau
Oberiberg
Näfels
Flumserberge
Wangs
Fanas
St. Antönien
Compatsch
Schwyz
Ibergeregg
Hoch-Ybrig
Glarus
Furt
Bad Ragaz
Seewis
Pany
Samnaun
Brunnen
Rotenfluh
Klöntal
Pardiel
Küblis
Martina
Vinadi
Muotathal
Weisstannen
Landquart
Val Sinestra
Nauders
Morschach
Braunwald
Schwanden
Vättis
Valzeina
Bad Fideris
Klosters
Motta Naluns
Stoos
Gotschnagrat
Ramosch
Fluelen
Linthal
Mettmen
Elm
Cassonsgrat
Chur
Maladers
Ftan
Langwies
Laret
Scuol/Schuls
Altdorf
Reichenau
Passugg
Parsenn
Guarda
Klausen
Crap S. Gions
Flims
Brambr.
Weissfluh.
Davos
Ardez
Vulpera
Merano
Bolzano
Venezia
Haldi
Tschiertschen
Breil/Brigels
Laax
Versam
Churw.
Arosa
Schatzalp
Flüela
Susch
Tarasp
Parpan
P. Roth.
Weisshorn
Jakobshorn
Zernez
Erstfeld
Ilanz
Feldis/Veulden
Lenzerheide/Lai
Il Fuorn
Bristen
Tavanasa
Tenna
Sertig
Münster/Mustair
Caischavedra
Trun
Lantsch/Lenz
Alvaneu
Wiesen
Amsteg
Obersaxen
Safien
Thusis
S-chanf
Ofenpass
Wassen
Sedrun
Disentis/Mustér
Lumbrein
Uors
Tiefencastel
Bergün/Bravuogn
Zuoz
Sta. Maria
Göschenen
Vals
Thalkirch
Filisur
Albula
Madulain
Vrin
Preda
La Punt-Chamues-ch
Umbrail
Andermatt
Oberalp
Bad Andeer
Cunter
Schlarigna/Celerina
Bever
Gemsstock
Lukmanier
Saluver
Samedan
Stelvio
St. Gotthard
Splugen
Savognin
Corviglia
Airolo
Hinterrhein
Radons
Piz Nair
Muottas Muragl
Bormio
Piotta
Piora
Olivone
Splugen
Mulegns
St. Moritz
S.d. Boggia
Chantarella
Pontresina
Ambrì
S. Bernardino
Bivio
Champfèr
P. Lagalb
Osco
S. Bernardino
Avers-Cresta
Julier
Berninahäuser
Bernina
Rodi-Fiesso
Acquarossa
Silvaplana
Faido
Soglio
Sils i. E./Segl
P. Corvatsch
Diavolezza
Fusio
Tengia
Maloja
Fex
Furtschellas
Mesocco
Malojapass
Poschiavo
Rossa
Castasegna
Le Prese
Sonogno
Biasca
Chiavenna
Campocologno
Cevio
Grono
Ponte-Brolla
Bellinzona
Roveredo
Cardada
Milano
Venezia
Locarno
Giubiasco
Ascona
Magadino
Bogno
Brissago
Tesserete
Tavernе
Sonvico
Mte Brè
Menaggio
Indemini
Arosio
Astano
Porlezza
Gandria
Lugano
Ponte-Tresa
S. Salvatore
Mte Generoso
Morcote
Brusino-Arsizio
Capolago
Serpiano
Chiasso
Como Milano
Genova Trieste
Roma Venezia
Eisenbahnen, Bergbahnen
Luftseilbahnen
Autobahnen
Strassen
wichtige Postauto- u. Buslinien

Graubünden mit dem Tessin verbindet und ohne Gebühren zu passieren ist. Der längste Autotunnel verbindet in 16,8 km Länge Göschenen und Airolo, seit 1979 betriebsbereit – durch ihn wird der 7 Monate unpassierbare Gotthardpaß überwunden. Beide Tunnel sind gebührenfrei zu befahren.

Bei den zahlreichen *Alpenpässen* der Schweiz ist zu unterscheiden zwischen denen, die im Winter mehr oder minder lange gesperrt sind, und solchen, die ganzjährig geöffnet und von Schnee geräumt werden. Solche Ganzjahrespässe sind: *Julier*, *Maloja*, *Mosses*, *Ofen*, *Simplon*, *Bernina*, *Brünig*, *Splügen*, *Forclaz*, *Jaun*, *Pillon*. Über die Befahrbarkeit der Pässe informieren die deutschen Automobil-Clubs. In der Schweiz erhält man über die Nummer 163 (von der Bundesrepublik aus Vorwahl 0041/1) Auskunft über *Straßenzustände*, Befahrbarkeit usw. Allerdings werden für Pässe im Winter gewöhnlich Schneeketten verlangt, die auch kurzfristig geliehen werden können. Spikes sind – nur auf Landstraßen – zwischen 1. November und 31. März erlaubt. Höchstgeschwindigkeit: 80 km/h.

Grundregel für die meist serpentinenreichen *Paßfahrten* ist, den Gegenverkehr nicht durch Abweichen in die andere Fahrbahn zu behindern. An Engstellen oder dgl. hat stets der bergwärts (also nach oben) fahrende Wagen Vorrang. Ebenso der Bus der Alpenpost! Das ist besonders bei Schnee oder Glatteis wichtig, wenn ein aufwärts fahrender Wagen Mühe mit dem Anfahren hätte. Es ist ratsam, an unübersichtlichen Kurven vorsorglich Signal zu geben. An den Straßen (an den Autobahnen alle 1,6 km) sind gewöhnlich *Notruftelefone* des ACS oder TCS. *Pannenhilfe* kann über die einheitliche Rufnummer 140 angefordert werden. Der Touring-Club der Schweiz besorgt von seinen fünf Einsatzzentralen aus Hilfe bei der nächsten Werkstatt oder der Touringhilfe der TCS-Patrouillen, die von Inhabern von Schutzbriefen eines Automobil-Clubs gratis in Anspruch genommen werden können. Auch das Schweizer Radio sendet zwischen 6 und 23 Uhr *Verkehrsmeldungen der Polizei* – meist *nach* den Nachrichten zur vollen Stunde bzw. *vor* den Nachrichten von 12.30 und 18.30 Uhr. Außerdem erfolgen Nachrichten über den Straßenzustand: im Winter Montag bis Samstag 6.30 Uhr sowie täglich 7.50 Uhr. Prognosen für den nächtlichen Straßenzustand erfolgen im Winter täglich nach den Nachrichten von 18.05 Uhr, in den Mitteilungen von 18.40 Uhr und nach den Nachrichten von 22.05 Uhr. Auf Verkehrsbehinderungen durch Baustellen, Umleitungen usw. wird Montag bis Samstag nach den Nachrichten von 7.30 Uhr, am Sonntag von 8 Uhr hingewiesen.

Bei *Unfällen*, bei denen Personen zu Schaden gekommen sind, ist es Pflicht, die Polizei zu verständigen, was auch bei größerem Sachschaden ratsam wäre. Die einheitliche Rufnummer der Polizei ist 117. Die Schweizer Polizei ist durchweg von großer Hilfsbereitschaft und korrekt bis freundlich im Ton.

Die *Verkehrsvorschriften* der Schweiz sind denen in der Bundesrepublik außerordentlich ähnlich. Allerdings unterscheiden sich einige Verkehrszeichen: die Automobil-Clubs verfügen über entsprechende Hinweise. In sogenannten blauen Zonen der Städte darf nur mit Parkscheibe geparkt werden. Sie sind in Tankstellen, Garagen,

Verkehrsbureaus oder Hotels erhältlich. Bei Pannen ist unbedingt das Warndreieck im richtigen Abstand aufzustellen. *Rettungsfahrzeuge* sind über die Nummer 144 anzufordern – dazu in den Kantonen Bern, Fribourg und Solothurn die Vorwahlnummer 031 und in der Region Baden die Vorwahlnummer 056.

Werkstätten aller wichtigen Automobilfirmen sind in der Schweiz vertreten.

Erkundigen Sie sich vorher nach den Bestimmungen über *Wohnanhänger*; sie dürfen z. B. bis 6 m lang und 2,10 m breit sein. Ausnahmebewilligungen für Ausländer beim Zollamt beim Grenzübertritt erhältlich. Auch der Transport von Booten auf Anhängern muß vom Schweizer Zollamt genehmigt werden.

b Mit der Eisenbahn

Auch wenn die Mehrzahl der Schweiz-Reisenden gewiß den eigenen Wagen vorziehen wird, macht das gut ausgebaute, qualitativ gepflegte Eisenbahnnetz der Schweiz mit seinen günstigen Angeboten den Gedanken an eine Eisenbahnreise oder wenigstens Bahnfahrt in der Schweiz recht verlockend. Tatsächlich besitzt die Schweiz das dichtest ausgebaute Bahnnetz der Welt. Daß es zugleich eines der landschaftlich schönsten ist und daß die Landschaft während der Fahrt in Muße und Ruhe betrachtet werden kann, gehört zu den weiteren Vorzügen. Eisenbahnreisende können in der Schweiz bei privaten Firmen und an einer Reihe von Bahnhöfen Autos zur Weiterfahrt mieten.

Eisenbahnreisende sollten unter allen Umständen das handliche *Amtliche Kursbuch der Schweiz* (Sommer- und Winterfahrplan, jeweils neu Ende Mai und Ende September!) besorgen, zu dem eine Übersichtskarte im Maßstab 1:500 000 nützlich ist. Es enthält außer den Bahnverbindungen auch die Bergbahnen, Schiffsverbindungen und die Autoposten. Es ist übrigens auch für Autoreisende praktisch, die Ausflugsfahrten mit Bergbahnen, Schiffen oder dgl. planen. Die Eisenbahn erreicht manchen Ort und manchen Punkt, der für Autos unzugänglich ist, z. B. Zermatt.

Für Eisenbahnreisende ist es ratsam, sich vorher durch ein gutes Reisebüro bzw. direkt bei der Vertretung der Schweizerischen Bundesbahnen (siehe unter: Auskunft!) beraten zu lassen, da die verschiedenen innerschweizerischen Fahrkartenmöglichkeiten erhebliche Vergünstigungen gewähren, wobei die jeweils vorteilhafteste Lösung von den Reiseabsichten abhängt.

Die *Schweizer Ferienkarte* erlaubt es, für 4, 8 oder 15 Tage oder einen Monat Bahnen, Busse und Schiffe in der Schweiz zu benützen. Sie gilt nicht nur für die Bundesbahn, sondern auch für 80 Privatbahnen, 9 Schiffahrtsunternehmen, die Schweizer Reisepost und weitere Buslinien. Weitere Verkehrsunternehmen gewähren Inhabern der Ferienkarte 25 bis 50% Ermäßigungen. Bei den bescheidenen Preisen für diese Netzkarte ist wichtig, daß die Fahrkarte für zwei Wochen nur 30% mehr als die für eine Woche kostet, die für den ganzen Monat nicht ganz das Doppelte der Wochenkarte. Es lohnt sich also für einen etwas längeren Aufenthalt die Monatskarte zu lösen. Selbstverständlich können 1. oder 2. Klasse gelöst werden, wobei die 1. Klasse etwa

40% teurer ist. Für Kinder zwischen 6 und 16 Jahren gelten halbe Preise. Erkundigen Sie sich nach dem zur Zeit gültigen Preis beim Schweizer Verkehrsbüro.

Wer im Gebiet, in dem er seinen Urlaub verbringt, Ausflüge machen will, kann dazu die regionalen *Ferienabonnements* benützen, die es für folgende Regionen gibt: Montreux/Vevey, Berner Oberland, Berner Mittelland, Sarganser Land/Walensee, Waadtland/Unterwallis, Vierwaldstättersee, Graubünden, Locarno-Ascona und Lugano. Sie erhalten dabei für einen Zeitraum von 15 Tagen an zehn Tagen Ermäßigung auf die Hälfte, an fünf Tagen freie Fahrt. Für Lugano und Locarno-Ascona haben Abonnementskäufer an 7 Tagen freie Fahrt. Gutscheine dafür erhalten Sie beim Schweizer Verkehrsbüro, Frankfurt.

Außer der Ferienkarte gibt es die Möglichkeit, ein *Familienbillett* zu lösen, wobei eine Familie mit 1 Kind statt des Tarifs für die eigentlich fälligen 2½ Billetts nur für 2 Billetts bezahlt, bei mehr Kindern oder weiteren Familienmitgliedern kann die Verbilligung der Familienreise 2½ statt 4 oder 3½ statt 6 Billetts bedeuten. Wer daran interessiert ist, lasse sich die etwas komplizierte Praxis durch einen Prospekt erläutern. Eine weitere Vergünstigung liegt im *Halbpreis-Abonnement,* das für verschieden lange Zeiträume den Kauf der Fahrkarten zum halben Preis ermöglicht. Es gibt Abonnements mit folgenden Bezeichnungen:

> *Elite* (für jedermann, 15 Tage, 1, 3 oder 12 Monate);
> *Junior* (für Jugendliche zwischen 16 und 26 Jahren, 1 oder 12 Monate);
> *Senior* (für Damen ab 62, Herren ab 65 Jahren entweder für 12 Monate und alle Tage gültig oder für 12 Monate, lediglich von Montag bis Donnerstag gültig).

Wer einen (für Ausländer erheblich ermäßigten!) *Seniorenausweis* der Bahn besitzt, erhält zu bestimmten Zeiten in einer großen Zahl von Hotels für sich (und den Ehepartner, der beliebigen Alters sein kann) Vorzugspreise eingeräumt – eine günstige Gelegenheit für preiswerte Schweizreisen!

Auch für *Postbusse* wird ein Ferienabonnement ausgegeben, das für einen Monat für das Liniennetz von 7700 km den Bezug beliebig vieler Fahrkarten zum halben Preis, an drei Tagen sogar unentgeltlich ermöglicht.

Ebenso gibt es ein *Seilbahnabonnement,* das beim Bezug eines Couponheftes 20% Ermäßigung auf 800 Seilbahnen auf die Dauer von drei Jahren bietet. Ein etwas teureres Seilbahnabonnement bringt sogar eine Ermäßigung von 25%.

Jeder Schweizreisende tut also gut, alle Möglichkeiten vorher genau durchzurechnen, um die für seinen Fall interessanteste Ermäßigung in Anspruch zu nehmen. Dafür sollten Sie sich rechtzeitig die derzeit geltenden Preise von der Agentur der Schweizer Bundesbahnen (siehe: Auskunft) mitteilen lassen. Hier erhalten Sie auch Prospekte und können die Fahrkarten in der gewünschten Form kaufen, was Sie praktischerweise bereits vor Reisebeginn tun, um in der Schweiz vom ersten Augenblick an die jeweilige Vergünstigung in Anspruch nehmen zu können.

Für die Reise in die Schweiz stehen außer den üblichen D-Zügen mehrere *TEE-Züge* (ab Hamburg, Bremen, Duisburg-Dortmund und München) sowie Schlaf- und Liegewagenzüge von Bremen, Dortmund, Frankfurt, Hamburg, Oberhausen und Stuttgart zur Auswahl. Intercity-Züge (1. u. 2. Kl.) verbinden Deutschland und die Schweiz im Einstundenrhythmus. Im Land verkehren drei TEE-Züge von Basel über Zürich, von Genf über den Simplon und von Lausanne über den Simplon nach Italien. Während zur Fahrt in die Schweiz Platzkarten ausgegeben werden, sind sie (außer bei TEE-Zügen) für D-Züge in der Schweiz nicht erhältlich. Die meisten Schnellzüge in der Schweiz haben Speisewagen, Mahlzeitengutscheine können vorher ausgestellt werden.

Zu den schönsten Eisenbahnfahrten in der Schweiz gehören:

a Glacier-Express auf den Strecken St. Moritz oder Davos nach Zermatt, Fahrdauer 7–8 Stunden, Entfernung 291 km, wobei 91 Tunnels, 291 Brücken und der 2033 m hohe Oberalppaß (Zahnradantrieb!) bewältigt werden. Es ist der ›langsamste Schnellzug‹ der Welt mit der schönsten Landschaft.

b Bernina-Express zwischen Chur und Tirano, Fahrdauer 4 Stunden, höchste Bahnüberquerung der Alpen, mit 70 ‰ Steigung steilste Eisenbahn der Welt ohne Zahnrad, höchste Höhe: Berninapaß (2253 m), Entfernung 145 km. Zwischen Gletschern und Palmen. Im Sommer z. T. offene Panoramawagen!

c Unterengadin-Express zwischen Chur und Scuol-Tarasp, Fahrdauer 3 Stunden.

d Golden-Paß-Route von Luzern über Interlaken nach Montreux, Fahrdauer 5½ Stunden. Neue Panoramawagen mit großen Fenstern.

e Centovalli-Bahn von Domodossala nach Locarno, Fahrdauer 2 Stunden. Schmalspurverbindung zwischen Simplon und Gotthard, Entfernung 52 km.

Reisegepäck kann nach dem jeweiligen Ferienort von der Bundesrepublik aus aufgegeben werden. Das Zollproblem ist so geregelt: hat der Zielort ein Zollamt, erfolgt die Revision bei der Gepäckausgabe. Ist das nicht der Fall, füllt der Reisende die grüne ›Zollerklärung für Reisegepäck‹ aus, die bei Reisebüros und Gepäckabfertigungen besorgt werden kann, womit die Bahn alle Zollformalitäten erledigt. Der Reisende sollte jedoch bei der Zollkontrolle im Zug seinen Gepäckschein vorzeigen. Auch Fluggepäck kann, nachdem seit 1980 der Flughafen Zürich mit der Bahn verbunden ist, über die Bahn bis Flughafen bzw. Bestimmungsort aufgegeben werden. Das gilt für Zürich und bedingt auch für Genf.

c Mit der Schweizer Reisepost

Das gesamte Streckennetz der *Schweizer Reisepost* umfaßt nicht weniger als 7700 km und kann bekanntlich (siehe S. 305) ins Ferienbillett einbezogen werden. Komfortable Postbusse erschließen die schönsten Alpenpässe und -täler. Dabei überquert die Reisepost ganzjährig die Pässe Julier, Maloja, Mosses, Ofen und Simplon nach festen Fahrplänen. Insbesondere werden angeboten die achtstündige Drei-Pässe-Fahrt von Andermatt oder Meiringen über Grimsel-, Furka- und Sustenpaß, die neunstündige Vier-Pässe-Fahrt von Meiringen über Grimsel, Nufenen, Gotthard und Susten, die beide zwischen Juni und September durchgeführt werden. Ganzjährig fährt der Bus in vier Stunden von St. Moritz nach Lugano über den Malojapaß und vorbei am Comer und Luganer See.

Die Reisepost fährt auch auf der Strecke von Chur nach Bellinzona (Graubünden-Tessin) durch den San-Bernardino-Tunnel. Die Fahrpläne und Preise der Reiseposten sind im zweiten Teil des amtlichen Kursbuches auf beinahe 400 Seiten verzeichnet. Mit ihrer Hilfe kann auch der nicht selbst motorisierte Reisende bestimmte abgelegene Punkte (die vielleicht für den Kunstfreund reizvoll sind) erreichen, was freilich eine umsichtige Vorbereitung voraussetzt.

d Mit dem Schiff

Vom Bodensee bis zum Lago Maggiore sind die Schweizer Seen durch *Schiffslinien* erschlossen, aber auch kleinere Seen wie Murtensee, Greifensee, Silsersee ermöglichen eine Schiffsfahrt. Selbstverständlich gehört der Vierwaldstätter See zwischen Luzern und Flüelen zu den beliebten Zielen einer Wasserfahrt, die hin und zurück rund 6 Stunden dauert. Eine reizvolle ganztägige Drei-Seen-Fahrt verbindet Biel über Murten mit Neuchâtel, auf der Aare kann man von Biel nach Solothurn in 2½ Stunden fahren. Außerdem verkehren auf einigen Seen *Autofähren.* Von Friedrichshafen führt die Autofähre quer über den Bodensee zum schweizerischen Romanshorn, außerdem zwischen Horgen und Meilen auf dem Zürichsee und zwischen Beckenried und Gersau auf dem Vierwaldstätter See. Das ›Amtliche Kursbuch‹ verzeichnet die Fahrpläne der Seen.

e Mit der Bergbahn

Kein anderes Land verfügt über eine solche Vielzahl reizvoller Bergbahnen, zu denen im Winter noch Ski- und Sessellifts treten: insgesamt 1500 Möglichkeiten, bergwärts zu fahren. Ohne das Angebot im einzelnen zu schildern, sei aber darauf hingewiesen, daß Bergbahnfahrten in größere Höhen mit der Überwindung erheblicher Höhenunterschiede in kurzer Zeit für Kreislaufanfällige oder Kranke mit äußerster Vorsicht unternommen werden sollten. Kaum irgendwo wird in Unkenntnis medizinisch-biologischer Auswirkungen mehr gegen die Gesundheit gesündigt als bei hemmungsloser Freude, jeden Tag mehrere Bergbahnen ›mitzunehmen‹. Information über Fahrpläne, Betriebszeiten, Höhenunterschiede der wichtigsten Bergbahnen, die es als *Stand-* und *Luftseilbahn* sowie *Sesselbahn* gibt, wozu auch noch *Zahnradbahnen* treten, enthält das amtliche Kursbuch.

f Mit dem Flugzeug

Zu den internationalen Flugverbindungen in die Schweiz, die insbesondere nach Zürich, Genf, Basel, Bern und Lugano führen, treten die innerschweizerischen Luftverbindungen Zürich–Genf, Zürich–Basel, Genf–Basel, zu denen Busanschlüsse von Zürich–

Kloten nach Bern und von Genf nach Lausanne bestehen. Empfehlenswert ist es gewiß, von einem der innerschweizerischen Flugplätze einen Rundflug über die Alpen zu machen. Von über 100 Schweizer Orten kann *Gepäck* zu Ihrem Zielflughafen aufgegeben werden. Merkblatt beim Schweizer Verkehrsbüro mit allen Ortsnamen.

Durch die Schweiz wandern

Die Schweiz besitzt insgesamt rund 50 000 km markierte Wanderwege in allen ihren Regionen, so daß die Annahme nicht zutrifft, nur Bergsteiger (oder gar Kletterer) kämen in der Schweiz auf ihre Rechnung. Die Beschilderung der Wanderwege ist (im Unterschied von der oft örtlich jeweils anderen Praxis in der Bundesrepublik) einheitlich für das ganze Land: schwarze Schrift auf gelbem Grund mit der Nennung der jeweils nächsten Ortschaft und gelbe Rauten unterwegs. Das macht Wandern in der Schweiz ziemlich problemlos. Eine Broschüre über Wandern in der Schweiz wird vom Schweizer Verkehrsbüro versandt. Auch die Schweizerische Arbeitsgemeinschaft für Wanderwege, Seefeldstr. 8, Zürich, vermittelt die gewünschten Informationen.

Für längere Touren, die nicht in Unterkünfte der Ortschaften zurückführen, stehen rund 225 Hütten des Schweizerischen Alpenclubs (SAC) und 95 Häuser der Organisation ›Naturfreunde‹ zur Verfügung.

Günstigste Jahreszeiten speziell für Wanderer sind der Frühsommer und der Frühherbst. Wer freilich als Wandergebiet beispielsweise das Tessin wählt (eigener Wanderprospekt!), der kann hier den größten Teil des Jahres gut zu Fuß unterwegs sein. Von den sechs Europäischen Fernwanderwegen führen Nr. 1 (Nordsee–Mittelmeer über den Gotthard) und Nr. 2 (Holland–Mittelmeer mit einem kurzen Wegstück am Genfer See) durch die Schweiz. Insbesondere die 375 km von *Kreuzlingen* am Bodensee bis *Chiasso* bilden eine landschaftlich reizvolle Strecke, die durch folgende Orte führt: Kreuzlingen – Weinfelden – Rapperswil – Etzelpaß – Einsiedeln – Schwyz – Axenstraße – Amsteg – Göschenen – Andermatt – Gotthardpaßhöhe (2106 m) – Airolo – ›Strada Alta‹ – Biasca – Bellinzona – Gola di Lago – Lugano – San Salvatore – Morcote – Mendrisio – Chiasso. Bei dieser Wanderung sind auch eine Reihe künstlerisch reizvoller Punkte erreichbar. Ausführlich beschrieben im Führer ›Europäischer Fernwanderweg 1 – Flensburg–Genua‹, J. Fink/Kümmerly & Frey-Verlag, Stuttgart. Die gleiche Strecke beschreibt auch ein Kompaß-Wanderführer des Deutschen Wanderverlags.

Wanderungen unter kundiger Führung werden insbesondere in Graubünden durchs Münstertal und durch den Schweizer Nationalpark unternommen, Ausgangspunkt jeweils der Ort Müstair.

Einen kaum erwarteten Aufschwung hat im letzten Jahrzehnt auch in der Schweiz das Skiwandern erlebt. Beinahe jeder wichtigere Wintersportort bietet seinen skifahrenden Gästen Wanderloipen an, die gewöhnlich als Rundstrecken mit angezeigter Länge und dem Schwierigkeitsgrad angelegt sind. 300 Orte haben solche Loipen, viele mit beleuchteten Pisten und Spezialarrangements.

Besonders beliebt ist in der Schweiz das Wandern durch den Schnee ohne Skier. Dafür sind im ganzen Land 3000 km Wanderwege regelmäßig vom Schnee geräumt. Kein anderes Land besitzt so viele Orte, in denen geräumte Wanderwege in ausreichendem Maße (über 30 km um jeden Ort herum) vorhanden sind.

Ständig beliebter wird es, die Schweiz vom *Fahrrad* aus zu entdecken. In vielen Orten besteht eine Fahrradvermietung. Insbesondere vermieten 630 Bahnstationen Fahrräder, die in der Schweiz gern ›Velos‹ genannt werden. Ein Prospekt ›Reiten und Radfahren‹ des Schweizer Verkehrsbüros informiert über Einzelheiten.

In acht Schweizer Regionen bestehen günstige Anfahrtsmöglichkeiten mit Postautos, die dem Wanderer den Anmarsch zum Wanderweg abkürzen. Ein Prospekt ›Die schönsten Höhen- und Panoramawege mit der Schweizer Reisepost‹ informiert darüber.

Klima und Reisezeiten

Die Schweiz ist klimatisch außerordentlich vielseitig, wobei nicht nur Flachland und Alpenregionen, sondern auch Nord- und Südalpen sich erheblich unterscheiden. Das mildeste Klima der Schweiz mit einer mittleren Jahrestemperatur um 12 Grad herrscht im unteren Tessin, also an den Italien nahen Seen von Lugano und Lago Maggiore. Mild ist aber auch das Mittelland, das in seinen Temperaturmittelwerten fürs ganze Jahr zwischen 7 und 10 Grad schwankt. Ausgesprochen rauh sind die Jurahöhen: überraschenderweise wurden die niedrigsten Temperaturwerte des Landes nicht in den Höhenlagen der Alpen, sondern im Neuenburger Jura gemessen. Selbstverständlich bilden die Alpen häufig eine Wetterscheide: zum Norden hin bedeckt, Niederschläge, auf der Südseite klarer Himmel, Sonnenschein. Bei der umgekehrten Wetterlage herrscht häufig Föhneinfluß.

Was im Gebirge während des Sommers unangenehm sein kann – die Niederschläge –, wirkt sich im Winter als Schneereichtum günstig für den Wintersport aus. Die Schweiz besitzt in den höher gelegenen Alpenorten viele, die durch mehrere Monate hindurch und bis ins zeitige Frühjahr hinein als ›schneesicher‹ gelten können.

Daher beantwortet sich auch die Frage nach der günstigsten Reisezeit, soweit das Klima in Betracht kommt, aufgrund der mit der Reise verbundenen Absichten. Wer der Schweizer Kunst nachspürt, wird wohl der wärmeren Jahreszeit, etwa ab Mai bis in den September hinein, den Vorzug geben, wobei das Tessin sowie die Landschaft um den Genfer See noch länger als klimatisch günstig angesehen werden können. Anderseits wirkt etwa die künstlerische Landschaft des Engadin oder des oberen Wallis im Winter mit der Kulisse des Schnees nicht weniger eindringlich als im Sommer. Auf den Spuren der Kunst können Sie in der Schweiz das ganze Jahr über unterwegs sein. Der Wetterbericht des Schweizer Rundfunks informiert immer wieder über die Bedingungen in den einzelnen Landesteilen. Außerdem besteht die Möglichkeit, über die Telefonnummer 162 die ›Wetterprognose‹ zu erfahren, während über die Nr. 163 der jeweilige Schneebericht bekanntgegeben wird. In der Bundesrepublik werden während der Wintermonate die großen Reisebüros und insbesondere die Automobil-Clubs regelmäßig über Wetter- und Schneelage unterrichtet.

Sportmöglichkeiten

Wer die Schweiz zu einem ›aktiven‹ Urlaub aufsucht, findet während des Sommers ausgezeichnete Wassersport-Möglichkeiten. Zum *Schwimmen* ist in einer Vielzahl von Seen, in 70 geheizten Freibädern, vielen Hallenbädern und 330 hoteleigenen Swimmingpools gute Gelegenheit. Dazu Thermal-Hallenbäder in neun und Sole- bzw. Meerwasserschwimmbäder in fünf Orten. *Gesegelt* werden kann auf den meisten Seen. Die bedeutendste und älteste Segelschule befindet sich am Thunersee, weitere am Genfersee, Lago Maggiore, Bodensee, St. Moritzersee, Vierwaldstätter und Neuenburger See. Auch mit *Motorbooten* kann auf vielen Seen gefahren werden. *Wasserski* kann auf folgenden Seen betrieben werden: Lago Maggiore (Ascona), Vierwaldstätter See (Brunnen, Stansstad, Weggis), Zugersee (Cham), Thuner See (Gunten), Genfersee (Montreux), Bodensee (Steckborn), Neuenburger See (Neuenburg, Estavayer-le-Lac), Luganersee (Lugano, Bissone, Morcote). Die Orte in Klammern geben jeweils den Sitz von Wasserskischulen an. Windsurfingunterricht erfolgt in 43 Schulen an vielen Seen, Segelunterricht in 44 Segelschulen. *Taucherschulen* sind an den Seen des Tessin, am Vierwaldstätter, Neuenburger, Genfer und Zürich-See tätig. Das Schweizer Verkehrsbüro kann zu den Wassersportangeboten Informationsschriften liefern.

Alle wichtigeren Ferienorte verfügen über *Tennisplätze,* wobei außerdem mehr als 180 Hotels eigene Plätze besitzen. Die 28 Golfplätze der Schweiz begeistern nicht zuletzt durch ihre (teilweise) alpine Lage. Einen *Trimmpfad* besitzen mehr als 500 Orte. Es gibt 90 *Reitzentren* mit Pferdevermietung und 100 *Reitschulen. Angler* finden Seen mit einer Gesamtfläche von 135 000 Hektar und fließende Fischgewässer in 32 000 km Länge. Es gibt 20 *Bergsteigerschulen,* die *Fallschirmspringerschule* von Locarno, 12 auch im Sommer betriebene *Kunsteisbahnen.*

Ebenso reichhaltig sind die sportlichen Möglichkeiten im Winter. Nicht weniger als 200 Orte erlauben jede Art von Wintersport. In ihnen arbeiten 230 *Skischulen.* Zu ihnen kommen zahlreiche weniger bekannte Skiorte, in denen es noch urig zugeht. Sommerski ist in 12 Gebieten möglich, *Eislaufen* in 32 Eissporthallen auf 100 Natureisbahnen und 90 Kunsteisbahnen, *Curling* wird als typisch Schweizer Wintersport in 81 Orten betrieben, während Sie in 84 Orten *Rodelwege* und in 26 ausgebaute Rodelbahnen vorfinden. *Skibob* ist in 17 Orten mit speziellen Pisten und 84 Orten auf Abfahrtpisten möglich. *Abfahrtskiläufer* finden über 1800 Luftseil- und Gondelbahnen sowie Sessellifte vor. *Langlaufloipen* haben alle Wintersportorte, es gibt 160 Langlaufschulen. *Weitere Wintermöglichkeiten:* 4000 Skilehrer und -lehrerinnen, 67 Skikindergärten, 70 Orte mit Pferdeschlittenfahrten, 200 öffentliche Hallenschwimmbäder und 130 Tennishallen in 55 Orten, dazu 41 Orte mit Squash-Hallen.

Wer einkaufen will ...

... muß wissen, daß die *Geschäfte* der Städte gewöhnlich von 8 bis 18.30 Uhr geöffnet sind, wobei eine Mittagspause etwa zwischen 12 und 13.30 Uhr liegt. Eine Besonderheit ist aber die verbreitete Schließung am Montag Vormittag. Dafür haben die Geschäfte an Samstagen meist bis 16 Uhr geöffnet. Die Regelungen in den Ferienorten weichen von Fall zu Fall davon ab, meist ist länger geöffnet.

Als *Mitbringsel* aus der Schweiz kommen viele Dinge in Frage, wobei die Entscheidung von der Ausgabefreudigkeit abhängt. Preiswert und beliebt sind eßbare Dinge wie Schokolade, Käse, Konditoreiwaren, Bündner Fleisch, Wurstwaren und natürlich Alkohol. Vielfältig ist das (preisgünstige) Angebot an ›Tüchli‹, an Uhren und Schmuckwaren, wobei die Grenze nach oben fließend ist. Das gilt in gewisser Weise auch für Textilien wie Spitzen oder Stickwaren, die durch Qualität stärker überzeugen als durch einen Preisvorteil. Achten Sie auf die Geschäfte bzw. Ausstellungen des Heimatwerks, die jeweils Kunstgewerbe der Kantone zeigen und zum Verkauf anbieten. Die Heimatwerk-Geschäfte in Städten wie Basel, Bern, Luzern oder Zürich bieten einen guten Querschnitt durch Volkskunst und Kunsthandwerk der Schweiz. Spezielleren Charakter haben beispielsweise die handwerklich hergestellten rustikalen Möbel Graubündens. Daß es darüber hinaus auch in der Schweiz typisches ›Souvenir‹ von der Kuhglocke bis zu kitschigen Telldarstellungen gibt, ist selbstverständlich. Reizvoll kann ein Besuch in einem der vielen Antiquitätengeschäfte sein, aber man muß heutzutage schon viel Glück haben, um einen wirklich günstigen Gelegenheitskauf zu machen. Meist sind Angebot und Preise auf Touristen zugeschnitten, jedenfalls in der Nähe der Fremdenverkehrszentren. – Falls Sie vor Ihrem Einkauf schnell noch Geld besorgen wollen: die *Banken* sind – wie bei uns – am Samstag geschlossen, aber an den Werktagen bis 16.30 Uhr geöffnet. Geldwechsel erfolgt jedoch auch an größeren Bahnhöfen. Die üblichen Öffnungszeiten der *Post* (Postsparbuch!) sind von Montag bis Freitag 7.30–12, 13.45–18.30 Uhr, aber samstags lediglich bis 11 Uhr.

Das Wichtigste über Museen

Wie bereits bei einzelnen Städten und Orten angegeben und deutlich gemacht, besitzt die Schweiz großartige und wertvolle Museen und Sammlungen, die der speziell

Interessierte unbedingt wahrnehmen sollte. Die Gesamtzahl liegt um 350, von denen mehr als ein Drittel von überdurchschnittlicher Bedeutung ist. Die *Öffnungszeiten* unterscheiden sich erheblich. Sie können von der Annahme ausgeben, daß viele Museen am Montag geschlossen bleiben. Eine gute Praxis der Museen der Schweiz besteht darin, einmal in der Woche nach Möglichkeit auch an zwei Abendstunden, 20–22 Uhr, geöffnet zu haben, um Berufstätigen den Besuch zu erleichtern. Wer ein bestimmtes Museum besichtigen will, aber die Öffnungszeit vorher nicht kennt, tut gut, sich bereits vorher telefonisch beim Museum oder beim örtlichen Verkehrsbüro zu erkundigen: das ist billiger und weniger enttäuschend, als wenn Sie vergeblich hinfahren oder den Zeitpunkt der Öffnung nur um kurze Zeit verfehlen.

Einige der Sammlungen gehen bis ins Mittelalter zurück. Das gilt für die Kirchenschätze, soweit sie nicht – wie die des Basler Münsters, der Kathedrale von Lausanne und andere – im Verlauf der Zeit in Museen überführt und dort eingegliedert wurden. Der älteste Kirchenschatz, vollständig erhalten, befindet sich in *St. Maurice d'Agaune* im Wallis, aber auch die Schätze der Kathedralen von *Chur* und *Sion* (Sitten), der Stiftskirchen von *Beromünster, Luzern* und *Solothurn,* der Klöster *Disentis, Einsiedeln, Engelberg* ist vom Mittelalter her bewahrt worden.

Die 1565 von Basilius Amerbach in Basel begründete *Kunstkammer,* die zum Teil auf ein Erbe des Humanisten Erasmus von Rotterdam zurückging und 1662 von der Stadt Basel erworben wurde, kann nicht nur als erstes öffentliches Museum der Schweiz angesehen werden, sondern ist wohl Europas erstes Museum, das im Besitz einer bürgerlichen Gemeinschaft war, Vorläufer also einer inzwischen lange bewährten musealen Tradition.

Das 19. Jahrhundert bringt auch für die Schweiz eine Welle von Museumsgründungen – zuerst zu Themen der bildenden Kunst und der Naturwissenschaften. Fast alle heute noch bedeutenden Kunstsammlungen der Schweiz entstanden von der Mitte des Jahrhunderts ab. Auch historische Museen entstanden – zum Teil aufgrund des Vorbildes der Gründungen in München und Nürnberg – in rascher Folge in der zweiten Hälfte des vorigen und zu Beginn unseres Jahrhunderts. Zu ihnen gesellten sich bis in unsere Tage eine Vielzahl von Regional- oder Heimatmuseen, die dem historischen Begreifen einer eng umrissenen Landschaft oder Gemeinde galten. Hier ist ein Ende noch nicht abzusehen. Dabei erlaubt manches dieser ›kleinen‹ Museen einen beachtlichen Einblick in die rasche Entwicklung seit dem 19. Jahrhundert und eine Rückschau auf folkloristische Zusammenhänge.

Zu den jüngsten Museumsgründungen gehört das Mitte 1978 eröffnete *Schweizerische Freilichtmuseum für ländliche Bau- und Wohnkultur bei Brienz* (Gelände des Ballenbergs). Es zeigt nach skandinavischem Vorbild alte Bauernhäuser aus verschiedenen Teilen der Schweiz und – damit verbunden – die Arbeit althergebrachter Handwerke: Leinenweben, Spanschachtelmachen und anderes. Öffnungszeiten Mai bis Ende Oktober täglich 9–17 Uhr.

Lediglich zwei der Schweizer Museen arbeiten als Institute des Bundes. Die meisten sind im Besitz von Kantonen oder Gemeinden, obwohl ihre Entstehung häufig auf private Initiative zurückging. Der klassische Fall einer privaten Sammlung, die der Öffentlichkeit als Geschenk überlassen wurde, ist die *Stiftung Oskar Reinhart in Winterthur*, ähnlich auch das *Musée de l'Ariana in Genf*. In privatem Eigentum befindliche Museen sind lediglich ein *Schuhmuseum* der Firma Bally in Schönenwerd, die *Sammlung im Schloß Rohoncz* bei Lugano und die *Stiftung Sammlung E. G. Bührle* mit französischer Kunst des 19. und 20. Jahrhunderts.

Die an Museen reichsten Städte der Schweiz sind Zürich, Basel und – mit Abstand – Bern und Genf. In diesen Städten benötigt man schon einige Zeit, um die wesentlichsten Sehenswürdigkeiten der Museen zu betrachten.

Wer sich auf Sammlungen von Kunstwerken konzentrieren will, sollte insbesondere an die folgenden, in alphabetischer Reihenfolge genannten Objekte denken:

Aarau: *Aargauer Kunsthaus,* Schweizer Kunst des 18.–20. Jh., geöffnet Sonntag 10–12, 14.30–17 Uhr, Dienstag bis Samstag 10–12, 14–17 Uhr, Freitag 20–22 Uhr

Basel: *Kunstmuseum,* moderne und alte Kunst aus dem In- und Ausland, geöffnet Juni bis September 10–17 Uhr, dazu Mittwoch 20–22 Uhr, Oktober bis Mai 10.30–12.30 Uhr, 14–17 Uhr, dazu Mittwoch 20–22 Uhr

Bern: *Kunstmuseum,* Malerei und Plastik vom 15.–20. Jahrhundert schweizerischer und ausländischer Künstler. Größte Sammlung von Paul Klee! Geöffnet Montag 14–17 Uhr, Dienstag bis Sonntag 10–12, 14–17 Uhr, dazu Dienstag 20–22 Uhr

Castagnola: private *Sammlung auf Schloß Rohoncz* von Baron Heinrich Thyßen-Bornemisza von großer Bedeutung. Geöffnet März bis Oktober am Freitag und Samstag von 10–12 und 14–17 Uhr, am Sonntag 14–17 Uhr

Chur: *Kunsthaus,* insbesondere Bündner oder in Graubünden tätige Künstler. Geöffnet Sonntag 10–12 Uhr, Dienstag bis Samstag 9–12 und 14–17 Uhr

Genf: *Musée d'art et d'histoire,* darin Kunstwerke aus dem 15.-20. Jahrhundert und Kunstgewerbe. Geöffnet Dienstag bis Sonntag 10–12, 14–18 Uhr, Montag 14–18 Uhr

Glarus: *Kunsthaus,* Schweizer Meister des 19. und 20. Jh. Geöffnet Sonntag 10–12 und 14–17 Uhr

Lausanne: *Musée Cantonal des Beaux-Arts,* Werke von Künstlern der Schweiz und Frankreichs. Geöffnet Mittwoch bis Montag 10–12, 14–17 Uhr, Dienstag 14–17 Uhr

Lugano: *Villa Ciani,* Gemälde von Künstlern der Schweiz und aus dem Ausland. Geöffnet Dienstag bis Sonntag 9–12, 14–18 Uhr

Luzern: *Kunstmuseum,* mit Werken Schweizer und ausländischer Künstler. Geöffnet Dienstag bis Sonntag 10–12, 14–17 Uhr

Verkehrshaus mit 300 Werken von Hans Erni, geöffnet März bis Oktober, 9–18, sonst 10–16 Uhr. Außerdem großartiges *Verkehrsmuseum*!

Riggisberg: *Abegg-Stiftung,* mit Plastiken, Wandmalereien, Textilien, Kunstgewerbe. Geöffnet im Sommer von 14–17 Uhr

Solothurn: *Kunstmuseum,* mit Werken Schweizer Künstler aus Vergangenheit und Gegenwart. Geöffnet Sonntag 10–12, 14–16 Uhr, Dienstag bis Samstag 9–12 und 14–17 Uhr

Winterthur: *Sammlung Oskar Reinhart, Stiftung Oskar Reinhart und Kunstmuseum.* Geöffnet Dienstag bis Sonntag 10–12 und 14–17 Uhr, Montag 14–17 Uhr

Zürich: *Kunsthaus,* mit Malerei und Plastik vom Mittelalter bis zur Gegenwart. Geöffnet Montag 14–17 Uhr, Dienstag bis Sonntag 10–12, Dienstag bis Freitag auch 20–22 Uhr

Stiftung Sammlung E. G. Bührle, französische Kunst des 19. und 20. Jahrhunderts. Geöffnet Dienstag bis Freitag 14–17 Uhr

Museum Rietberg, Sammlung außereuropäischer Kunst mit Skulpturen aus Afrika, China und Indien. Geöffnet Samstag und Sonntag 10–12 und 14–17 Uhr, Dienstag bis Freitag 10–12 und 14–18 Uhr, dazu Mittwoch auch 20–22 Uhr

Wer einen vollständigen Überblick über die Museen und Sammlungen der Schweiz und ihr Angebot erhalten will, sollte zu dem Buch von Claude Lapaire ›Museen und Sammlungen der Schweiz‹ greifen, das auch durch Abbildungen und einige übersichtliche Karten über die Lage verschiedener Museumstypen – Heimatkunde, Kunstgeschichte, Geschichte, Naturwissenschaften und Ethnographie Spezialsammlungen zu ca. 10 Themenbereichen – ergänzt ist. Es wurde auch für den vorstehenden Text zu Rate gezogen.

Festliche Höhepunkte

Die Feiertage der Schweiz unterscheiden sich wenig von denen der Bundesrepublik. Ein typisch schweizerischer nationaler Feiertag ist der *1. August,* der an die Gründung des ›Ewigen Bundes‹ der Eidgenossen erinnert und vor allem in der Zentralschweiz Bedeutung hat.

Überliefertes Brauchtum spielt in vielen Teilen der Schweiz noch immer eine große Rolle und führt örtlich oft zu lebendigen folkloristischen Bildern, aus denen die enge Bindung an Tradition und Heimatbezogenheit spricht. Bis weit über die Schweiz hinaus sind einmal die *Schützenfeste* (denken Sie an Gottfried Kellers ›Fähnlein der Sieben Aufrechten‹!) und zum anderen die *Älplerfeste* mit Fahnenschwingen, Alphornblasen und vielen, örtlich voneinander abweichenden Einzelheiten bekannt. Sportliche und musikalische Darbietungen sind hier vereint. Dabei (aber auch hier und da im Wallis oder in Greyerz im sonstigen Jahresablauf) tauchen auch die alten regionalen Trachten noch auf.

Viele Sitten sind mit dem Weidegang der Kühe verbunden. Der *Almauftrieb,* gewöhnlich Ende Mai oder Anfang Juni, zeigt die Kühe mit oft schweren Glocken und Blumen und Bändern auf dem Kopf, was sich beim *Almabtrieb* im Herbst ähnlich wiederholt. Im Wallis wird bei der Ankunft der Kühe auf der Alm durch Kämpfe entschieden, welche Kuh zum Leittier des Sommers mit einer dominierenden Glocke wird. In den Weinbaugebieten am Genfer See (Morges), in Lugano und in Sierre im Wallis und in vielen kleineren Orten finden am letzten Sonntag im September oder dem ersten im Oktober die *Winzerfeste* statt.

Eine sehenswerte Tradition haben die vielerlei Umzüge in Masken, die *Fasnachtszüge*, von denen die *Basler* (Farbt. 11–14) sicher die berühmtesten sind. Aber es gibt in vielen Orten originelle Beispiele für die ursprünglich zur Vertreibung des Winters oder böser Geister dienenden Verkleidungen, die sich ja im süddeutschen Raum gleichfalls finden. Die *Lötschentaler Roitschägättä* beispielsweise in den Dörfern des Lötschentals ziehen am Donnerstag vor Aschermittwoch mit Masken und in Ziegen- und Schaffelle gehüllt lautstark durch die Straßen. Im Engadin sind es bei der *Chalanda Marz* Schüler in Kostümen, die mit Schellen und Peitschengeknall den Winter verjagen wollen. Berühmt ist auch das *Laupener Achetringele* der Stadt Laupen, deren Bürger weiß gewandet und mit einer Art von Zuckerhüten auf dem Kopf glockenlärmend an einem Umzug teilnehmen. Feste ähnlicher Art gibt es zahlreich.

Andere Festlichkeiten haben historischen Ursprung wie die *Genfer ›Escalade‹*, bei der Mitte Dezember am Wochenende ein prächtiger historischer Umzug daran erinnert, daß Anno 1602 die Savoyarden einen vergeblichen Überfall auf Genf unternahmen. Das *Rheinfelder Brunnensingen* erinnert an die Heimsuchung durch die Pest im Jahr 1543 und wird von zwölf sog. Sebastiansbrüdern in der Christnacht und am Silvesterabend an den sieben Hauptbrunnen der Stadt bei völliger Verdunkelung sehr eindrucksvoll durchgeführt. *Zürichs ›Knabenschießen‹* (zweite Septemberwoche) und *›Sechseläuten‹* haben gleichfalls eine alte Tradition: beim Frühlingsfeste des ›Sechseläutens‹ wird Mitte April von den Zünften und Kindern der Winter, ein ›Bögg‹ genannter künstlicher Schneemann, verbrannt.

Von den religiösen Festen sind besonders die *Fronleichnamsprozessionen* von Appenzell (Trachten!), Freiburg, Saas-Fee und Beromünster (unter Teilnahme von Reitern) zu erwähnen. Auch zu *Mariae Himmelfahrt* (15. August) finden in den katholischen Kantonen, insbesondere im Wallis, farbenfrohe Prozessionen statt.

Die Tell-Tradition wird mit den *Interlakener Freilichtspielen* von Juli bis September mit der Aufführung von Schillers Drama gepflegt.

Künstlerische *Musikveranstaltungen* finden zwischen Mai und Oktober statt. Im Mai/Juni hat *Lausanne* seine *Internationalen Musikwochen* und *Lugano* die *›Concerti di Lugano‹*. Bekannt sind *Zürichs Juni-Festwochen* und im gleichen Monat das *Jazz-Festival von Montreux. Gstaad* erlebt im August das *Yehudi-Menuhin-Festival. Luzerns Internationale Musikfestwochen* liegen im August/September, und ebenfalls im September begehen *Montreux-Vevey* den *›Septembre Musical‹* und *Zürich* ein *Internationales Jazzfestival. Lausanne* ist im Oktober Schauplatz *Italienischer Opernfestspiele.*

Wer die Schweiz von einer originellen und volkstümlichen Seite kennenlernen will, sollte einen der regelmäßigen Floh- bzw. Kuriositätenmärkte aufsuchen. Es gibt sie in:

Baden, untere Altstadt, letzter Samstag im Monat, 8–17 Uhr, März bis Dezember

Basel, auf dem Petersplatz, jeden Samstag 9–16 Uhr,
auf dem Marktplatz, »Mittwoch-Markt«, jeden ersten und dritten Mittwoch des Monats von 13.30–18 Uhr,
auf dem Marktplatz jeden zweiten und vierten Mittwoch im Monat von 13.30–18.30 Uhr

Bern, auf dem Waisenhausplatz als »Bäremärit« (Waren- und Handwerkermarkt), jeden Donnerstag 12–21 Uhr, Mai bis Oktober

Chur, Rathaushalle (Winter), Marktplatz (Sommer), »Floh- und Gänggelimarkt«, jeden ersten Samstag im Monat

Genf, Rondpoint de Plainpalais, jeden Mittwoch und Samstag von 8.30–14 Uhr

Locarno, Altstadt, jeden zweiten Samstag im Monat 8–13 Uhr, Mitte April bis Ende Oktober

Lugano, Via Nassa, auch Antiquitäten, jeden Samstag von 8–17.30 Uhr, Mai bis Mitte Oktober

Luzern, Burgerstraße beim Reuss-Steg, jeden Samstag 7–17 Uhr, Mai bis Ende Oktober

Romanshorn/Bodensee, Salmsacherstr. 25, jeden Freitag 18.30–19.30 Uhr, jeden Samstag 9.30–11 Uhr (Flohmarkt)
Neuhofstr. 69 (Frau Lager), Montag bis Samstag 9–12, 13–18 Uhr, (Kuriositätenmarkt)

St. Gallen, Gallusplatz, jeden ersten Samstag des Monats 8–17 Uhr, März bis Dezember

Winterthur, Volkshaus, jeden letzten Samstagmorgen im Monat, März bis Oktober

Zürich, Rosenhof (Niederdorf), jeden Donnerstag und Samstag, 9–21 Uhr, Mai bis Oktober (Kuriositäten)
Bürkliplatzanlage, jeden Samstag 9–16 Uhr, Mai bis Oktober (Floh- und Raritätenmarkt)

Zählt man alle Veranstaltungen im Bereich der Folklore, der Musik, des Theaters, des Sports und der Ausstellungen bzw. Messen zusammen, die im Verlauf des ganzen Jahres stattfinden, so kommt man auf die Zahl von mehr als 3500 – Möglichkeiten genug für jeden Schweiz-Besucher, das für ihn passende herauszusuchen. Entsprechende Prospekte, Sommer und Winter getrennt, werden vom Schweizer Verkehrsbüro auf Anforderung übersandt.

Keine Angst vor der Schweiz

Aus schwer zu deutenden (möglicherweise nur tiefenpsychologisch zu erhellenden) Gründen besteht neben einer teilweise vorhandenen Begeisterung für Schweiz-Reisen hier und da ein Vorurteil dagegen. Eines der dabei benützten Argumente ist die Behauptung, die Schweiz sei teuer. Das trifft in dieser Verallgemeinerung nicht ganz zu. Wägt man die verschiedenen Preiskategorien gegeneinander ab – manches ist teurer, einiges ist billiger, manches Teuere ist qualitativ besser –, dann übersteigt das Preisniveau der Schweiz nicht wesentlich das der Bundesrepublik. Wer freilich meistbesuchte Ferienorte und hier die führenden Hotels aufsucht, darf sich nicht wundern, wenn er teuer lebt. Bei sinnvoller Planung und richtigen Preisvergleichen läßt sich in der Schweiz durchaus günstig reisen – wie die Eisenbahn gewähren auch 300 Hotels und andere Stellen Senioren besondere Vergünstigungen, nach denen sich Herren über 65 und Damen über 62 vorher erkundigen sollten. Beispielsweise läßt sich das als teuer verschriene Engadin in Privatquartieren und dörflichen Orten auch recht preisgünstig genießen. Andererseits gehen selbst in St. Moritz führende Lokale dazu über, durch Tellergerichte oder einfache Speisen jedem Geldbeutel gerecht zu werden.

Wer sich das Erlebnis der Schweiz vom Vorurteil überhöhter Kosten versperren läßt, schadet sich selbst.

Gelegentlich hört man auch Vorwürfe gegen angeblich unfreundliche Schweizer oder die allzu merkantile Neigung des einen oder anderen Eidgenossen. Auch hier ist jede Verallgemeinerung falsch. Tatsächlich klagen mindestens ebenso viele Schweizer über allzu protziges, lautes oder unangemessenes Auftreten einzelner Bundesbürger, was man als Schweizreisender leider nicht völlig abstreiten kann. Wer als Deutscher in der Schweiz höflich, taktvoll und tolerant auftritt, was für jede Auslandsreise ebenso gilt, wird die gleiche Behandlung erfahren. Immerhin weiß man in der Schweiz nur zu gut, was das Wegbleiben deutscher Touristen und Gäste in der Nazi-Zeit bedeutete und daß deutsche Besucher den höchsten Anteil an ausländischen Reisenden stellen. Daß der weithin ›perfekte‹ Service der Schweiz da oder dort auch bezahlt werden muß, sollte man verstehen.

Daß die Sprache mancherorts auch ein Hindernis sein kann, beweist vielleicht der merklich geringere Anteil deutscher Gäste im französischsprachigen Landesteil, während das Tessin trotz der italienischen Sprache einen relativ höheren Umfang deutsch Sprechender bzw. Verstehender aufweist. Da es genug Schweizer gibt, die weder französisch noch italienisch sprechen, bestehen auch für deutsche Gäste keine Hemmnisse, sich allein auf ihre Muttersprache zu verlassen.

Es mag sein, daß mancher im Bergfahren nicht geübte Autofahrer vor den nicht immer ganz einfachen und in jedem Fall kurvenreichen Gebirgsstrecken Hemmungen hat. Demgegenüber kann darauf hingewiesen werden, daß der Ausbau der Paßstraßen immer besser geworden und sie immer sicherer gemacht hat. Kaum ein anderes Bergland besitzt so gut abgesicherte Gebirgsstraßen. Aber wer kein Freund von Serpentinenfahrten ist, kann beinahe alle Strecken auch im Postbus zurücklegen oder sich durch die Bahn ans erwünschte Ziel bringen lassen.

Die Schweiz sollte ohne Vorurteile von den Freunden von Landschaft und Kunst besucht und besichtigt werden. Ihre Vorzüge sind zu groß, als daß man sich die Freude an ihrem Genuß durch Fehleinschätzungen nehmen sollte. Also: keine Angst vor der Schweiz!

Nachweis der Abbildungen

Dieuzaide – Zodiaque, St. Léger Vauban
Farbt. 21; Abb. 42–44, 70, 71, 73

M. Jeiter, Aachen Abb. 16, 18, 19, 21, 38, 45, 46, 48–54, 56, 58, 59, 61, 63, 64, 68, 75, 77–81, 84, 88, 98, 103, 104, 108, 109, 113–115, 117, 119, 120, 122, 124–126, 128

Kunstgewerbemuseum der Stadt Zürich
Abb. S. 287 u. 288

G. Ludwig, Leverkusen Farbt. 5

W. Neumeister, München Farbt. 1–4, 6, 8–14, 23, 24, 27, 34–36; Abb. 1, 8–10, 20, 23, 25, 29–36, 55, 57, 60, 65, 67, 69, 76, 82, 116, 118, 121, 129, 130, 131

Atelier P. Stähli-Bossert, Gsteigwiler
Farbt. 15–18, 20, 28–32; Abb. 2, 4–7, 14, 24, 37, 40, 62, 66, 74, 87, 97, 99–102, 105, 106, 111, 123

Schweizer Verkehrsbüro (SVB), Frankfurt a. M.
Karte S. 302/03

W. Stuhler, Hergensweiler Farbt. 33; Abb. 3, 11–13, 15, 17, 22, 26–28, 39, 47, 83, 86, 89–96, 112, 127; Umschlagrückseite

ZEFA, Düsseldorf Farbt. 19, 22, 25, 26;
Umschlagvorderseite, Umschlaginnenklappe

Glossar

Ambo – Lesepult bei den Chorschranken als Vorläufer der Kanzel

Apsis – Altarnische am Ende des Chors oder der Seitenschiffe, meist halbrund

Baptisterium – Taufkirche

Campanile – selbständig neben der Kirche stehender Glockenturm

Campo Santo – Heiliges Feld, architektonisch angelegter Friedhof

Castrum – Lager

Dachreiter – Türmchen auf dem Dachfirst, häufig auf der Vierung, meist mit Glocke oder Uhr

Donjon – Bergfried

Evangeliar – Buch mit dem Text der vier Evangelien

flammender Stil – franz. flamboyant, spätgotische Ornamentik in züngelnder Form

Haubarg – eigentlich Heu-Berge, nordfriesischer Bauernhaustyp mit reichlich Raum für Heu unter dem ausladenden Dach

Heiliges Grab – Darstellung der Grablegung Christi, bühnenartig im Kircheninneren

Kapitell – verschieden geformter oberer Abschluß von Säulen in der antiken und besonders der romanischen Architektur

Kollegiatkirche – Kirche, bei denen für den Gottesdienst ein Kollegium von Kanonikern zuständig ist

Kreuzbasilika – Basilikatyp, bei dem das Langhaus das Querhaus durchläuft und damit über die Kreuzung (Vierung) hinausgeht

Krypta – unterirdisch gelegener Kirchenraum, meist mit einem Grab unter dem Altar verbunden

Lettner – die trennende Chorschranke (Wand) zwischen Mittelschiff und Chor

Pfeilerbasilika – Basilikatyp, bei dem die Bogen zum Seitenschiff von Pfeilern getragen werden

Reliquiar – Behälter zur Aufbewahrung der Gebeine oder sonstiger Relikte eines Heiligen

Riegelhaus – ein Haus, bei dem das Holz mit Balken eine Art Skelett darstellt, dessen Zwischenräume mit Lehm oder Backsteinen gefüllt und zu einer festen Wand gebildet werden

Rippengewölbe, Kreuzrippengewölbe – durch Rippen gegliedertes Gewölbe. Beim Kreuzrippengewölbe werden die Kappen der Gewölbe von zwei sich kreuzenden Rippen getragen

Rotunde – Rundbau

Tonnengewölbe – einfachste Gewölbeform, deren Querschnitt meist einen Halbkreis bildet

Tympanon – Bogenfeld oberhalb eines Portals, häufig mit Reliefdarstellungen verziert

Vierungsturm – der oberhalb des Treffpunkts von Lang- und Querhaus, der Vierung, aufsteigende Turm

Westwerk – turmartiger Vorbau einer Basilika mit Vorhalle der Kirche

Register

Personen und Völker

Orte, Gebiete, Länder